读懂次新股

张琦琦◎著

SUB-NEW STOCK

中国铁道出版社有限公司
CHINA RAILWAY PUBLISHING HOUSE CO., LTD.

内 容 简 介

买股票首先搞懂这家公司是做什么的？关注一家公司请从上市之日开始。本书以次新股为主题，将基本面剖析逻辑与股市实战经验相结合，将一二级市场投资逻辑融会贯通，结合二级市场运作逻辑给出了系统的投研分析框架，并列举了大量实战案例讲解如何将基本面分析与投资操作相结合，除此之外还有笔者积累多年的投资心得。

本书不仅适用于次新股爱好者，更适用于所有想在基本面分析有所提高的投资者，甚至也可以给从事投资研究分析工作的朋友提供一个新的视角。书中尽量以接地气的口吻、通俗易懂的语言为读者描述一个复杂的投资世界，因此也非常适合没有太多投资经验但对投资有兴趣的读者作为入门级书籍阅读。

希望通过阅读本书，大家可以收获机构的投资思维、系统的投资分析框架、对各个新兴行业的初步认识和了解并能不断拓展能力圈。最关键的是，通过了解这些投资知识不只可以获得股票的投资收益，还能将这种投资思维应用到工作、生活、事业中，让我们的生活更美好。

图书在版编目（CIP）数据

读懂次新股/张琦琦著.—北京：中国铁道出版社
有限公司，2019.12（2020.3重印）
  ISBN 978-7-113-26261-7

  Ⅰ.①读… Ⅱ.①张… Ⅲ.①股票投资—基本知识
Ⅳ.①F830.91

中国版本图书馆CIP数据核字（2019）第207022号

书　　名：**读懂次新股**
作　　者：张琦琦

责任编辑：张亚慧　　　　　　读者热线电话：010-63560056
责任印制：赵星辰　　　　　　封面设计：宿　萌

出版发行：中国铁道出版社有限公司（100054，北京市西城区右安门西街8号）
印　　刷：北京铭成印刷有限公司
版　　次：2019年12月第1版　2020年3月第2次印刷
开　　本：700 mm×1000 mm　1/16　印张：17.75　字数：272千
书　　号：ISBN 978-7-113-26261-7
定　　价：59.00元

海豚是谁？海豚为什么而奋斗

首先，说说我是怎么开始集中关注次新板块的，一方面在我初入股市时，在股市里被套五年甚至十年的例子不绝于耳，就在我战战兢兢之时，有朋友说若实在怕套在牛市的最顶峰你就买次新股吧！没有老庄在里面控盘，就算被套，等个两三年也会解套的；另一方面因为工作需要，翻阅招股书成了我的爱好，从美股到港股再到 A 股，最开始看中概股多一些，后来港股的对标也看，看得多了后再到 A 股就找到不少对标，慢慢地每回新股上市我都会第一时间关注。就这样，我顺理成章地开始做起了新股开板之后的二级市场交易机会，尤其是在 2014 年年初之后，因为我选的股不少都顺应了市场风向和题材特点，获利不错。

其次，在 2014 年以来一年左右的快牛中，不少次新股几乎被神化，飞天诚信、中科曙光、兰石重装、中文在线、暴风科技……对任何股民来说都是如雷贯耳的大牛股；除了在牛市里次新表现不俗，在 2015 年之后上蹿下跳的猴市中次新股仍旧演绎着暴利的神话，独领风骚——易尚展示、天成自控、可立克、银保山新等，开板之后动辄 1 ～ 3 倍的涨幅惹得次新板块成为一颗夺目的明珠。

最后，次新板块虽然赚钱效应明显，但其急涨急跌、股性强的特点使得不少蜂拥而入的股民亏钱也很快，腰斩的现象可谓屡见不鲜。可以说，次新股是一个高风险、高收益的板块。

那么次新股是不是短线的专利呢？非也，投资请从一家公司上市之日起就开始关注，不管做中线、做趋势还是挖题材，都请从上市之日起就开始关注。

也正是抱着这样简单的念头，海豚在周而复始地阅读了七八百份招股书，并且操作标的从上市三月新股、上市一年新股不断拓展至上市三年新股，多年实操经验后才写下此书。

更关键的是，除了操作自己的股票，我自 2015 年 11 月开始在雪球上分享自己的研究成果，2017 年 3 月 13 日正式开通微信公号——海豚读次新，发表新股深度剖析文章超过 300 篇，这一过程可以说比自己单纯操作股票更为艰难，但是海豚是有情怀的，因为海豚始终奉行着这样的使命：

坚持做"有深度、接地气"的投研，让每个股民都能搞得懂这只股票到底是做啥的；

让研报不再为机构所有，而是让普通老百姓也能看得懂；

当然背后也要为此付出更多的心血：

前后印证招股书内容；

与竞品做详尽对比；

信息浓缩再浓缩；

每张图表都仔细斟酌再斟酌……

这一过程是枯燥而又痛苦的，但量变终究引起了质变，通过对数百家新股的覆盖，海豚成长快速，相信一直关注海豚的您也在悄然间不知不觉发生了变化。

一、投资的路上需要投研来保驾护航

投资看似简单，一买一卖而已，可事实上越是简单的东西就越复杂，任何一位股民决定炒股前都应该想清楚一件事——那就是炒股是为了玩股票，还是准备把炒股当作一种职业呢？只有当作职业甚至生活的人才能"活"得更久，反过来，炒股也会给我们的工作生活增添不一样的色彩。

每天投研一点点，投资信心就会增加一点点，也更有助于获得更高的收益而不是每天看到跳动的行情数字心惊肉跳。

当然，也可以尽情享用别人的投研成果，取众人之长，但是最终落实到买卖点上，仍需有自己的投研判断，这也是为什么在机构里既有卖方分析师，也有买方分析师。只要你自己交易就一定需要有自己的投研能力。

二、永不晒收益，只讲逻辑

在投资的道路上，永远不要与别人定期做收益上的对比，因为收益只是冷冰冰的数字，这数字背后有多少是运气？有多少是实力？没有人说得清，所以大多数人的投资道路注定是孤独的。但是收益和投研之间是可以相互印证的，我们的投研成果也是可以拿出来与人交流的。这里面涉及两个现象：

（1）大多数人不一定听得进去你说的话，即使听得进去也是因为做了功课。

（2）任何人都没有比你更坚定地去相信这个逻辑，也因此你比任何人都拿得准，而在与人分享的过程中，既加强了自身逻辑，因为你需要整理才能分享出来，还会遇到懂你的人，甚至能指出你的缺漏之处。

三、交易有价，投研无价

让我们尊重每一位辛勤投研，尤其是挤占业余时间一直坚持不懈地进行草根投研的朋友。

虽然枯燥，但我们坚持，因为：

通过学习，我们懂得了如何形成自己的投资逻辑；

通过投研，我们紧跟时代步伐，始终保持最敏锐的观察；

通过共享，我们取长补短，碰撞出最绚烂的火花；

天道酬勤，市场是公平的，最终会报以我们最丰厚的回馈，生活也会变得与众不同。

也许海豚心中的这一梦想看起来又笨又蠢，甚至短期只见精力投入不见回报。但是这就是我的生活，我的投资生涯，我为此陶醉，也为此痴迷。

就像艺术家们痴迷于自己的艺术世界一样，即使高龄仍旧精神矍铄，享受其中。海豚也希望有那么一天等自己老去，还能紧跟上时代步伐和外孙们，甚至曾外孙们侃侃而谈自己的独到见解。

四、以基本面剖析为主的次新股投资书 [1]

本书为海豚诚意酝酿三年之作。

只讲精华，没有鸡汤。

---

1 本书部分内容引自海豚读次新微信公众号，欲获得最新内容更新，欢迎关注公众号

只说大白话，讲实话。

以基本面剖析方法为主，不画线，不马后炮。

深度结合次新特点，只讲实操最简单的真谛，没有经过包装的各种战法，不止步于上市一年内的新股，对老次新也进行深度讲解，适合不能实时盯盘的中长线投资者。

希望通过本书可以让大家有所收获，不只是股票市场的二级市场，更能对投资背后的逻辑有深刻理解。

最后，海豚个人水平确实有限，书中难免有内容不够完善或有所遗漏，还望各位读者海涵，不足之处请多多指正，最重要的一点请大家牢记，股市有风险，投资需谨慎。

张琦琦，雪球 ID: 海豚音，笔名海豚，雪球次新活跃用户，专注次新股投资，累计粉丝近 10 万。

人大金融硕士，具有多年投行券商从业经历，将一二级市场思维深度融合，应用于次新股投资的实战中，2016 年开始在雪球分享新股深度剖析系列文章，先后覆盖次新股数量超 500 只，第一时间挖掘出无数潜力牛股的亮点，独到的视角和通俗易懂的风格广受好评，多篇阅读数超百万。

曾先后受邀作为北京金融博览会雪球论坛主讲嘉宾，受到雪球达人秀、摩尔金融、今日头条等主流平台专题报道。2017 年 3 月微信公号海豚读次新上线，累计发表原创文章超 300 篇，并建立了海豚独家次新装备库，并已成为次新投资者首选的订阅号。

公号：海豚读次新

编　者

2019 年 9 月

| 目 录 |
CONTENTS

第 11 章　行业面面观 / 217

第 1 章

投资的奥义

本章主要内容包括：

➤ 投资如弹琴，奏出美妙音谱

➤ 投资如健身，请每天投入一点点

➤ 从谈恋爱角度看投资进阶及股价波动

本书以讲述 A 股市场中波动最大的板块——次新[1]板块为主。虽然不同板块的操作手法和风格会有所不同，但是投资的道理是相通的。正所谓大道至简，甚至投资本身也会和工作、生活有很多类似之处，也正因如此，股市里关于投资的比喻有很多。最著名的像是巴菲特认为投资如开车，懂得刹车及时止损才是存活之道，资金安全是第一位的；也有不少投资界的高手认为股市就是一场零和游戏，最终无外乎你死我活，庄家与散户之间就如同钓鱼时人与鱼之间的博弈……

看到这些林林总总的比喻，懂的人自然懂背后的逻辑，而不懂的人则可能一笑而过，并不会细细琢磨。不管怎样，在本书开头海豚还是想请大家仔细考虑一下投资的本质是什么？这样的问题只有时常结合自身在股市中的经历去思考，才能悟到其中的道理。

1.1　投资如弹琴，奏出美妙音谱

投资如弹琴、如奏乐，只有琴谱在心、手脑协调配合才能行云流水般弹奏出美妙乐符。投资绝对不是一蹴而就的短期的生意，而是一项值得投入一生心血和热情去倾注的事业，当然并不是人人都适合，这其中需要一定的天分，更关键的是要有浓烈的兴趣。不然很容易因为一时的挫折而永久地离开股市，成为被市场收割的众多"韭菜"之一。

1.1.1　从钢琴家们一生的追求说起

2018 年春节过年在家看电视，无意间看到了中国第一代钢琴家巫漪丽老人 87 岁高龄在电视里精神矍铄地独奏《梁祝》。那一刻，海豚和广大网友一样被感动了——"岁月带走了她的青春，却带不走她指边的音符！"

1　主要指上市一年新股

那一刻看着老人：
拖着一副枯瘦的面容和身躯，
她颤巍巍地走上台，鞠躬，
然后自信地坐在钢琴前，
演奏出行云流水般的乐章，
看她干枯的手在黑白键上舞动的时候，
仿佛这段旋律借着这位老人的手，
从上个世纪穿越到现代人面前一样，
此刻，全世界安静得只有钢琴声了。

对于大多数人来说，年过七旬有可能会病弱缠身、神志不清，但是这位钢琴大师 87 岁却仍然手脑配合，行云流水，琴谱在心中。可以说感动我们的不只是老人的琴艺，更是那种对艺术的感悟和发自内心的热爱，跟它们比，所谓的钱财物质都已变得不那么重要了。

在投资的世界里，投资大师对投资的追求就如同钢琴大师们对艺术的追求，永无止境。更重要的是随着时间的推移，你会收获时间赠予的玫瑰，最后到达一种无我的境界。

所以，一样的道理——如果你想到股市里赚快钱、赚大钱，那么可以趁早收手，你一定会是最早倒下的"韭菜"；就像最后成为艺术大师的人，绝对不是为了快速赚钱而坚持下来的一样。

如果你想通过本书来学到一两个股市里的独门秘方，想一招鲜，吃遍天，那么可以尽早放弃了；就像钢琴大师绝对不是仅仅靠琴技的提高就能达到艺术的境界一样，技术好学，难的是对心理、境界的把握。

如果你天性犹豫不决，不能坚持自己的判断，那么请努力克服性格弱点，否则羊群效应将在你身上重演；就像每位钢琴大师都会坚持自己的琴风、曲风，不会附庸风雅一样。

如果你做好了心理准备，并计划将投资当作自己一生的追求，这过程中也许你的工作会有变换，甚至转行；生活换了地方、换了环境；甚至身边的朋友也换了一圈，生意有了新的转型。但是要记住，对于投资这件事，请不要轻言放弃，因为随着年龄的增长它给你带来的不仅仅是物质财富的增加，或实现财务自由的可能；更重要的是，它会是你一生的精神财富，将带给你不同的视野和新的生活，与此同时也伴随着促进你工作事业的发展。

所以你看看那些著名的投资大师，他们不只功成名就，更重要的是都很长寿，即使到晚年还精神矍铄，不知疲倦地阅读着海量的投资信息……我想这既一种幸福，也是一种与众不同的生活方式。

1.1.2　中小创高调，蓝筹深沉

> 上市公司三千多家，如同固定数目的琴键，
>
> 你盯盘，或者不盯盘，
>
> 它就在那里，
>
> 不悲不喜。
>
> 每日股市涨跌，如同一首首旋律的起伏，
>
> 你在意，或者不在意，
>
> 它就在那里，
>
> 有高有低。
>
> 你愿意，或者不愿意，
>
> 都身在股海，
>
> 不舍不弃。

在 A 股市场上关于中小创和大蓝筹的行情，大多时候总是此消彼长，互相衬映。因此在牛市里经常会说权重搭台，题材唱戏。以次新股为先锋的中小创，如同琴键上的高音符，在市场上永远那么高调而活跃。它们股性活跃，波动较大，估值百倍甚至都不是梦，大多数时候都是市场里的主旋律，毕竟成长是市场最美好的期待。

与此同时，蓝筹股则如同琴键上的低音符，低调而深沉，大多数也许只相当于左手的伴奏，它的缺席并不会影响市场的主旋律。有时这些蓝筹大象偶尔也会在市场的主旋律中客串一下，充当一下主角，就如同曲子里经常安

插左手独奏的一小段，它会给整个市场旋律带来另外一种美感。但是如若很长一段时间都是大象蓝筹在独自表演，则会给整首曲子增加一丝悲凉的气氛，有一种赚了指数不赚钱的感觉。

左手和右手相互配合，则会演绎出一首权重搭台、题材股唱戏的牛市旋律。

股市涨跌如旋律起伏，而炒股则如弹琴。海豚想，真正的炒股高手便如同一位高超的乐器演绎者。

1.1.3 盘感如琴感：基本面＋技术面需协调配合

弹琴讲究琴感，摸着琴键闭眼都能弹奏，如同炒股讲究盘感一样，不盯盘也能达到投资稳赢，想达到如此境界一定需要反复练习。

首先，要对各个琴键的位置和音调了然于心，如同炒股，要对每家上市公司尤其是自己股票池的个股熟稔于心——股东关系、资本运作、财务情况等要非常清楚。

其次要左右手配合得当和连贯，弹过琴的朋友都知道单手弹琴非常容易，甚至不会的人都可以"一指弹"演奏出一小段旋律，但双手同时弹奏不同的音符和节奏则需要花费大量的时间练习。对应到股市中也一样，基本面和技术面如同我们遨游股海的两只手，掌握其中一只手非常容易，如现在的券商分析师大多只懂基本面，剩余时间都在跑路演、做拉票，并没有看盘的时间，也因此缺乏对二级市场最直接的感知；而很多所谓的投顾老师则是专业知识良莠不齐，基本面入门门槛比较高，因此只能快速学习各种技术指标，然后将之套用在所有个股上。

总之只有一只手的盘感远远不够，必须两手都要硬，左右手灵活度都要提高，然后实现左右手的协调配合，这样才能演绎出连贯的曲子。

1.1.4 琴谱在心间，读懂市场语言

最后，也是最为关键的是要读得懂琴谱，甚至熟背于心，就如同我们炒股要读得懂市场语言一样，这样才能掌握市场规律。

当然，不同的乐器会有不同的琴谱，如吉他会有吉他谱、琵琶会有琵琶谱，

但归根结底分为简谱和五线谱。这其中最入门级的要数简谱了，就如同大多数人都能看得懂股市涨跌、均线、成交量等指标。再升级一些会有五线谱：

相对于低音谱、高音谱会更容易识别；

相对上加好几根线和下加好几根线，平行线间的乐谱会更好识别；

相对于 G 大调、F 大调等来说，C 调则更容易识别。

相应到股市中，其背后也会有张无形的琴谱。

热门板块如同高音谱，更容易被大多数人认知，从而追涨杀跌，但是那些冷门板块就像低音谱一样，往往处于伴奏的位置，为人所冷落，殊不知有种情况叫等风来——如之前被人冷落多时的苹果概念、雄安概念。

平行线间的音谱如同各类媒体、App 推的龙头股，但是那些平行线以外的冷门股则不被大多数人所发现，如所有人都注意到了东尼电子这只暴涨龙头上，但是智动力却在不知不觉中接替了龙头地位。

琴谱中各种 G 大调、F 大调、E 小调等非常多，但是大多数人仿佛都习惯 C 调的模式，如同在股市中，整个股市的论调都会有变动，股市的论调叠加——政策面、情绪面多个层面，如若不能随时适应整个市场的调子，在不同的调子之间直接做切换，那么炒股的旋律必然不会那么和谐，如 IPO 加速是不争的事实，每周是 7 家、8 家还是 9 家都无关紧要，重要的是论调已经切换，次新炒作模式也早已切换。

1.2　投资如健身，请每天投入一点点

在生活中经常遇到这样的人，买衣服都要逛很久的街，先后对比很久才下手；买房子时也会事必躬亲，亲自考察地段、配套，不辞劳苦……但是这些事情到了投资这里就不灵验了。理财产品只要听见高收益、低风险，为了得到那一点点的小礼品，数十万甚至几百万的钱眼都不眨一下就转账了，结果才会酿成 E 租宝、泛亚、善林等各种各样的悲剧。至于保险等别的理财品种这里就不细说，总之里面的坑很浅但上当的人很多。具体到股市里，大多数人对消息票、题材票乐此不疲，对于买股票花数万、数十万、数百万甚至

更大金额的投资都不愿意花费那么一点点精力去仔细思考一下，这种无脑买股的后果往往就是追涨杀跌，只亏不赚。

这也是为什么股市里会流行"七亏二平一赚"的说法，因为可能 70% 甚至更多的人不愿意投入精力去学、去思考，而把股票当作理财产品甚至彩票一样去赌，听天由命。没有把它当作一种爱好、一种可能的事业去看待。

当然这里有很多人会反驳我，以股票为生的生活多么凄惨、压力多么大。但是最起码可以把它当作兼职去看待，再不济也请把它当作健身一样去看待，像投资自己的身体那样去投资股票。每周抽出和去健身房差不多的时间，专门研究一下你的持仓和计划买入的个股，这并不是特别困难。日积月累，半年或一年之后，就像你去健身房实现了增肌一样，你会发现你的投资"肌肉"真正在增长，你的投资水平真正在提高。

1.2.1 投资也需要"增肌减脂"

股票市场上的搏杀可以说凶险万分，如果没有做好准备，就重仓大资金杀入甚至配资、融资投入，风险之大可想而知。不打无准备之仗，只有做好充分准备才能在面对盈亏时不随波逐流，进而坚定自己的投资判断，能否逆人性的投资决策只能成为脑海里的一道灵光。

那么要做好怎样的准备呢？当然是要强大自身的投资"肌肉"，像去健身房增肌减脂一样，让自己拥有健康的投资体魄。

投资"脂肪"是什么？就是那些冗余的投资信息。绝大多数的股民特别容易陷入另外一种死循环，那就是上至国家宏观政策、政治军事，下至产业政策，甚至各种会议等统统关注，每天如同惊弓之鸟，一有点风吹草动就来回操作，并且特别喜欢乱关联，联想着各种题材之间的关联性，每天不堪重负。可事实上，没有人能有精力处理那么多信息，也没有人能抓到市场上所有的赚钱机会，我们必须去粗取精，去掉那些冗余的财经媒体资讯，减掉那层厚厚的"脂肪"。

那么无数人梦寐以求的投资"肌肉"是什么？

这里主要包括三大能力：

一是投研分析能力——别以为只有专业的证券分析师、投资经理、基金经理等才应该具备，任何投资者都应该提高这方面的能力，否则你如何去与你的对手盘公平交易？此外，也不要以为投研分析能力的提升门槛有多高，非科班出身照样可以快速掌握。要知道，即使是券商分析师它的分析能力也是从出校门后才开始逐渐培养的，在校的研究生及本科课程可从来不会专门讲如何炒股。

投研分析能力包括哪些？你以为就是研报撰写能力吗？错！研报只是一种形式。其核心又是三大能力——信息搜集提炼能力、行业研究判断能力、个股挖掘能力，对应在健身上分别是热身运动、健身器械、哑铃杠铃，难度也是依次提升……

二是技术面分析能力——均线的黏合、量价关系、换手率情况、K线的各种组合，基本的技术面技巧还是需要掌握的。正所谓好股也要有好价。这一逻辑就类似于健身不能单纯进行器械运动，更重要的还需要合理饮食搭配，否则可能会前功尽弃。

三是实操能力——不管你基本面、技术面分析得如何头头是道，最终所有的一切都需落实在交易这一看似简单的买卖动作上。需要把握市场情绪并克服心理的恐惧和贪婪，懂得适时的休息，就类似于健身时你要把握好健身强度，留出给肌肉生长的休息时间，还要不断克服自己的懒惰行为，还有最重要的一点，就是不轻言放弃。

1.2.2 投资水平的提升也需掌握方法

有过健身经历的人都知道，去到健身房一般都会给你做一份全方位的体格检测，然后再根据每个人的实际情况给出不同的健身计划。其实投资又何尝不是如此？在进入股市之前，每个人的经历和特长并不相同，有人甚至已经是某个行业的专家。而性格方面人人迥异，更关键的是投资资金的来源也不尽相同，导致风险偏好不同。最终，特长＋性格＋资金来源等多方面因素导致不同人逐渐形成不同的投资体系和风格。

但是任何投资体系都不可能一成不变，而是需要不断完善和补充，这也是为什么即使如巴菲特这样的投资大师，也需要芒格来与自己形成互补。那么在我们没有成为投资大师，甚至没有形成自身投资体系的情况下，该如何有的放矢地提高自身水平？这需要有正确的方法。就如同健身时不正确的动作会导致肌肉拉伤甚至损伤，也要讲究一定的科学方法才行。

所以假如你拿到本书，但是发现对次新股并不感兴趣，或者已客观认识到次新股的特点并不适合自身的投资风格，那么也没关系。因为本书的很多内容早已超越了次新板块本身的范畴，里面的基本面分析方法和对市场情绪的把握，对于做别的板块的股票投资也大有裨益，甚至不只二级市场，对一级市场的投资也会有所帮助。

后面的章节将详细论述强大自身的投研能力，锻炼自己投资"肌肉"的科学方法。这其中的过程也许会像健身房里的卧推等动作需要分组数反复练习一样枯燥，但也请坚持。只有量变才能看到质的变化。此外也请结合自身情况量力而行，切不可过度。

1.3　从谈恋爱角度看投资进阶及股价波动

预期差、预期管理、期望值……这些理论模型描述得神乎其神，但是再全面的模型都很难描述预期中那些动态的变化。而我们作为投资者，终其一生的追求无非是能够把握这种预期中的动态变化，因为这一变化的参数之多、影响因子之多，就如同我们找对象一样，最终能和谁在一起，中间还会有很多偶发因素。

1.3.1　初入股市的冲动如同叛逆的青春期

在进入青春期后，我们就会在脑海中开始对另一半有各种各样的期望、幻想、冲动、叛逆……

这一阶段类似于我们初入股市之时，出于对金钱和收益的追求，不满足于各种"宝"的固定收益，我们内心中的叛逆、冲动促使着无数投资者在牛市高潮之时涌入股市。

这时的我们如同青春期的孩子，充满了幻想，梦想着天天抓板，相信着投顾老师嘴里的"金股"真的存在。

1.3.2　入市初期赚的快钱如同初恋般印象深刻

入市初期的投资者，往往容易只看到市场里此起彼伏的热点，每天勤奋异常，遍览市场所有公告和重大要闻，一有风吹草动马上无脑追涨。就像初次接触异性的我们，采取撒网式广泛跟踪一样，甚至不惜花高价去买各种付费的炒股软件，并容易被外表所吸引。

这其中投资者若因追逐了热点挣到了一笔快钱就会印象深刻，而忽视了追涨杀跌中的其他亏损。总之那笔快钱就如同初恋般美好，激励着我们在股市里长期存活下来。

1.3.3　投资体系渐成，实践中逐步悟到其中真谛

投资的成长过程如同我们谈恋爱，纸上得来终觉浅，绝知此事要躬行。听人荐股就类似于别人给你介绍对象，到底是否要买入还是要自己亲身调查和判断才行。没有人能帮我们去做决策。为何？因为我们每个人都是市场参与的一分子，也许你的决策会影响到股价的结果，而最终是亏是赚也只能是投资者自己承担，就像谈恋爱，别人永远是第三方，第三方很难全方位了解你们之间的具体情况（就像你对一家公司的投资仓位有多重，跟踪了多久，买入点、加仓点等这些信息没有别人比投资者自己更清楚），所以最终两人是否合适，过得是否幸福也没有人会为自己埋单。第三方的意见永远只作为参考。

此外，投资体系渐成的投资者也终于不被热点牵着鼻子走，啥股热就买啥，也不像刚开始那么累，全市场覆盖，国家大事、美联储加息、所有行业政策出台……尽数全览，交易时间永不会客，晚上永远都在复盘等这样疯狂勤奋的景象不再。转而深挖市面上未曾被媒体大幅报道的个股，形成自己的能力圈，只有二三只重点股票池每日跟踪，交易时间的买入卖出更为神情自若……这一阶段类似于相亲找对象的结尾阶段，终于认识到即使借助互联网的力量也不可能遍访天下名花名草，开始缩小范围，积极主动，并愿意投入时间和

成本到中意的人身上。

在我们深挖个股以及只重点做几只个股的同时，自身投资体系也开始渐成，形成自身的评判标准，并能够动态地去调整预期，再也不像青春期那股鲁莽。

1. 投资标的初相识

再也不盲目，告别了早期的海选阶段，开始像了解对象一样了解公司是做什么的、行业是否有前景、业绩情况如何，千万别不看业绩，就像谈恋爱完全不考虑物质基础一样，没有公司的股价是空中楼阁，也别以为看业绩就是价值投资。

2. 学会应对和包容，提前预判风险点

在了解的过程中总会发现不少缺点和问题，比如对次新股来说，为了IPO 不可避免地会有所包装，毕竟第一次资本市场露面不能太说不过去；还有就是业绩变脸，估值不断下滑；再有市值偏大，交易活跃度日趋变低，这些缺点就要结合投资者自身的投资风格去决定包容还是减仓。

3. 在实战过程中逐渐找到动态平衡点

每个人在寻找另一半时都会有一个预期，在实际谈恋爱阶段确实又会无可避免地发现有高于预期或低于预期的地方，最终是否符合预期决定着两个人在一起的幸福指数，而在股市中是否符合大多数人预期同样也决定着股价的走势。最终预期的动态平衡点连接起来形成股价的变动。

1.3.4　次新股价波动及预期变化

1. 对次新股稀缺性的追求本质是对细分行业发展前景的期望

在次新板块流行一句"干新不干旧"的说法，正可谓应了只见新人笑，不见旧人哭的古语。为何？因为新次新里孕育着细分行业的第一股，对它的期望给予的高估值，不单是对这一家公司，而是对未来行情发展前景的看好，如基因测序纯正第一股华大基因，再如溅射靶材第一股江丰电子……溢价之高超出正常想象，理由无他，被寄予了太多希望、进口替代、国产化等。

2. 传统行业里也能出"妖"股，根本原因在于对国家政策和转型升级的期望

不知从何时起，不只新兴行业，在次新板块里也造就了不少传统行业里的大"妖"股。尤其是新股发行加速以来，机械设备、建筑装饰等传统行业上市公司层出不穷，这其中不乏国资背景，从中不难窥见国家在一定程度上对其的扶持力度。股价涨幅方面，雄安概念的建科院、有可能转型 VR 的易尚展示等"妖"股辈出。为何？政策风口＋转型升级是催化剂，是期望。但是我们都知道转型不是一日可成，转型道路任重道远，期望只是期望，股价往往会提前好多年反映并透支，切不可过分相信市场给予的大饼，就像不能轻信去一家创业公司老板许诺的股权一样。

3. 预期的轮回：高预期后就会带来失望，过度悲观后就会带来超预期

正所谓没有期望就没有失望，有了高期望就会有落空的可能。在次新板块，开板之时或者是次新情绪好转之时，很容易形成一个超高的一致性预期，最终导致高溢价。但是在高期望之后，每逢季度大考或资本运作关键时间节点就容易落空，比如 2017 年 7 月 4 日血制品下修业绩预告，导致刚开板的卫光生物以及同板块个股大跌；再比如 2017 年年报，光威复材因增值税退税延迟确认导致业绩预增只有 4.80%～19.92%，再叠加竞争对手技术突破，导致股价一直低迷。

但是物极必反，过度悲观后只要略好于预期就会重新反弹，就如同关系恶化的夫妻二人，也许一句简单的问候或一声理解或关怀就会冰释前嫌，重归于好。比如一度超跌反弹的宣亚国际，从 2017 年 4 月 10 日开始停牌，一停就是大半年，上市刚两月就开始策划一起蛇吞象的惊人运作（映客的营收为宣亚的 9.29 倍、净利为宣亚的 8.14 倍），就像新婚丈夫大婚刚过就说我要远行，半年多不回家，要去搞一个翻几倍的大项目，搞好后可以为你带来多么幸福的生活一样。

当然中间也写书信回家，说说自己的项目进展，就像宣亚 2017 年 9 月 5 日公告具体的收购方案，谁知天有不测风云，最终收购失败，远行的新婚丈夫归家，妻子自然失望，之前的预期落空必然补跌。经过 6 天的连续跌停后股价再也没有下跌动能，夫妻两人闹够后，重归于好，平淡生活，珍惜彼此，经过盘整期（磨合期）后宣亚在 2018 年 3 月走出四连板，只是回到当初的股价高位确实有点儿困难。

4. 与风险做朋友，不确定性才会有朦胧美

不知从何时起，市面上有了不少劝新股民少碰次新，说次新不适合新手的言论。原因很简单，就是高风险。但是你买理财或者买白马股就没有风险了吗？e 租宝、钱宝网等事件频发，贵州茅台如此高价不见得就风险低。正如一部热播剧《熊爸熊孩子》里的台词一样——与风险做朋友，才有收益。不入虎穴焉得虎子？原因无他，因为世界有种报酬叫风险报酬。

比起创业、实业投资，股市投资的这点风险甚至不足挂齿。

有风险就是有不确定性，只有不确定才有朦胧美，为何新婚燕尔、恋爱初期最为让人期待？因为不确定性很多，未来的事业、生活都可能发生改变。具体到次新上，每一只开板新股都会让资本市场为之振奋，因为新鲜血液的注入也许会发生奇妙的化学反应。再有就是历年来高送转预期永远都比高送转填权行情涨幅更大。

第 2 章

次新的魔力

本章主要内容包括:

➤ 次新股的定义

➤ 次新大家庭

股市里有句老话说得好，如果你爱一个人，就让他来次新股，因为这里是快速暴涨的天堂。如果你恨一个人，也让他来次新股，因为这里是暴跌的地狱。次新急涨急跌的特性让很多人既爱又恨，爱它拉升的曲线，又恨它的急速暴跌。股市里的刀尖舔血、火中取栗在次新里演绎得可谓淋漓尽致，不少人都认为这里是勇敢者的游戏，但即便如此仍有不少人赴汤蹈火，前赴后继地追捧它。那么次新到底有何魔力？竟引无数股民追捧，并成为 A 股一道靓丽的风景线。

2.1　次新股的定义

次新，不知从何时起，各大炒股软件悄然贴上了次新这一概念，并延续了若干年，不管是跌了还是涨了，都时常成为市场上热议的话题，并成为 A 股市场上一个极具特色的概念板块。

那么什么是次新？估计迄今没人给它下过严谨的定义，为何？因为随着 IPO 发行节奏以及投资策略的不同，对次新定义的范畴也会有所调整，一般而言，次新指的是上市一年以内且已经可以自由买卖的股票。

为何这么去定义呢？因为次新相较其他老股，最大的优点就是没有大小非解禁，一般而言所有股东上市之日起 12 个月内不得减持，这其中控股股东、战略投资者等上市之日 36 个月内不得减持。所以有关这样的法律条款规定使得新股在上市一年之内流通市值通常较小，盘子轻，呈现出股性异常活跃的特性。

此外参考次新板块两大重要指数选取标准：

1. 次新股指数

具体选取标准：（1）样本审查期间样本股上市时长小于三个自然月；（2）每月 1 日调整样本股，纳入最近一个月的次新股，剔除超过三个月的股票。最大的问题在于纳入成分股指数样本相对少，且存在数只个股未买进的情况。

2. 深次新股指

具体选取标准：剔除三个月以内的股票，最近一年上市的深市股票，每月 1 日调整样本股。

最大的问题在于所纳入的"保鲜期"有所降低，一般来讲，越晚上市的越"鲜"：所纳入成分股跨的时间段较长（一年）。

不过如果遇到 IPO 数量较少或暂停的情况，市场就会不自觉地将这一时间范畴扩大至上市 2 年或 3 年内的新股，已便增加投资标的；而每月平均首发家数在 20 家以内时，市场会将时间范畴缩小至上市半年以内的新股，如 2015 年牛市前半场以及 2016 年上半年；但每月平均首发家数若有 40 家左右甚至以上，如 2015 年牛市顶峰（2015 年 5 月及 6 月）以及 2016 年 11 月份以来（每周平均核发 10 家新股），时间范畴就进一步缩小至上市三个月甚至一个月以内的新股。

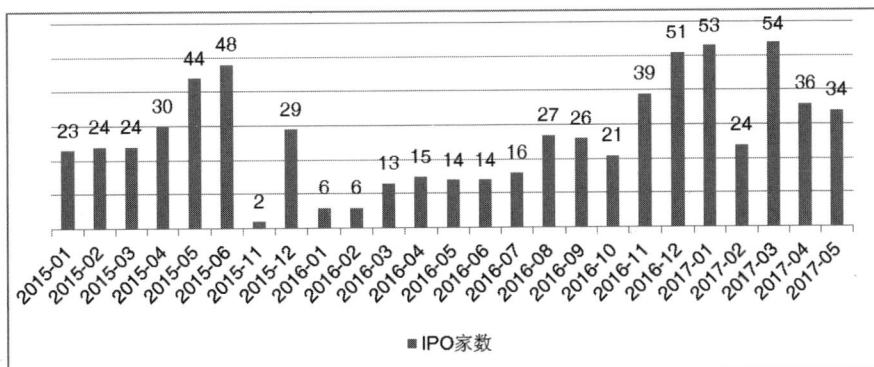

总体来说，如果一年内新股上市数达到 300 家以上，那么次新的选股时间范围可主要集中在上市 1 年内，若 1 年内新股上市数已缩小至 150 家以内，那么次新范围可能会进一步扩大至上市 18 个月以内的新股。

具体给大家一个大致的参考标准：

一年内新股上市数	近端次新（新次新）	远端次新（老次新）	超远端次新（次次新）
小于 150 家	上市 6 个月内	上市 6 个月到 18 个月	上市 18 个月到 36 个月
大于 150 家小于 300 家	上市 3 个月内	上市 3 到 12 个月	上市 12 个月到 36 个月
大于 300 家	上市 1 个月内	上市 1 到 6 个月	上市 6 个月到 24 个月

2.2 次新大家庭

2.2.1 次新前世：一朝加入，金榜题名

其实，次新的前世可谓历经千难万阻。一家企业经过天使轮从 0 成长到 1，再从 1 借助资本的力量（A 轮、B 轮、C 轮、D 轮……）快速复制，业绩逐渐从小做大，这一过程大多都会经历 3 到 5 年甚至更长的时间。

然而业绩好不容易达到上市条件，由于证监会特定的 IPO 核准机制，IPO "堰塞湖" 严重，动辄达到五六百家，在 2012 年 11 月、2016 年 8 月，排队企业更是到达了 800 家的高峰。

按照之前的发行速度，IPO 排队需要 2 年甚至 3 年的时间，这中间会有不少企业展开自救，寻求新三板、赴海外上市，甚至借壳上市等渠道。IPO 的排队期间，不排除有各种黑天鹅等不可控因素，有被媒体揭露财务造假的，如胜景山河；有排队期间业绩大幅下滑的，如华光新材、润玛股份；有被竞争对手举报的，如凯立德；有因关联交易失去独立性的……总之，上市这件事，中间任何一个环节出现问题都有可能功亏一篑，这其中不乏冲刺 IPO 两到三次，先后历时近十年的例子，有些甚至最终失败。

A 股上市标准表　　　　　　　　　　　　　　　　　单位：元

	主板、中小板	创业板
经营时间	持续三年以上	
财务要求	最近 3 年净利润为正且累计超 3000 万	最近 2 年连续盈利，净利润累计超 1000 万
	最近 3 年经营活动现金流量净额累计超 5000 万，或最近 3 年营收累计超 3 亿	或最近 1 年盈利，且净利润不少于 500 万，最近一年营收不少于 5000 万，最近 2 年营收增长率不低于 30%
	最近一期末不存在未弥补亏损	
	最近一期末无形资产占净资产的比例小于 20%	最近一期末净资产不少于 2000 万
	发行权股本总额不少于 3000 万	

所以 IPO 成功，就如同鲤鱼跃龙门。这些刚刚加入次新大家庭的成员，

就是 A 股股市里新鲜的血液，引得无数资金仔细打量和追捧，因为在 A 股有个不变的主题，那就是"新"，所以新概念、新版块，次新自然不会放过。

2.2.2　一度成为第四大板块，成员数超 400 家

市场瞬息万变，更何况在 A 股这样一个政策市。自 2016 年 11 月 IPO 核发速度加快之后，次新大家庭成员急速扩张。尤其 2016 年 11 月到 2017 年 4 月为 IPO 核发高峰期，月核发家数达 50 只左右，最终使得 2017 年底次新家族成员达到峰值 428 家，而同期创业板家数不超过 600 家，次新大家族显然已快速成长为继创业板后 A 股第四大板块，已成为 A 股市场上一个不容忽视的庞大军团。

2017 年 5 月份 IPO 核发家数开始下降，2017 年 10 月 17 日，随着"大发审委"诞生，IPO 被否率一度攀升，核发家数出现断崖式下跌，下降到每周只有 2 ~ 3 家，且独角兽居多，导致次新家族成员急剧减少；到 2018 年 3 月，次新家族成员数不足百只。但次新仍是市场上一支不容忽视的力量。

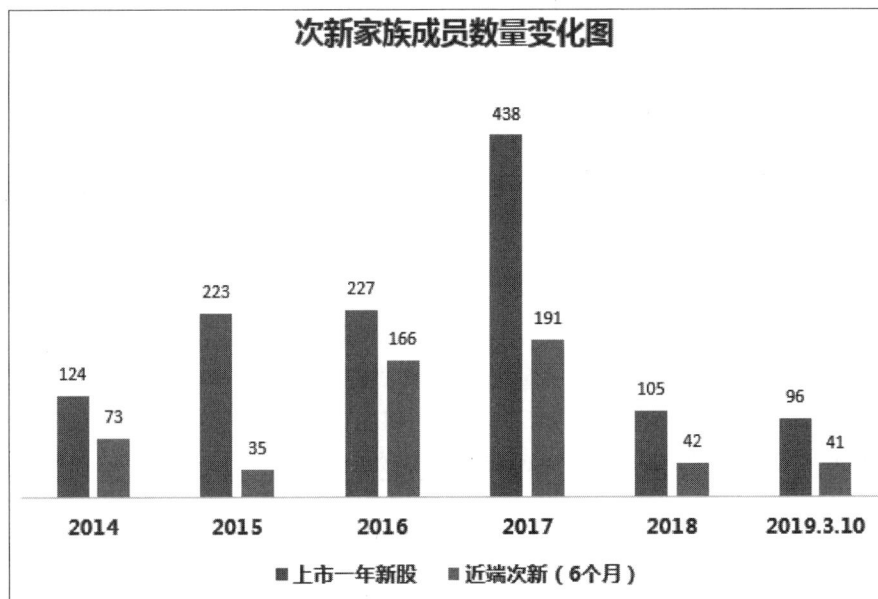

次新家族成员数量变化图

	2014	2015	2016	2017	2018	2019.3.10
■ 上市一年新股	124	223	227	438	105	96
■ 近端次新（6个月）	73	35	166	191	42	41

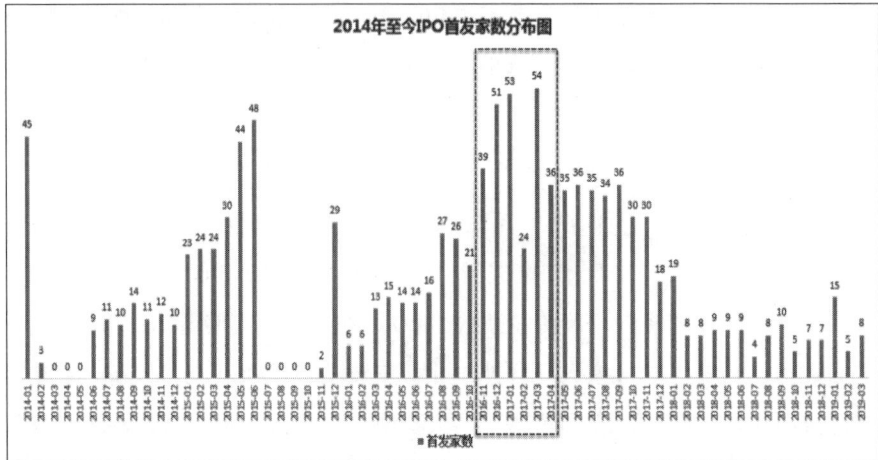

次新家族庞大后会造成什么影响呢？答案很简单，僧多粥少，存量资金博弈的市场大环境下，资金将会越来越挑剔，所以次新个股分化日趋明显。除非牛市来临，增量资金入场，过往次新板块齐涨齐跌的景象将难以再现，这在一定程度上也造成了投资者投资难度的增大。比如，在牛市极端行情下一度非常奏效的"无脑"买入开板新股的策略在熊市、震荡市里再难持续。所以在这种新情况下，只有一个模糊的次新概念认识远远不够，只有不断提高对次新板块的进一步认知以及辨识能力，才有可能享受到次新股的乐趣，否则只会收获痛苦。

次新家族骤然减少会造成什么影响呢？首先，板块效应降低，次新内部板块形成联动可能性下降，只能多找外援，这也是为什么 2019 年春节后的反弹行情次新只能成为跟随小弟。当然，事情也有正反面，那就是次新稀缺性进一步提高，如果在牛市里很容易齐涨齐跌，这个时候只需要"无脑"买入就好了。

2.2.3　次新轮回：铁打的营盘流水的兵

次新就好似一个新兵训练营，每一个入伍的士兵都必须经过它的洗礼。但是营盘常在，兵却在流转。正可谓是年年岁岁花相似，岁岁年年"股"不同。每只新股上市之时都可谓豪情万丈，计划满满，宏伟蓝图给人无限遐想。所以刚一上市，各路资金对每只新股都报以非常高的期望，使尽浑身力气挖掘各种亮点，并快速贴上相关标签：车联网、智能物流、工业 4.0、飞机隐性材料等，并预期一旦新拓展的市场被打开将会有多么快速的业绩增长。然而理想是美好的，现实是残酷的，多少新股在次新这个新兵训练营待过后并无多大长进，反而业绩快速变脸。

也正是因为如此，每只次新几乎都会经历一个轮回：

1. 上市连续一字板开板后横空出世

首先看出身时间好不好，也就是次新板块大趋势，如果市场情绪高涨，那么无论贵贱，皆会"鸡犬升天"；如果市场情绪非常差，那么有可能集体杀跌；如果市场情绪一般，那么就会看自身条件，是否稀缺、名字是否好听、盘子是否小等。

2. 剧烈波动，几路资金开始博弈

龙虎榜上是常客，流通股东季度轮番变。涨跌幅、换手率高，股性活跃，资金轮番接力，一波二波三波主升浪，再然后一大波剧烈杀跌吓跑人。

3. 上市公司资本运作大戏轮番登场

高送转送了一季又一季，今天去投资这个资产，明天去投资那个资产，这些投资标的可是在上市前就储备好久了，这下终于可以大显身手。谁料经常物是人非，之前谈好的价格经常谈崩，资产重组失败屡有演绎，无量跌停难逃厄运。

4. 新兵熬老兵 慢慢价值回归路

如同夫妻之间有七年之痒，上市公司和投资者之间那就是一年之痒。新鲜感过去，新兵成老兵。新兵没有了当年的激情，那头小非还着急套现，这头业绩难以为继，当年不少都是为了上市才把财务数据弄那么好看的。于是业绩变脸成为常态，漫漫阴跌价值回归。这其中只有极少数那种打铁还需自身硬的老兵能扛得住各种风吹日晒，经历住时间的考验，最后成长为市场上备受瞩目的大白马。

第 3 章

为什么投资次新股

本章主要内容包括：

➤ 独享的政策红利

➤ 次新股——牛股诞生集中营

➤ 次新股——普通投资者最后的乐土

一小部分次新的爱好者看到这个标题会觉得多此一举，投资次新股的原因不用多讲，自然是为了高收益，但大多数投资人会对次新股避之不及，觉得这就是赌徒的世界，纯博弈、玩超短，是打板族的最爱。

不管怎样，如果你拿到这本书，请你放下之前对次新股所有的偏见。次新股无非是在我们做 A 股投资时按上市时间小于 1 年的标准做了一轮筛选。但是与此同时我们也可放宽这个筛选标准，比如放宽到两、三年。

不可否认，次新股尤其是开板三个月内次新波动性极大，其受情绪影响波动也较为明显，超短模式也更为有效；若信奉中长线的投资理念，按照成长股的逻辑去对待，在次新股里也会找到属于自己的天地。让我们从新股一上市就保持对优质个股的长期跟踪，这样才能离十倍成长股更近。

3.1 独享的政策红利

3.1.1 IPO 的发行制度变革

我国股票市场发展至今，IPO 审核制度经历了额度制、通道制、保荐制三个阶段，未来还将向注册制延伸。

1. 1990–2001：额度制（审批制）

实行严格的政府主导，遵循"严格市值管理原则"，采用对股票发行规模和发行公司数量的双重控制。每年 IPO 的总量由证监会事先发布计划，如 1995 年至 1997 年的额度分别为 55 亿元、150 亿元、300 亿元等。

当时的做法是，只要确定了发行额度，证监会就把相关额度平均地分配给各省、各部委，而最终哪些企业能够 IPO，则主要由地方政府点头。这种发行审批方式能够使得更多企业获得上市机会。

资本市场主要为国企服务，各省、各部委都有上市指标，企业上市最重要的是拿到上市指标，只要搞定了指标就意味着上市已经成功了一大半。

2. 2001.3–2004.3：核准制前期的通道制

2000年3月17日，证监会颁布《股票发行核准程序》。2001年3月17日，股票发行核准制正式启动，行政色彩浓厚的审批制退出了历史舞台。

"通道制"是指每家证券公司一次只能推荐一定数量的企业申请发行股票，由证券公司将拟推荐企业逐一排队，按序推荐。

所推荐企业每核准一家才能再报一家，即"过会一家，递增一家"（后又调整为"每公开发行一家才能再报一家"，即"发行一家，递增一家"），证监会给各券商分配了通道，多的有8个通道，少的有2个通道，总共300余个通道。

在通道制下，因为想上市的企业多，通道有限，遴选拟上市公司的第一道关就交给了券商，各券商想多挣钱就要提高通道周转率，就要先挑选质量优秀的项目上报，一般都倾向于做融资规模尽量大的项目。

3. 2004.5–2015.11：核准制下的保荐制

2003年12月28日，证监会发布《证券发行上市保荐制度暂行办法》，在中国证券市场上第一次提到了保荐制。

2004年3月13日，证券业协会组织了第一次保荐代表人考试，614人通过考试，其中609人注册成为中国第一批保荐代表人，保荐代表人这个职业逐渐成为证券市场上的重要角色。

2004年5月初，随着第一批保荐机构（67家）与保荐代表人（609人）完成注册登记，证监会宣布保荐制正式实施，保荐制与通道制暂时并存。

2005年1月1日起，证监会终止通道制，全面实施保荐制，并且规定单人单签，保荐代表人开始成为稀缺资源，成为众多券商争夺的对象，但因市场不景气保荐代表人尚未成气候。

可以说，目前我国新股的发行仍沿用核准制，历史上我国IPO曾经历过9次暂停和重启。具体如下表：

暂停时间	暂停交易日	暂停原因	期间涨跌
1994.7–1994.12	98		65.75%
1995.1–1995.6	96	3.27 国债期货事件	18.36%
1995.7–1996.1	128		−12.6%
2001.7–2001.11	69	6 月 22 日发布国有股减持方案（增发或首次发行时，均应按融资额的 10% 出售国有股，且减持价格执行市场定价），造成市场大跌，最后 10 月 22 日紧急宣布暂停国有股减持	−13.57%
2004.8–2005.1	101	新股询价制度推出	−7.86%
2005.5–2006.6	264	股权分置改革试点工作（2006 年 5 月 25 日中工国际成为新老划断第一股）	49.53%
2008.12–2009.6	191	中石油 2008 年 11 月 5 日上市，之后大盘持续大跌，大面积出现破发	43.09%
2012.10–2014.1	15 个月	大盘持续下跌，2012 年 8 月起新股发行放缓，10 月 26 日正式停发，形成 IPO 堰塞湖（2012 年底在审数量超 900 家）	
2015.7–2015.11	83 天	股灾 1.0（沪指在不到一个月内下挫近 40%，市场面临流动性枯竭）	

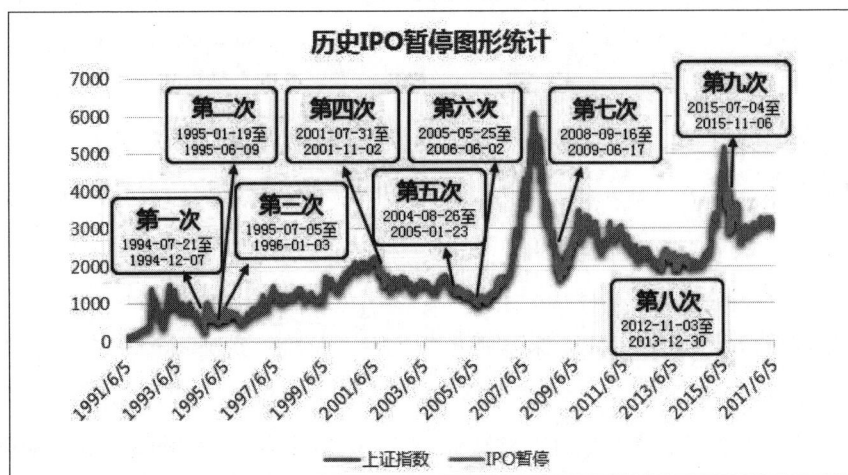

4. 2015.11 至 2019 年：IPO 发行常态化与注册制全面推进

当前新股发行是核准制，它有几大弊端，包括：导致企业过度包装、超额募资屡见不鲜、一级市场定价过高、权力寻租、发行效率低。要解决这些问题，需要从核准制走向注册制。

在注册制下，企业发行股票、何时发行股票、以什么价格发行，均由企业和市场自主决定。政府不对企业的资产质量和投资价值进行判断和"背书"，促进市场参与主体各尽其职。其最重要的特征是：在注册制下证券发行审核机构只对注册文件进行形式审查，不进行实质判断。另外，注册制还主张事后控制，强调"信息披露"的重要性。

2013 年 11 月 15 日，十八届三中全会正式宣布推进股票发行注册制改革。这标志着 A 股 IPO 注册制改革高调启航。

2015 年 12 月 27 日，全国人大常委会表决通过《关于授权国务院在实施股票发行注册制改革中调整适用〈中华人民共和国证券法〉有关规定的决定》。注册制实施不再有法律障碍。根据安排，授权期为 2 年，自 2016 年 3 月 1 日至 2018 年 2 月底。

虽然已获授权，但股票发行制度作为市场基础性制度，影响资本市场的方方面面，只有全面完成《证券法》修订，才能在上市、退市等各个环节彻底理顺，对监管和处罚提供完善保障。

2017 年 4 月 24 日，《证券法修订草案》提请全国人大常委会二审，其中亮点包括：注册制暂不做规定；执法权限、处罚力度双升级；收购增持资金应说明"来路"；信息披露全面升级为专章规定；证券交易增加操纵市场等情形；投资者保护设专章作规定；明确多层次资本市场体系等。全国人大法律委员会副主任委员安建表示：对现行证券法第二章"证券发行"的规定，暂不作修改，待实施注册制改革授权决定的有关措施出台后，根据实施情况，在下次审议时再对相关内容作统筹考虑。

自 2016 年 1 月以后，IPO 大提速，2016 年底到 2017 年更是一周一批，持续平稳放行。与此同时，投资者打新热情不减，企业发行市盈率未出现明显降低，股指反应平稳。IPO 堰塞湖消解，"入口"通畅等。

2017 年 7 月 7 日，主板发审委和创业板发审委合并，这是 IPO 体制改革的重大举措与突破，这正是注册制所需要的组织架构形式。因为主板和创业板的 IPO 标准是由上交所和深交所负责制定的，不与发审委相干，再加上主板与创业板两个发审委的审核内容、审核形式及审核方法完全相同，即 IPO 材料真实性审核，因此，没有必要再设两个不同的发审委，统一后的发审委更精简、更高效、更省力。这是迈向注册制的重要一环：实质性审核将放在深交所和上交所各自设立的上市委员会，而证监会发审委则主要负责 IPO 信息真实性审核及 IPO 负面清单的一票否决。

2017 年 11 月 17 日，中国证监会发布新修订的《证券交易所管理办法》，自 2018 年 1 月 1 日生效。对证券交易所的职能有两大重要修订：

（1）赋予证交所 IPO 实质性审核职责。

由"接受上市申请、安排证券上市"更改为：证交所将负责"审核、安排证券上市交易，决定证券暂停上市、恢复上市、终止上市和重新上市"。

（2）强化并做实证交所一线监管职责。

增加了两个新内容监督：对证券上市交易公司及相关信息披露义务人进行监管；对证券服务机构为证券上市、交易等提供服务的行为进行监管。

3.1.2　全球性问题：新股抑价

新股神话不只存在于我国，这也是全球性的问题。在学术上有个词叫作 IPO 抑价现象（新股在二级市场的首日交易价格高于一级市场发行价格）。只不过成熟的发达国家证券市场的抑价幅度（上市首日交易价相比发行价的幅度）明显小于新兴国家市场。

之所以会有 IPO 抑价现象出现有"赢者诅咒""信息传递"等各种理论解释，通俗易懂地说就是公司为了成功上市，故意损失一些一级市场的利润让渡给二级投资者，从而获得二级投资者信任，方便以后再融资。

根据市场统计，1990 年 ~ 1998 年美国市场的 IPO 平均抑价率为 14.8%，1999 年 ~ 2000 年为 51.4%，2001 年 ~ 2009 年为 12.1%，英国市场和法国市场的平均抑价率分别为 16.35％和不到 5％，马来西亚市场抑价程度则较为严重，近几年抑价率约为 80％，而我国 A 股市场比马来西亚市场抑价率还高，1990 年 ~ 2010 年我国新股平均抑价率高达 137.4％。

另据 Warrington 最新统计数据显示：我国 1990 年 ~ 2016 年新股平均抑价率攀升至 154.43%，位居全球前列，具体如下表：

国家	2006-2016 年新股平均抑价率
中国	154.43%
日本	47.66%
韩国	42.81%
美国	17.33%
英国	16.24%
澳大利亚	15.55%
加拿大	4.83%

我国 IPO 抑价现象如此严重与我国特有的 IPO 定价机制不无关系。

1996 年以前，IPO 的发行价格、发行数量、发行市盈率以及股票分配基本上是由证监会决定。1996 年～1998 年，IPO 发行采取的是相对固定市盈率倍数法，即所有的上市公司，无论来自何种行业，其发行价都由 13～15 倍市盈率乘以公司的每股收益确定。2000 年以后在核准制下进入了网上竞价发行和按市值配售发行的网上累计投标定价阶段。从 2005 年 1 月 1 日起，我国正式施行"IPO 询价制度"，新股发行定价由"行政化发售机制"转变为"市场化发售机制"。此后经历了新股发行定价由证监会窗口指导、2009 年取消窗口指导、2014 年指导新股定价 23 倍市盈率等阶段。

时间	定价方式	定价上限	是否管制
1990～1993	以固定价格发行		
1993～1999	以固定市盈率发行	12～15 倍	是
1999.9～2001.8	网上累计投标定价	无	否
2001.11～2004.12	固定市盈率	20 倍	是
2005.1～2009.6	询价制	30 倍	窗口指导
2009.6～2012.4	询价制	无	否
2012.4～2014.3	询价制	参考同行	是否
2014.3～	询价制	23 倍	窗口指导

而回顾我国 IPO 抑价率的变化，2001 年随着由审批制改为核准制，抑价率大幅提升，2005 年随着保荐制和询价制的引入，IPO 定价效率大幅提高，抑价率进一步下降，2006 年随着牛市到来 IPO 抑价率提升，但是随着进入熊市，IPO 抑价率再度进入下行通道。

读懂次新股

值得一提的是，随着 2005 年询价制度引入后，我国不断出台了相关制度政策，解决了三高发行（高发行价、高市盈率、高募集规模）等问题。

2004 年 12 月 7 日，证监会下发《关于首次公开发行股票试行询价制度若干问题的通知》。

本次建立的询价制度：先初步询价确定发行价格区间；再累计投标询价确定发行价格，然后向询价对象配售，最后将其余股票以相同价格网上发行。

2006 年 9 月，首次推出《证券发行与承销管理办法》，建立网下询价与网上申购相结合的方式。

网下发行部分由特定机构投资者参与询价、定价；网上发行部分大家都可以按既定价格区间参与认购。

2009 年 6 月 10 日，关于进一步改革和完善新股发行体制的指导意见：

本次改革的主要内容有：

（1）网上网下发行分开；不能同时参与；所有参与该只股票网下报价、申购、配售的股票配售对象均不再参与网上申购。

（2）网上申购上限为网上总量的千分之一。

（3）报价与申购应有逻辑一致性：杜绝高报不买和低报高买。

（4）在网下采取比例配售方式。

（5）去除了新股发行市盈率的"窗口指导"：出现了新股"三高"现象。

2013 年 12 月 2 日，证监会针对超募现象发布了《首次公开发行股票时公司股东公开发售股份暂行规定》，其中第九条要求：公司新股发行数量应当根据募投项目资金需求合理确定，明确新股发行与老股转让数量的调整机制，简单理解就是要求将 IPO 超募与老股东减持挂钩，若公司 IPO 超募则需要减少新股发行数量，否则公司股东就要减持其所持股份。

2014 年 1 月 12 日，证监会紧急发布《关于加强新股发行监管的措施》明确发行人应依据《上市公司行业分类指引》确定所属行业，并从中选取中证指数有限公司发布的最近一个月静态平均市盈率为参考依据。拟发行价格对应市盈率高于行业平均市盈率的发行人，应提前三周连续发布风险公告。

根据 Wind 统计数据显示，2014 年 6 月 ~ 2017 年 7 月，A 股中共发行760 家，首发平均市盈率为 21.75 倍（计算时剔除首发市盈率为 556 的主板上市企业 601202.SH 白银有色）；其中首发市盈率为 22.99 的上市公司 167 家，首发市盈率为 22.98 的上市公司 175 家，市盈率在 22.97 ~ 23 倍之间的企业合计 414 家，占总数的 54.5%。而首发市盈率低于 20 倍发行的企业共计 120 家，占到总数的 15.8%。

3.2　次新股——牛股诞生集中营

提起次新股不少人又爱又恨，涨停榜、换手率榜、振幅榜、龙虎榜上时常见，资金的博弈在这里演绎到了极致，秒板、闪崩在这里稀松平常。不过看似高风险的背后其实也蕴藏着高收益。

正所谓不入虎穴，焉得虎子，大多数已形成一致预期的事情基本上已失去了投资机会。更重要的是通过多年经验积累观察到：次新从投资赚钱的概率上仍远高于其他品种，原因无他，流动性好 + 政策红利。

也因此即使不是短线高手，即使不是每天高抛低吸，剧烈的波动下只要选好股并做好持股仍有不错的收益，更重要的是次新近几年来几乎每年都有大行情，此外中间还有一波波超跌反弹的机会。

3.2.1　次新板块整体跑赢大盘指数

次新板块的交易暴力点起源于 2014 年之后，金轮股份开板后一个月四倍的涨幅成了无数老股民脑海里最深刻的记忆。单从指数来看，不管是深次新股指数，还是东财的次新股指数，2014 年至今过去五年的时间里大多数时间均跑赢创业板指数的涨幅。

这一收益优势在 2015 年牛市最高峰的 4、5 月份被彻底放大，东财次新股指数在 2015 年 4 ~ 5 月两月涨幅超过 80%，而同期创业板指仅为 53%。开板新股赚钱效应尤为明显，开板即买入成为牛市顶峰阶段屡试不爽的高收益策略。

在股灾 1.0 之后，次新股先于创业板企稳，高送转老次新演绎了一波波浩浩荡荡行情，2015 年 11 月深次新指数月涨幅达 31%，而同期创业板涨幅仅为 12.53%。

2016 年 7、8 月开板新股暴涨行情再启，并再度达到顶峰，只是好景不长，下半年 IPO 发行家数增多，由每月一发，到每月两发，再到每周一发，也在一定程度上推高了东财次新指数。此后次新行情低迷，但是在 2017 年 8 月后再度迎来情绪拐点，跑出超额收益。

总体而言，在政策红利下次新几乎每年都有行情，只是有大小之分。但是在 IPO 发行常态下很难再齐涨齐跌，指数的波动也被进一步平滑。

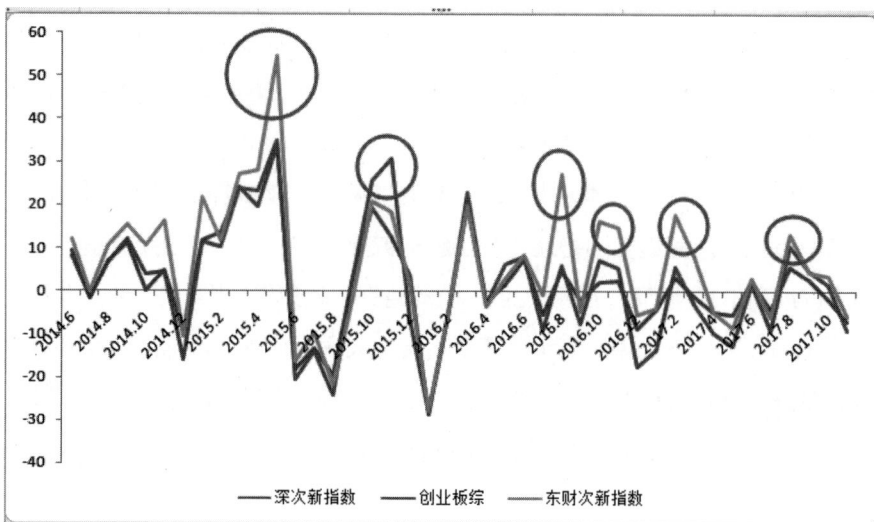

3.2.2　那些耳熟能详的暴涨次新龙头

A 股市场上的龙头几乎超半数来自次新。它们小、特、新，异常引人注目，以至于 2015 年之后各大行情软件都不能忽视这个群体的存在，悄然添加了专属的新股按钮。各大主流 APP 更是将新股开板提醒、新股申购等放置于重要位置。

在次新的板块里，十年十倍都太慢，其凌厉的暴涨幅度几乎是按月去计算，一月翻倍，三个月五倍，都不是梦。

1. 2014 年标志性次新牛股

金轮股份：上市二连板开板后 1 个月涨幅近四倍。

中科曙光：2014 年底走出创纪录的 22 连板。

兰石重装（上市时间：2014.10.9）：15 连板开板后继续连拉了 9 个涨停板，开板之后 1 个多月最高涨幅近两倍。

2. 2015 年标志性次新牛股

中文在线（上市时间：2015.1.21）：上市 14 连板开板后连续拉出 8 个涨停板，开板后 3 个月最高涨幅近五倍，成为创业板行情开启的先行指标股。

天成自控（上市时间：2015.6.30）：上市 6 连板开板后继续天天拉板，开板后一月最高涨幅达 3.25 倍，成为股灾后次新反弹的先行指标股。

3. 2015 年踏着牛市的步伐老次新激发新潜力

京天利（上市时间：2014.10.9）：互联网金融龙头，2015 年前五个月最高涨幅达 443.2%。

全通教育（上市时间：2014.1.21）：互联网教育龙头，2015 年前五个月最高涨幅超五倍。

4. 2016 年标志性次新牛股

银宝山新（上市时间 2015.12.23）：高送转次新最先启动龙头，2016 年 4 月 25 日董事会提议 10 转 20 派 1 元高送转方案，公司股价在 2016 年 4～5 月份两月涨幅近 2 倍。

通合科技（上市时间 2015.12.31）：次新新能源龙头，2016 年上半年涨幅超 160%。

昊志机电（上市时间：2016.3.9）：次新新能源龙头，2016 年 5 月底至 12 月 1 日，最高涨幅超 160%。

中科创达（上市时间：2015.12.10）：2015 年 IPO 重启后发行的第一批新股，开板后在盘整近三个多月之后突破向上，成为 2016 年软件股行情龙头，不畏高股价，三月最高涨幅超 130%。

川金诺（上市时间：2016.3.15）：次新高送转预期，逆势上涨。2016 年 5 月底开始启动，在 2016 年 12 月 1 日触及最高价，半年涨幅超两倍。可以说最后股价是上去了，但是高送转预期却没落实。

海天精工（上市时间：2016.11.7）：低价次新登上历史舞台，创下当年 29 连板的历史记录，比肩暴风集团、创业软件。

5. 2017 年标志性次新牛股

银行次新的集体盛宴：

江阴银行（2016 年 9 月 5 日上市），开板回调后自 2017 年 2 月 10 日到 2017 年 5 月 2 日，最高涨幅 1.4 倍。

无锡银行（2016 年 9 月 26 日上市），开板回调后自 2017 年 2 月 10 日到 2017 年 5 月 15 日，最高涨幅超 1.4 倍。

吴江银行（2016 年 11 月 30 日上市），开板回调后自 2017 年 1 月 20 日到 2017 年 5 月 11 日，最高涨幅超 78%。

常熟银行（2016 年 9 月 30 日上市），开板回调后自 2017 年 2 月 10 日到 2017 年 5 月 11 日，3 月最高涨幅超 60%。

时隔一年，2018 年 1 月 26 日证监会对涉嫌操纵"张家港行""江阴银行""和胜股份"3 只次新股的背后庄给予违法案处罚告知，据查三只股票合计违法所得约 9.45 亿元。证监会在 2018 年 3 月 14 日对其背后庄家曾经的铁路巨无霸——北八道集团开出五倍顶格处罚——55 亿，刷新了鲜言操纵市场案的 34.7 亿元罚单纪录，成为史上最大罚单。

中科信息（2017 年 7 月 28 日上市）：一个半月涨幅超 2.5 倍。上市十连板后开板，从 8 月 10 日收盘价 26.63 一路拉升至 9 月 21 日的 92.99，一个半月最高涨幅近 2.5 倍，这其中监管层两次特停也无法阻止中科信息作为人工智能龙头 + 中科院系纯正标的的上涨，并与创业板大白马科大讯飞遥相呼应。

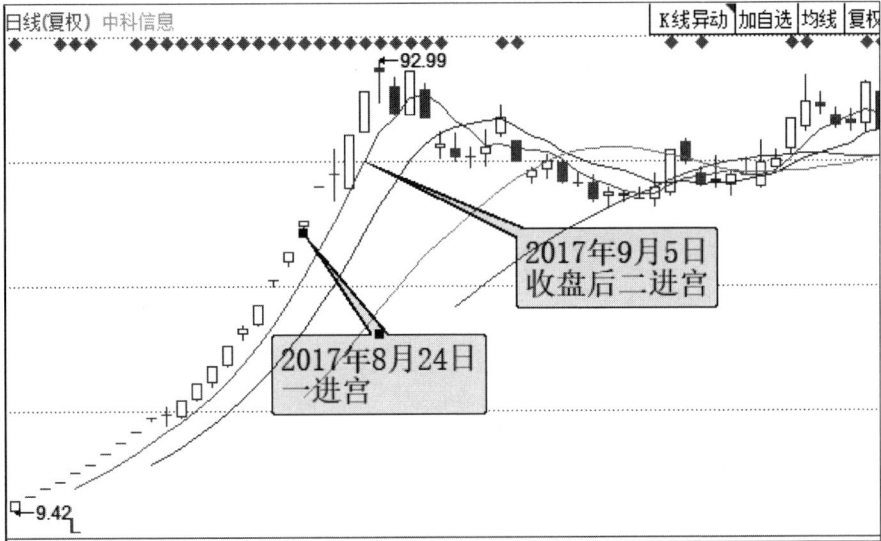

江丰电子（上市时间6.15）：涨幅超四倍。溅射靶材龙头，叠加辉煌中国等多重消息刺激，上市17连板开板后盘整不到一周时间进入长达4个月的慢牛行情，从2017年7月19日的24.8上涨至2017年11月14日的88.18，区间涨幅超4倍，即使中间次新情绪不好也逆势上扬，人称江"疯"电子，更开启了次新股投资注重质地的新时代。

华大基因（2017年7月21日上市）：三月涨幅超1.7倍。上市后走出14连板。上市前还有不少媒体说IPO前进入的红杉、软银、云锋基金、光大控股、深创投等知名机构出现浮亏，华大上市前融资一度高达200亿元，等上市的时候按照发行价算只有 50 亿元，出现一二级倒挂了。而且先华大基因上市的贝瑞和康当时估值也已达 200 多亿元。华大开板时市值已达 400 亿元左右，开板后立马担起次新基因测序龙头一路上涨，从 2017 年 8 月 11 日到 2017 年 11 月 14 日，三个月区间逆势上涨超 1.7 倍，并开启了当时次新大蓝筹狂舞的时代。

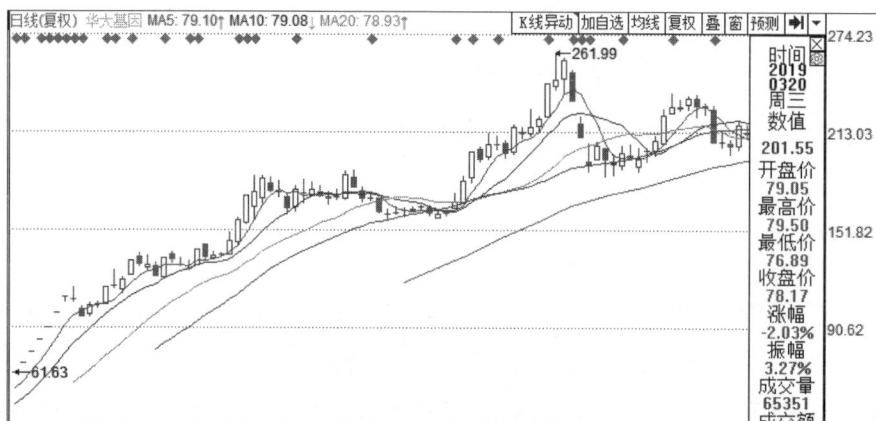

3.3　次新股——普通投资者最后的"乐土"

次新股，是普通投资者最后的"乐土"，拥有大多数投资者可能没有察觉的两大优势。

3.3.1　资金灵活性强，及时控制风险

次新股急涨急跌，这其中既有风险也有收益。如果你期盼的是稳定的收益，那么次新股不适合你，因为海豚也无法预知具体几时几刻会拉升还是会砸盘，在持有次新股的过程中不可避免会有回撤，就像你做生意，一定会有成本，会有人员支出甚至还会有不可预知的各种行政处罚或者营销费用，但是不少做生意的还是会赚钱，那是因为收入覆盖了成本，但是也不乏会入不敷出的。

这个道理在次新的投资上也是一样，回撤是必须要忍住的，这就相当于

我们必须付出的成本，至于收益能否覆盖掉回撤，则要看每个人的勇气和智慧了，是否敢于加仓？又是否真的有预见性？但是不管怎样，我们普通投资者相比机构来说在资金的使用上还是有相当优势。

因为我们普通投资者大多用的是自有资金，甚至闲置资金，即使亏损也不会太不安，因为无须担心向投资人汇报时的尴尬以及承受来自投资人的压力。也因为是自有资金所以能忍受的风险回撤就更高，这点和那些带杠杆的资金比起来会有天然优势。

而机构投资者，公募面临着年度、季度、月度等固定期限的排名压力，私募则面临着 20% 左右清盘线的压力，而我们普通投资者对于亏损 20% 是完全可以接受的，只要克服自身心理压力即可。也正因如此，海豚时常主动买套，因为对于次新股来说，首先大多数有发行价保本的底线，其次股性弹性好，跌有多深涨就有多快，海豚往往最郁闷的时候是大多数次新都处于癫狂状态，高高在上无从下手，一旦跌起来很容易站在山顶上，一不小心很有可能好几年都无法解套。

除了能忍受亏损外，还有就是普通投资者资金规模小，卖出买入不用有任何压力，更没有人会看到你的底牌。大资金就不一样了，上千万资金去玩次新，你的买入卖出很有可能造成拉板或砸盘，如果找不到接盘方就很容易砸在自己手里。而且动不动就会上龙虎榜，全市场的眼睛都能看到你。

3.3.2 成长股的暴利

成长股一词来源于一本叫作《怎样选择成长股》这一投资著作，此书也成为巴菲特最推崇的十本书之一，而此书的作者费雪更是被称为成长股之父，甚至巴菲特也成了费雪的超级粉丝。再之后欧奈尔的《笑傲股市》、吉姆·斯莱特的《祖鲁法则》《股票魔法师》等经典书籍先后面世，之后寻找成长股与公司一起成长成为众多投资者的永恒追求。

那么众人口中的成长股究竟具有何种特点？有何定义？虽然口径很难精确定义，但大致具有如下几大特点：

（1）业绩增速稳定或近年来有爆发、加速趋势；

（2）所处行业发展空间大，行业具有成长性，需求开始增加；

（3）企业在行业中拥有独特竞争优势。

其魅力主要来自著名财务理论"复利魔术"。比方说如果一个公司的利润增长能够保持平均 58% 的涨幅，在市盈率不变的情况下这个公司五年后的股价将是今天的 10 倍。

在 A 股市场上，也确实诞生了大量的十倍成长股，除了贵州茅台，还有以下赫赫有名的成长股：

恒瑞医药：总市值从 2006 年的 30 亿元上升到 2017 年 10 月的 1800 亿元，涨幅近 60 倍，营业收入从 2000 年的 4.8 亿元增长至 2016 年的 110 亿元，近十年增长率始终保持在 20% 左右。

格力电器：股价从 2008 年的 3.59 一路上涨至 2018 年 1 月的高点 58.7，十年涨幅超 15 倍，目前市值已超 2700 亿元。其营收从 2008 年的 422 亿元增长至 2016 年 1101 亿元。净利润从 2008 年的 19.67 亿元增至 2016 年的 154.21 亿元，不到 10 年净利翻了近 7 倍。

伊利股份：股价从 2008 年最低点的 0.82 一路上涨至 2018 年 1 月的高点 35.93，十年涨幅超 40 倍，目前市值为 1700 亿元左右。其营收过去十年翻倍了三倍，净利润从 2009 年的 6.48 亿元增至 2016 年的 56.62 亿元，不到十年净利翻了近 7 倍。

当然类似的成长股还有很多，天士力等，不一而足，只是曾经这些成长股如今都已变身为大白马、大蓝筹。但是每一只大白马都是从新股上市之日起从小白马一点点成长起来的。既然这样，我们不如从这只个股上市之日其就开始长期跟踪，遴选出真正具有潜力的未来大白马。

虽然我们知道最后能成为真正大白马的个股可能百里挑一，概率很低，但是不可否认次新板块是未来成长股的摇篮，市值小盘子小，而就是因为小，所以才有一步步慢慢长大的空间和想象；再者，次新板块是 A 股市场新鲜血液的供给之源，除了并购重组借壳上市，IPO 成为优秀企业资本证券化的必经之路，也是首选。随着 CDR 试点工作的开展和独角兽特批审核制度的放开，未来将有更多具有成长性的新企业来到次新板块。在这种情况下，对于好的次新标的，我们完全可以按照成长股的逻辑长期跟踪，尽享时间的玫瑰。

这其中也许会遭遇戴维斯双击，也许会遭遇次新情绪整体大调整，但只要做好波段操作，即使我们不能有把握拿到十倍收益，其中拿到 2 ~ 3 倍或者 5 ~ 6 倍也是可以取得不错回报的。

如新能源龙头先导智能：新能源领域中卖铲子的，过去三年随着新能源产业景气度的持续升温，先导智能营收净利几乎保持着每年翻倍的增长，上市以来从股灾 1.0 到股灾 3.0，仍然屹立不倒逆势上扬，不断创出新高，股价也从 2015 年 6 月 9 日的 23 左右上涨至 2017 年 11 月最高点 87.5，开板三年涨幅近三倍。

宠物食品标杆佩蒂股份：做狗粮的，且主要市场在国外，上市后两年净利连续保持 30% 以上增速，公司股价不断创新高，上市后一年涨幅翻倍。

第 4 章
次新股基本面剖析法

本章主要内容包括:

➤ 基本面剖析方法一: 查看行业大环境

➤ 基本面剖析方法二: 查看朋友圈

➤ 基本面剖析方法三: 业务情况大剖析, 带着问题找答案

➤ 基本面剖析方法四: 可比公司全方位大对比

➤ 实操真经: 源于基本面, 但高于基本面

正如第 1 章所讲，投资如弹琴，基本面和技术面就如同我们的两只手，缺一不可。做次新股不看技术面是不行的，因为好股也需有好价，但是没有基本面更是万万不行的。也许短期靠着技术面的一招半式可以赚快钱，但是如果想走得更远，爬得更高，基本面分析确实必不可少，它如同登山时的重型装备，守护着你的投资安全。

不过很多人提到基本面分析都觉得高深莫测，认为非专业人士不可。没关系，拿到本书，海豚将用最简单快速的方法让大家快速掌握基本面剖析的大体框架，小白也能快速上手，更重要的是结合了很多股市实战经验在其中。

4.1 基本面剖析方法一：查看行业大环境

不得不说，这是极其庞大的系统工程，很多专业人士尽其一生都在做行业分析。股民小白如何根据股市需求快速获得行业基本情况，海豚这里有妙招。

1. 数据为王，查看行业预计增长空间

查看各大咨询公司的行业增长的预测数，信息的最直接来源：招股书、年报都会有专门章节去说，当然招股书更详细。

一家公司一般会涉及多个行业，如掌阅科技涉及的行业数据会有互联网用户数、移动互联网用户数，但是泛行业数据没有太大参考意义，我们要关注的是细分行业，越细分越好。如掌阅科技所处的细分领域是移动阅读应用市场，可以是用户数、营业收入等多维度指标。

一般细分行业未来复合增长率在 10% 以上的可以重点考虑，不过看看就好了，不必全信，多少是拍脑袋直接出来的，相信业内人士一定懂。

2. 主观判断，历史记忆 + 日常认知

努力唤起自己的历史记忆，先想想哪个行业曾在市场上被爆炒过。此外，

投资源于生活，但又要高于生活。初步根据现实生活判断哪些行业是被人们认可的朝阳行业。

平时多在生活中积累，做股票时多关注时下热点。不要为一时错过了热点而懊恼，好的投资主题总是会有反复的。

3. 跟着政策走，十三五规划必须温习

如果个人判断能力有限，那就认真读读招股书中国家出台的系列政策，再不济起码也应该知道国家的战略新兴产业有哪些。如果还不知道，赶紧温习一下"十三五"规划。如下图：

> 全面贯彻党的十八大和十八届三中、四中、五中、六中全会精神，深入学习贯彻习近平总书记系列重要讲话精神，认真落实党中央、国务院决策部署，按照"五位一体"总体布局和"四个全面"战略布局要求，积极适应把握引领经济发展新常态，牢固树立和贯彻落实创新、协调、绿色、开放、共享的发展理念，紧紧把握全球新一轮科技革命和产业变革重大机遇，培育发展新动能，推进供给侧结构性改革，构建现代产业体系，提升创新能力，深化国际合作，进一步发展壮大**新一代信息技术、高端装备、新材料、生物、新能源汽车、新能源、节能环保、数字创意**等战略性新兴产业，推动更广领域新技术、新产品、新业态、新模式蓬勃发展，建设制造强国，发展现代服务业，为全面建成小康社会提供有力支撑。

每个大行业都有细分行业的规划，举一个曾被爆炒的人工智能的例子，看看下面框里的那句话，哪句不是股市中的概念题材？哪个没有牛股？

> 推动人工智能技术在各领域应用。在制造、教育、环境保护、交通、商业、健康医疗、网络安全、社会治理等重要领域开展试点示范，推动人工智能规模化应用。发展多元化、个性化、定制化智能化硬件和智能化系统，重点推进**智能家居、智能汽车、智慧农业、智能安防、智慧健康、智能机器人、智能可穿戴设备**等研发和产业化发展。鼓励各行业加强与人工智能融合，逐步实现智能化升级。利用人工智能创新城市管理，建设新型智慧城市。推动专业服务机器人和家用服务机器人应用，培育新型高端服务产业。
>
> **专栏5 人工智能创新工程**
> 推动基础理论研究和核心技术开发，**实现类人神经计算芯片、智能机器人和智能应用系统**的产业化，将人工智能新技术嵌入各领域。构建人工智能公共服务平台和向社会开放的若干企业研发服务平台。建立健全人工智能"双创"支撑服务体系。

如果还是没有直观认识，那么业余时间多看看国家级的纪录片：《辉煌中国》《创新中国》《大国重器》等，里面提到的每个产业、每家公司、每个亮点都请认真做记录，这代表着未来的方向和国家的政策扶持倾向。

4. 信息不对称洼地

首先，券商研报对新股覆盖度有限，大多数为针对网下机构投资者新股的询价报告，对于个股基本面的挖掘几乎只有简单的公司简介资料。

其次，随着次新家族的日益庞大，几乎没有一家投资机构能完成对次新

的全覆盖。即使进行了覆盖，大多数券商的分析师也并不能感知到新股开板之时次新的市场情绪如何，更不知市场上对题材的认可度，大多数只是按照研报的格式模板，从招股书里简单截取了部分简介内容。

最后，即使有深度个股研报的发布，但多数是滞后的，新股开板之时往往市场资金甚至没有精力和空闲去了解这只新股究竟是做什么的，所以才会出现看股价高低、看股票代码、看股票名称等方式的炒作逻辑。

以上原因，导致一只新股在二级市场首次亮相之时，信息不对称现象严重，也正因如此，甚至催生了财经公关这一传统而又经久不衰的行业，还有不少媒体靠着专写上市公司负面报道而闷声发大财。可是却没有第三方机构站在普通投资者一方，提供客观全面的新股研究。在这种情况下，普通投资者只有汇集民间力量，齐聚一堂才能获得对新股全面而又客观的判断。

事实上，不管是"游资聚集地淘股吧"，还是"聪明投资者聚集地雪球"等论坛，正在逐渐展开一场关于新股的投研装备赛，谁先挖到最有用的信息，谁就有可能获得超额收益。

5. 行业进入门槛与产业链条话语权

很多行业都是相互依存，上下游相连，构成了一条巨大的产业链条。典型的如新能源汽车产业链、苹果产业链……这一步需要初步识别公司所处细分领域在产业链条上的话语权。比如有的是技术门槛极高，如基因检测的测序仪等；有的则是客户门槛较高，如苹果产业链进入大客户认证体系较难；有的则是上游原材料稀缺，如新能源产业链上游的锂矿等。

总之，产业链就相当于一个特定的朋友圈，首先看这个朋友圈的进入门槛高不高，越高越好，肉也越多；其次看朋友圈里的这家公司的话语权如何，越能起主导作用的，利润空间就越大。

6. 行业老大、老二，到底哪个好

互联网里有句话说得好，叫老二非死不可，将赢家通吃演绎到极致，每个做企业的肯定都想做老大，但是在股市里却不一定，尤其是对次新股来讲。小而美尤其是可以进口替代的行业，非常欢迎细分领域龙头，什么隐形冠军，比如江丰电子，国内溅射靶材龙头，正在逐步替代美日进口产品，市场规模空间有，想象空间也有。

但是对于比较成熟的行业，如果老大真来了，所有的预期都落地了，那么利好兑现就有可能是利空。比如，爆炒 360 概念、富士康概念等，但是一旦 360、富士康真的上市了，影子股就全部落空，独角兽自己也不行了。

典型的如当初在中国核电上市前，东方电气、上海电气、丹甫股份每天暴涨，但是中国核电上市之后核电板块再无动静。再如国泰君安、步长制药等巨无霸上市后走势，那简直是股灾，反倒是第一创业、兰石重装的走势更为凌厉，翻倍再翻倍。

4.2 基本面剖析方法二：查看朋友圈

咱们找对象、交朋友都要看看对方的家庭出身、整天交流的人是做什么工作等。买股票，怎能不看这只股票的"朋友圈"呢？尤其是买次新股，这只次新股的很多"朋友圈"都还没被市场挖掘出来，其价值是意义非凡的。

4.2.1 公司股东方及最初发起人

就像相亲找对象要了解对方家庭出身一样，对公司来说其出身也非常关键。而上市公司的出身就是公司的股东方。股东方在公司成长的过程中必然不是花点钱买点股权那么简单，最关键的是有了金钱关系之后要想方设法导资源、导客户等，否则只能算是简单的财务投资者，匆匆一过客而已。

公司的股东方背景的不同，反过来也会极大地影响到公司风格，如国资背景和民企的企业文化就完全不同。不过作为股民，考虑的应该是有没有可以想象的空间和题材。

（1）关注国资背景，配合消息面刺激。

2017 年 10 月 19 日下午，在两会期间透露上海正筹划自由贸易港，受此消息刺激，畅联股份作为 2017 年 9 月 27 日新开板次新，且是上海自贸区纯正概念，2017 年 10 月 20 日～10 月 24 日四个交易日内连续四连板。

畅联股份前身是上海实业外联发国际物流，后经多次增资和股权转让，截至发行时公司实控人为浦东新区国资委。公司国有股东持股占比83.95%，分别为：

浦东新区国资委：34.53%；

仪电集团：20.06%；

联合发展（外高桥管理与上海国际集团资产管理公司为出资人）：13.76%；

东航金控（实控人东方航空）：8.44%；

畅连投资（最大出资人为上海自贸试验区一期股权投资基金）：7.17%。

于是有了股东背景，各种资质认证齐全：国家AAAA级综合服务型物流企业，连续多年被海关、出入境检验检疫授予最高信用等级，2015年获得ISO13485医疗器械质量管理体系认证证书，是国家第一批医疗设备第三方管理物流改革企业之一。

公司是上海自由贸易试验区内规模最大的本土供应链管理企业之一，是浦东新区竞争性行业中标杆性的国企。自贸区业务勇抢第一单：

> 发行人在经营过程中不断创新，创建多种物流便捷通关服务，包括"先发货，后报关"之分拨物流、空运直通式、京—沪保税货物直通转关、对加工贸易企业先走货后报关、物流园区实行"无纸报关事后不交单"等。公司在中国（上海）自由贸易试验区成立后，不断探索与创新，先后顺利完成中国（上海）自由贸易试验区成立后的"先进区、后报关"的第一票海运业务；自贸区空运第一票凭分运单舱单先进区业务；"自行运输"自贸区第一票跨区运输业务；自贸区"三自一重"（自主报税、自助通关、自动审放、重点稽核）第一票业务；自贸区第一家预检验试点单位；第一批自贸区绿色通道企业，随到随报；自贸区空运第一票先进区后交单（检验检疫）业务等。
>
> 发行人依托上海自贸区内电子化以及无纸化通关的创新推动，积极探索简化通关的操作模式，并申请获得了"三自一重"、"自动审放、重点复核"、"非侵入式查验"等通关资格，使得发行人能够帮助客户大幅简化申报流程、缩短通关时间、降低操作成本。

（2）关注股东背景为科研院所及高校的，这些转制而来的企业一般技术实力都值得期待，也有可能遇到相应的风口。

2017年的超级大牛股中科信息由中国科学院成都计算机应用研究所转制而来，国科控股（中国科学院设立的国有资产经营公司）为公司控股股东、实际控制人，发行前持股比例为47.88%，发行后持股比例为33.51%。可以说中科信息是中科院旗下名副其实的嫡系。而消息面上，2017年8月18日中科院系人工智能芯片初创企业北京中科寒武纪科技宣布完成 1 亿美元 A 轮融资，成为全球 AI 芯片界首个独角兽的初创公司。此后中科曙光等中科院系上市公司集体异动。中科信息更是在中科院系＋人工智能的双重叠加下一路成"妖"，2 月最高涨幅超 2.4 倍。

中科院概念	股票名称	相关事项
实控人	中科信息	中科院成都计算机应用研究所，主要从事数字会议系统、印钞检测、烟草、油气等几大领域技术
	中国科传	中科院旗下，第一家登陆A股的中央出版机构；"小众市场、高价"模式
	中科曙光	中科院计算技术研究所旗下，主要从事高性能计算机研发制造
	奥普光电	中科院长春光学精密机械与物理研究所
	福晶科技	中科院福建物质结构研究所旗下上市公司，晶体材料全球龙头，晶体生长技术处于全球领先水平
	中科三环	中科院旗下，世界第二、中国最大的钕铁硼永磁材料生产商
	机器人	中科院沈阳自动化研究所，主要从事工业机器人的研发与生产
	东方中科	中科院旗下，国内领先的电子测量仪综合服务商
中科院参股公司	时代出版	实控人为中科大，中国科学院合肥物质科学研究院持股0.48%，主营出版传媒、印刷复制
	汉王科技	中国科学院自动化研究所持股5.81%，主营OCR识别及人工智能等业务
	云投生态	中国科学院昆明植物研究所持股2.84%，主营城市绿化及生态环保行业
	超图软件	中国科学院地理科学与资源研究所持股4.61%，主营GIS基础平台软件研发等
	东宝生物	中国科学院理化技术研究所持股1.83%，主营明胶和胶原蛋白等
	花园生物	中国科学院理化技术研究所持股1.53%，主营维生素
	诺德股份	中国科学院长春应用化学科技总公司持股1.43%，主营锂电池用高档铜箔等
	延长化建	中国科学院西北植物研究所科飞农业科技开发中心持股0.33%，主营石油化工工程施工
	科大讯飞	实控人为中科大资产经营有限责任公司，A股人工智能龙头

4.2.2 公司客户大挖掘——搞懂公司产品用到哪里去

正所谓客户就是上帝，是衣食父母，对上市公司来说也是这样。海豚总结上市公司的客户一般分为如下几种：

1. 关注重点大客户

招股书里都会披露五大客户名称及营收占比，而且最关键的是上市公司不只有招股书还会披露客户名称，之后的年报只会以某客户来代替，可一定要好好利用。一般而言，营收占比超过 5% 就值得特别关注。

大客户有这么几种情况：

知名公司或者相关上市公司，请一定要瞪大眼睛记好了，因为这可能是后续上市公司股价腾飞的重要催化剂。

政府客户，用行话讲叫 to G 业务。一般来讲，政府客户讲资源，且稳定性好，具有一定的壁垒，能否保证稳定盈利，如之前的神思电子等，但是受政策影响较大，需要认真研究相关政府部门的政策计划。

军工客户，一般都不会披露军方的具体名字，显得略为神秘，但是军方一般对产品要求较高，资质认定门槛较高，如果一个企业军方订单不断，那么请重点关注。

医院客户，至于医院客户大家都懂的，知名医院众所周知，非知名医院看看三甲医院占比。

这里面的资料来源，可以查找招股书的两个地方：

（1）风险因素中如果有客户集中度风险较高部分，如果有这部分请一定仔细看，而且要逆向来看，表面是风险，实则里面蕴含着大金库。

如数据港，正是凭借着客户优势——阿里巴巴、百度、腾讯，在次新整体弱势的情况下开板后暴利拉升近 60%，一度成为 2018 年上半年的次新龙头。

其在风险因素里就有这么一句话，请看下图框线部分内容：

第四节 风险因素

投资者在评价公司本次发行的股票时，除本招股说明书提供的其他各项资料外，应特别认真地考虑下述各项风险因素。下述风险根据重要性原则或可能影响投资者决策的程度大小排序，但该排序并不表示风险因素会依次发生。

一、客户集中度较高的风险

公司的业务以批发型数据中心服务为主。公司主要通过与基础电信运营商合作，向其提供数据中心服务，并由基础电信运营商直接面向最终用户提供数据中心及网络的一站式服务，即 IDC 服务。由于中国电信作为国内三家主要基础电信运营商之一且在我国南方地区具有主导性优势，因此公司在发展初期将中国电信上海分公司、杭州分公司、子公司浙江省公众信息产业有限公司作为重点合作伙伴，导致公司的客户集中度相对较高。2013 年-2015 年及 2016 年 1-6 月公司对中国电信、中国联通的合计销售额占营业收入的比例分别为 88.61%、96.84%、96.76%和 97.06%。上述批发型数据中心的主要最终用户为阿里巴巴、腾讯和百度等互联网公司。

（2）看招股书中第六部分"业务与技术"中"销售情况"章节，这里一般都会有张公司前五大客户的情况列表，数据港的客户表如下图所示，这张图也是不少媒体爱贴的。但是绝对不能就此浅尝辄止，那就只能达到新闻报道的高度了，咱们可是要深挖的。

年度	排名	单位名称	销售收入（万元）	占营业收入的比例
2016 年 1-6 月	1	浙江省公众信息产业有限公司	7,132.08	37.38%
		中国电信股份有限公司杭州分公司	4,442.66	23.28%
		中国电信股份有限公司上海分公司	2,989.30	15.67%
		小计	14,564.04	76.33%
	2	中国联合网络通信有限公司上海分公司	3,954.77	20.73%
	3	上海二六三网络通信有限公司	185.45	0.97%
	4	浙江嘉仕机械有限公司	159.12	0.83%
	5	上海发达电子商务有限公司	46.14	0.24%
		合计	18,909.52	99.10%

这张表会有一个最大的问题，那就是里面可能经销商、贸易商客户丛生，而我们要看的一定是最终客户，以及最终客户相应的营收占比。如何找，很简单，这张表前后的文字要仔细读，可能会有重大合同的占比，也会有具体销售的内容，这才是精华所在。

再深入点就结合公司"管理层讨论与分析"部分主营业务收入的分析，看看有哪些新进客户，有哪些正在拓展客户……

2. 关注客户类型

现在不少次新所处行业的下游应用领域极广，尤其是新材料、化工类、电子类次新，里面可能各种化学术语我们看不懂，但是幸好有客户类型可以帮到我们，起码了解终端产品。如三超新材做的金刚线，看半天还是一头雾水，但是起码可以看行业。

首先，上市公司一般在营收构成里会分析客户或按行业结构进行分析，请重点看以及每个行业的变化。

下图是三超新材的行业结构分析表，虽然做的金刚线、金刚砂轮到底有什么技术含量，具体工艺流程是什么太复杂，一般人没必要深究，但是我们可以很明了地看到产品用到了什么地方，而且千万不要忽视那些营收占比较小的行业，再小的占比也是重要应用领域，有可能是未来股价的起爆点，更有可能是未来公司业绩的增长点。

(3) 主营业务收入的行业结构分析

报告期内，公司主要产品电镀金刚线和金刚石砂轮销售收入的行业结构如下：

行业	2016 年度	2015 年度	2014 年度
蓝宝石	22.77%	55.46%	43.49%
光伏硅材料	61.92%	29.53%	36.36%
磁性材料	8.08%	6.21%	11.28%
其他	7.24%	8.80%	8.88%
合计	**100%**	**100%**	**100%**

如果下游领域有消费电子、新能源等朝阳行业，请一定要牢记，并打上相应标签。如这波三超新材的翻倍走势和蓝宝石、磁性材料的应用不无关系。

3. 关注经销网络及渠道

有些次新股的终端产品是消费者，那么，拼的就只能是渠道和营销网络了。经销商家数越高越好，实体线下店越多越好，但是如果是红海竞争，海豚就不多做评述了。

4.2.3 上游供应商

这个归根结底看的是公司在产业链上的话语权，如果上游供应充分完全可以略过，如果上游资源紧缺，且技术门槛较高，那么就可以重点看看。比如基因检测行业上游的基因测序仪，基本被国外三大巨头垄断，看看公司和上游巨头的合作情况；再比如新能源产业链上游锂矿资源，谁有锂矿谁就为王。

4.2.4 战略合作方

密切关注公司与什么知名公司或者大学或者机构签署了战略合作协议，这部分内容在招股书的概述里都可以找到，另外也可以多搜集新闻信息资料去挖掘做次新。你以为光看看下游客户、上游供应商，做做研究分析就够了吗？掌握以上两大剖析法后，海豚只能说做个初级的研究员勉强够格，而要想做次新赚钱还需要深挖，不然那些研究员就都可以不工作了。

4.3 基本面剖析方法三：业务情况大剖析，带着问题找答案

不得不说，上面两大基本面剖析法——公司的朋友圈、行业宏观情况，只要肯静下心来，基本在招股书里都能找到大段的解释。但是业务的情况，却因个股所涉及的知识跨度极大而给大多数投资者带来了不小的困扰，比如化工股、医药股等。很多人看到都敬而远之，因为看着专业名词就头痛。

然后就有不少人跑来和我说，你好厉害，啥行业都能看懂，但是我也真的是笨鸟先飞，靠着孜孜不倦的勤奋去努力理解和挖掘——比如为了弄清华大基因、江丰电子等牛股的业务，我几乎耗时两周的时间才研究透一家公司，先后遍览各大专业网站和专业人士评论才搞清楚基因检测和基因测序的区别，基因测序技术水平的迭代，主要应用领域；江丰电子的靶材工作原理是什么？工艺难度到底多高等一系列关键问题。

那么作为小白或者没有太多精力去投入的投资者该怎么办？别着急，海豚这里有妙招，就是带着问题去看招股书、找答案。

4.3.1 公司业务版图初勾勒

公司分为几大业务板块？这个业务版图一定要清晰勾勒，有条件可以用PPT 或思维导图画出来。没条件就用 Word 文档写出来。

一般在招股书第六大部分"业务与（和）技术"前面几段都会有很详尽的描述，且公司业务版图一般有两大划分标准：

（1）按照产品或业务类型去划分。

（2）按照应用领域去划分。

这两大标准哪个更重要，则因公司业务不同而有所区别，如果公司产品比较单一，但是产品下游应用领域极广，则应重点去看下游的应用领域，这种类型一般以处于产业链中上游的公司为多，如化工股、电子股等。如联合

光电，产品就是镜头，但是下游应用领域极广。

剩下的大多是按产品或业务类型去划分。

这里简单提炼就好：各块业务（产品）的亮点，有精力并把各大业务的重要客户简单列出。

碰到不懂的术语一定要看里面的解释（招股书里一般都有）；若是觉得解释不到位，可以去看同类公司的招股书或者股权转让书（适应于新三板公司）。比如，海豚在看光威复材时就明显觉得招股书里关于碳纤维的描述写得简略，好在同类公司中简科技的招股书关于行业和产品的解释非常详尽，解答了海豚的很多疑惑。

4.3.2　公司业务版图扩张情况

下面的问题就是公司这几大业务板块的业绩增速如何？谁是未来增长点？

看了招股书第六大部分"业务和技术"后，马上可以跳到"管理层分析与讨论"中的"盈利能力分析部分"，去看各大业务版图的扩张情况。

1. 传统主导业务

一般是公司的第一大收入来源，若心有余力可以去看看公司沿革，大致了解一下公司的发家业务是什么，做到心里有数，如光威复材是靠做钓鱼竿起家的，那么很长时间内，其重要应用领域就是体育休闲类用品。

2. 增速较快业务

一般是公司营收增速较快的业务，体现在营业收入结构上就是营收占比在过去三年有大幅提升，对于这块业务要重点关注，这有可能是公司未来的利润增长点。

看到营收占比大幅提升的业务可以进一步带着如下疑问去挖掘更多信息。

（1）毛利率水平：毛利较高或较低的原因是什么？此块业务的技术含量如何？

（2）业务增长的可持续性：该块业务营收能大幅增长的原因是什么？客户驱动还是行业需求驱动？是突然还是具有一定的持续性？

3. 概念性题材业务

这块业务一般营收占比极小，大多还未量产，远未形成规模，但往往是最具想象空间的业务，如联合光电的消费类和新兴类业务，虽然占比较小，但却是市场中给予期望最高的两块业务，并给予了一定的估值溢价。说到这里，很多人就会说这是概念性业务，是题材，不符合价值投资的理念。

所以，在此不能用纯一级市场的思维去考虑，要等到项目真的落地、量产了才去投资，到时股价早已涨到天上去了。二级市场讲的是预期，就是想象力。再加入上市公司有了这一牌照之后，其直接融资能力大幅增强，只要想干、肯干、管理层头脑灵活，没有什么干不成的。

上市公司转型成功的例子不在少数，如苹果概念的大牛股欧菲光，5 年前，摄像头模组业务还无一分钱营业收入。2013 年，该项业务第一次出现在公司的营收结构中，达到 5.88 亿元，2014 年 ~ 2016 年连续三年实现增长，营收规模分别达到 28.69 亿元、54.96 亿元和 79.40 亿元；到 2017 年上半年更是实现了翻倍的增长达 66.34 亿元，营收占比 44.11%，首次超过触控显示类产品成为第一业务，完成了向摄像头模组业务的转型，如下图所示。

产品名称	2017年1-3月		2016年度		2015年度		2014年度	
	金额(万元)	比例(%)	金额(万元)	比例(%)	金额(万元)	比例(%)	金额(万元)	比例(%)
安防类	12,521.97	85.70	63,465.27	87.78	53,408.20	89.52	37,007.90	86.42
消费类	376.37	2.58	3,131.70	4.33	3,555.99	5.96	3,017.14	7.05
新兴类	1,712.60	11.72	5,703.13	7.89	2,694.30	4.52	2,799.64	6.54
合 计	14,610.94	100.00	72,300.10	100.00	59,658.49	100.00	42,824.67	100.00

当然，公司对于概念性题材业务，要想具有可持续性，还需进一步判断公司是否有意对此进行战略性重点布局，对此作出判断的信息来源有三处：

（1）阅读招股书中"未来三年的发展规划及拟采取的措施"（一般在第六部分业务和技术最后一小节）或者"业务发展目标"：这里会重点描述出公司的战略布局。

（2）分析募投项目的资金分布情况：对于募集资金运用这部分要做重点研究及分析，这里的可行性分析部分可以透露出很多公司未来规划的信息。

（3）外部信息搜集：公司官网、管理层讲话。认真查看公司的发展愿景及目标等情况。

4.4 基本面剖析方法四：可比公司全方位大对比

4.4.1 跳出个股看板块，对比出真知

公司个股就像我们个体一样，公司的发展离不开行业大势，所以我们在挖掘个股的时候既要深挖个股，但不能拘泥于个股，一定要有大局观、行业观。

如何跳出个股，就是要多找可比公司做全方位对比，只有这样才能超越行业研究员、分析师，然后再结合相关个股历史趋势的走势做进一步地细致分析，因为买卖个股的大众是要有记忆和思维惯性的，只有这样才能实现基本面和实战的深度融合，从而指导我们的实际操作。

4.4.2 业务情况大对比

这时可以再回过头去看下招股书中"行业竞争情况"或者"公司在行业

中的竞争地位"部分,此部分内容一定要多读、重点读,再怎么强调都不为过,因为这是能指导我们实战的精华部分。

如基蛋生物在此部分提到的竞争对手,我都尽可能去发掘和对比,甚至新三板的明德生物也不放过。

> 发行人主要产品为 POCT 体外诊断试剂及配套仪器。在国内市场,发行人当前竞争对手主要是万孚生物、瑞莱生物、明德生物等公司。

于是在众多搜罗之后就有了下面这张图表:

	基蛋生物			万孚生物				明德生物		
产品种类	产品用途	营业收入占比	毛利率	产品种类	产品用途	营业收入占比	毛利率	产品种类	营业收入占比	毛利率
心血管类	检测心肌损伤坏死、血管栓塞等	66.72%	93.76%	慢性病检测	心梗心衰、糖尿病	19.29%	89.21%	心脑血管类	51.61%	82.37%
炎症类	用于细菌、病毒引起的感染性疾病	21.88%	69.20%	传染病检测	艾滋、肝炎、疟疾、流感等;炎症类型判断	35.60%	70.11%	感染性疾病	38.91%	81.43%
肾脏类	检测血、尿中相关指标	0.57%	67.27%	毒品检测	摇头丸、病毒、K粉等毒品检测	24.44%	67.68%	肾脏疾病		
血糖类	检测血液中的血红蛋白(HbA1c)等指标							糖尿病	4.30%	52.59%
优生优育		3.72%	59.40%	妊娠及优生优育检测	HCG(早孕)检测、LH(排卵)检测	16.20%	47.78%	优生优育		
生化试剂	血常规,尿常规,肝功能,肾功能							健康体检(胃病,肝		
Getein系列荧光免疫定量分析仪	荧光免疫层析技术	3.35%	23.28%	其他		1.07%		免疫定量分析仪	5.28%	48.37%
FIA系列免疫定量分析仪	胶体金免疫层析技术	3.16%		贸易类		3.41%				

从产品情况、营收占比、毛利率水平等角度全方位做了对比之后,就能很直观地看到行业内各公司的优势产品,以及大家都在大力发展的领域。

4.4.3 业绩情况大对比

这块重点看行业内毛利率、净利率、营收增速、净利增速、应收账款的情况。有点财务知识应该都没问题,这里不多做叙述,有机会后续专门讲讲财务。

4.4.4 个股题材、概念再挖掘

做个股挖掘绝对不能只拘泥于行业,一定要上升到产业政策、国家大趋势的发展上去看待问题,否则就是大局观太窄。一只股票很可能属于多个概念、题材板块。再有还要考虑题材和消息面的契合度,有的时候可能会运气极好,马上就有消息出来配合，有的时候则可能需要一定的耐心等待。

1. 畅联股份：挖掘上海自贸区国资背景

畅联股份，一般认为是做物流的，更高端点说是做精益供应链的，然后一想顺丰、韵达等物流巨头都上市了，普路通等曾经的供应链大牛股现在也都跌得不成样子，再一看东方嘉盛、嘉诚国际、长久物流等，次新股的物流股多如牛毛，几乎没什么稀缺性。

于是在上海自由港的消息出来之前，各路专家以及所谓的股票导师几乎都对其置之不理，从技术角度去看，它甚至走势偏弱。

而海豚在 2017 年 9 月 28 日深夜发文，认为畅联股份来头不小，背靠上海国资委，独享上海自贸区内的各种政策优势，这完全不是其他公司所能比拟的。

2017 年 10 月 19 日，上海正按中央部署筹划建立自由贸易港，并表示，自贸区建设，我们走了三步。2013 年 9 月上海自贸区挂牌，称之为 1.0 版；2015 年中央批准深化自贸试验区方案，是 2.0 版；2017 年 5 月，中央深改组正式批准全面深化上海自贸试验区改革开放方案，这是 3.0 版。

于是畅联股份在 2017 年 10 月 19 日之后连续走出强势四连板，成为当时上海自贸区题材龙头（注：题材票就是题材票，如此暴力拉升，开板后一定要果断走人）。

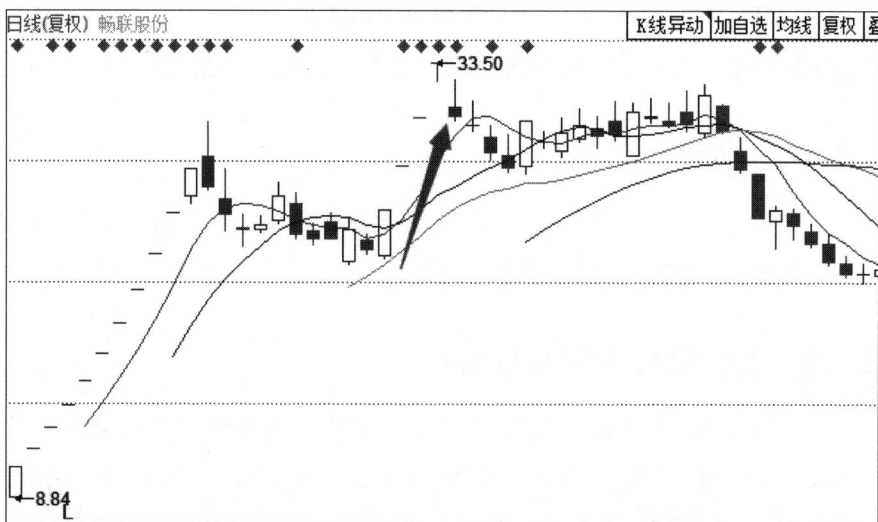

2. 贝通信：提前挖掘 5G 即将预商用

2018 年 11 月 23 日发文，预判 5G 预商用关键节点即将来临，频谱发布在即，并深度剖析了贝通信。2018 年 12 月 6 日媒体发布消息三大运营商已获得全国范围 5G 中低频段试验频率使用许可。5G 频谱分配方案划定，在此后 2018 年 12 月～ 2019 年 2 月 5G 预商用消息不断，贝通信作为近端纯正的 5G 题材股，横盘 1 个月后终于在 2019 年 1 月 7 日开始启动，在整体大势不好的情况下逆势取得翻倍走势。

这个给我们的启示是，题材是挖掘好了，但是何时启动我们谁也不知道，我们可以多一分耐心，也许会像畅联股份一样马上启动，也许会像贝通信这样可能横盘一个月后才有动静。

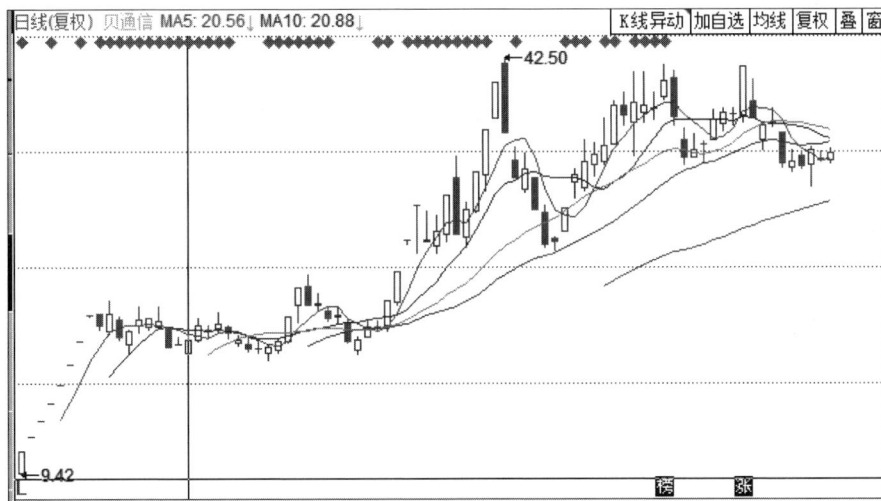

遥记否？每波次新行情好转之时，5G 都成为最大且最具有持续性的热点，超讯通讯 2017 年 2 月底到 3 月底一个月涨幅超 80%，而 2017 年 8 月上市的纵横通信更是在开板后连板 6 天，从此纵横天下无敌手。现如今 5G 真的快预商用了，5G 风口还能否再起？这只即将开板的通信股——贝通信，究竟如何？且看海豚为您深度剖析！

2019 年 5G 即将预商用，有望催热运营商 5G 投资

现如今 5G 已成为热门词汇，《国家信息化发展战略纲要》强调，要积

极开展 5G 技术研发、标准和产业化布局，2020 年取得突破性进展，2025 年建成国际领先的移动通信网络。目前国内三大通信运营商移动、联通和电信都在积极推动 5G 商用。

有消息称，近期工信部已经就 5G 频谱分配组织了多次研讨会，有可能会在年内发放 5G 系统频率使用许可，并将制定物联网、车联网的频率使用规划。5G 频谱已经基本明确目标频段，其中 6GHz 以下相关频率已经在做研发试验。

随着 5G 频谱方案的落定和 5G 牌照的发放，我国 5G 网络建设将进一步提速。预计运营商 5G 集中投资周期将达 5 ～ 7 年，总投资规模将达 1.2 万亿元，规划设计行业处于行业上游，优先享受投资增长红利。

4.5　实操真经：源于基本面，但高于基本面

成长派、价值派、趋势派……股市派系何其多，也正是因为不同的派系造成了股市操作手法的多样性，才能出现意见的分歧并最终撮合成一笔笔的交易，造就了股市的繁荣。

在次新股的世界里，各路流派更是将这种百花齐放的景象演绎到了极致，龙虎榜上频现、换手率、振幅等指标大多位居前列，哪天要是涨跌板上没有次新股，那么市场一定处于极其不活跃的状态。

很多人认为次新股是超短派、技术流派的乐观，每天上下的巨大波动为其提供了极大的操作空间。但是海豚愚钝，不是短线高手，也不是"股神"，无法预测第二天谁涨谁跌；更何况海豚还是上班族，和大多数普通投资者一样不能保证时时盯盘，甚至很多时候开盘时间还在路上，只能通过车里的广播了解开盘情况。

于是海豚结合自身的职业经历，只能深挖基本面，不过幸运的是操作次新股多年以来，不能从头吃到尾，但是吃到了不少牛股的中间波段，且胜率有所保证。最后海豚对自己操作的总结是：源于基本面但高于基本面。

1. 不生搬硬套、吹毛求疵、唯估值论

虽然海豚早年做过券商专业的分析师，也干过投行，但是绝不拘泥于所谓的专业模板，像券商研报一样千篇一律，模板式分析，到处进行信息搬运，然后用所谓的盈利预测模型一套就给出了估值和目标价。

而是真正结合二级市场情绪挖掘亮点，再结合情绪适当给予一定的估值溢价（这就是股市的玄妙之处，溢价多少，如何把握，只有通过盘感和经验去判断）。

2. 好股要有好价位，熟悉股性 + 耐心投资

好股无好价不买。次新股中的质优股、大热股不少，远的如贝达药业、健帆生物，近的如金域医学、光威复材、华大基因，质优、行业龙头、财务数据也没有大的问题。基本面好，但是估值远远脱离海豚可控范围的不买，即使华大基因开板后仍旧涨了 60%，但这样的盈利不属于海豚，要买只买估值在可控范围之内的，如江丰电子，曾经给出的估值在 25 元左右，从 20 元就开始建仓，25 元重仓，之后果然不负众望。总之在等待好价位的时候要有耐心，好价位买入之后也要有耐心。在持股的过程中进一步熟悉股性，方便第二波参与。

3. 深挖暗牌，捡拾被人遗弃的热股

深挖暗牌，看别人看不懂或不愿意看的股票——如次新新材料、次新医药股、次新化工股等，如贝达药业、凯莱英几乎同一波上市，但是贝达有一类创新药，所有人的目光都盯着贝达，开板五倍涨幅，几乎一步到位；而凯莱英是主做 CMO 的，很多人一看 CMO 搞半天都弄不明白，好事，别人越不容易看明白的业务海豚就越要看明白。这一看才发现不得了，凯莱英技术储备等多方面都非常优异，后续不出所料，逆势中走强。

还有一种就是捡拾遗弃的次新热股，一波轮回后又是一条好汉——如全志科技、中科创达等，当这些次新不再那么新，估值逐渐回归，当大多数人都在鼓吹炒新不炒旧时，海豚就会把被人们遗弃的次新老龙头再捡回来，你会发现老树也能发新芽。

第 5 章
次新四大门派各显神通

本章主要内容包括：

➤ 次新高送转——雪中送炭

➤ 次新股题材派——蹭热点

➤ 次新实力派——打铁还需自身硬

➤ 次新冷门派——"妖"股横生

➤ 论名字、代码的重要性

5.1 次新高送转——雪中送炭

5.1.1 高送转概念初认识

高送转拆开去解释："高"就是大比例，"送"就是送红股，"转"就是转增股本。

怎样叫"高"，按照监管层 2018 年的最新定义，主板（上交所、深交所）10 送转 5 及以上，中小板 10 送转 8 及以上，创业板 10 送转 10 及以上。

送红股：就是分配股票股利，是指公司将应分给投资者的股利以股票的形式发放，属于"分红范畴"（另外一种方式为现金红利）；也就是将公司未分配利润转换为股份送给股东的一种分配方式。简单来说，当年有利润才能分配，没利润不能分配，因此，送红股和现金分红一样都需要被征税。

自 2013 年 1 月 1 日起，对个人从公开发行和转让市场取得的上市公司股票，股息红利所得按持股时间长短实行差别化个人所得税政策。持股超过 1 年的，税负为 5%；持股 1 个月至 1 年的，税负为 10%；持股 1 个月以内的，税负为 20%。

扣税方式上，上市公司派发股息红利时，对个人持股 1 年以内（含 1 年）的暂不扣缴个人所得税；待个人转让股票时，证券登记结算公司根据其持股期限计算应纳税额，由证券公司等股份托管机构从个人资金账户中扣收并划付证券登记结算公司，证券登记结算公司应于次月 5 个工作日内划付上市公司，上市公司在收到税款当月的法定申报期内向主管税务机关申报缴纳。

案例：2018 年 3 月 29 日晚间，民生银行发布 2017 年年度报告及利润分配预案：拟每 10 股送 2 股派 0.30 元（含税）。这样持股 1 月之内的投资者，每 10 股需要扣缴红利税达 0.46 元 [（2 ＋ 0.3）×20%]，而此次分红中投资者实际仅获得现金红利为 0.3 元。这意味着投资者实际获得的现金红利并不足以缴纳 0.46 元的红利税，股民为了获得这笔现金分红，需要倒贴钱去缴纳红利税。

对此，2018 年 4 月 11 日，民生银行召开董事会临时会议，修改了利润分配方案：现金分红由每 10 股派发现金 0.3 元调增至每 10 股派发现金 0.9 元，同时将每 10 送红股 2 股修改为以资本公积金转增股本、每 10 转增 2 股。

再如安徽水利 2017 年报拟 10 送 2 派 0.5 元，按现行政策计算，个人投资者持股时间 1 个月以内的，适用 20% 的红利税税率，应缴红利税：（2 元 + 0.5 元）×20%=0.5 元。

0.5 元的红利税正好与 0.5 元的派现相抵。因此，根据安徽水利的分配预案，投资者将分文不得。也就意味着，以安徽水利的分配预案，投资者获得的现金分红将全部用于缴税，而且还得"忍受除权之痛"。

此外，持有陕西金叶、江龙船艇、泰合健康、康拓红外、唐山港的投资者，在缴完红利税之后，每 10 股仅能收到 4 分钱。

可以说近年来，A 股市场股民倒贴钱缴纳红利税屡屡发生，上市公司向股东分配利润，股东不仅没有获得股息，反而要倒贴钱缴税。

转增股本：就是将公司的资本公积金或盈余公积金转换为股份送给股东的一种分配方式，不属于"分红"范畴。不必动用当期盈余或未分配利润。

还有就是转增股本不需要被征税。因此从节税角度看，上市公司更偏好转股而非送股。这也是为什么历史数据上高送转中的送股一直较少出现的原因。

数据显示，2016 年的年报分配方案中，仅 50 家上市公司选择了送红股的方式，但多达 419 家公司选择转增股。2015 年，338 只高送转个股中有 34 家公司涉及了送股，占比约为 10%。

年份	年报送红股上市公司数量	年报转增股上市公司数量
2013	63	410
2014	81	527
2015	71	511
2016	50	419
2017	23	316

至于上市公司为什么要推出高送转？对此解释的理论有很多：

"最适价格假说"：为了将过高的股价维持在一个合理区间内，以增加公司股票的流动性。

"股本扩张假说"：上市公司由于上市时的融资规模和价格受到严格限制，在上市后有强烈的股本扩张动机，因此通过高送转来迅速增大股本。观察历史上那些牛股，从小市值经过几轮的牛熊演变进化成中、大市值的股票，走的一般也都是股价上涨—高送转—股价上涨的路径。

"信号传递假说"：上市公司与股票投资者之间存在信息不对称，公司进行高送转主要是为了传递对未来预期的乐观信息。因此，投资者在观察到高送转信号后持续买入公司股票、推高股价是对此正面信息的理性反应。

"价格幻觉假说"：投资者追逐高送转股票的行为非理性。公司的股票价格在高送转除权后得到大幅降低，而个人投资者对低价股存在较强偏好，认为送转的股票是"免费"来的，因此是市场的"价格幻觉"间接地提高了公司的市值。

总之，不管是送转还是转增，实质上是股东权益的内部调整，均属于"增资扩股"范畴，上市公司都无须拿出真金白银，对于上市公司的运营和现金流不产生影响，所以受到上市公司的青睐。高送转后均不影响股票面值，但都会增大总股本。可以说，这只是"将100元破成两张50元"一样的"数字游戏"，本身并不创造价值，但是其实施之后，股价确实会迅速拉低，流动性会增强，市场对上市公司股价具有"填权"预期。这对于缺乏流动性的中小创而言，吸引力确实极大。

5.1.2 高送转炒作路径

预期炒作—抢权行情—登记日行情—填权炒作：

（高送转）利润分配主要流程

预案公告日（预披露日） —— 市场首次获悉，股价开始反应

↓ 约40天

股东大会决议日 —— 决议通过、实施，股价继续

↓ 约19天

股权登记日 —— 进入填权行情

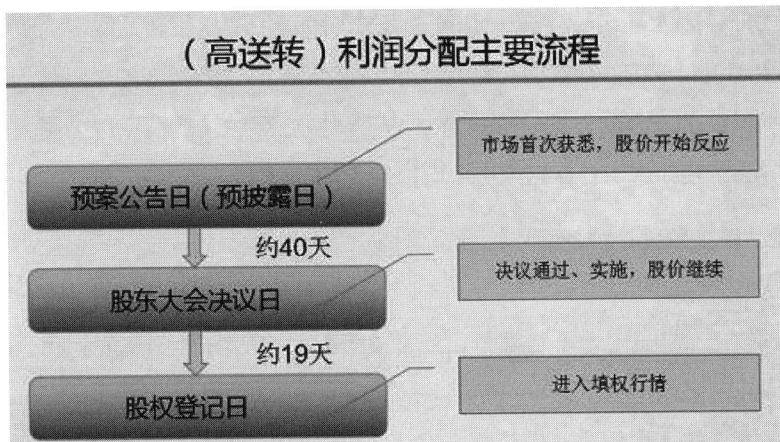

1. 第一阶段：炒预期

高送转事件的超额收益主要集中于预案公告日前，据统计，预案前 120 个交易日的平均累计超额收益可达 15%。

这个阶段启动得很早，年报行情一般在每年的 9 月底到 10 月初就已经悄悄开始了。

它的核心要素是资金开始挖掘市面上流行"四高一低"的公司，即高股价、高资本公积、高每股净资产、高每股未分配利润和低股本，这是实施高送转的基本条件和基本动力。

如何选择高送转潜力股？

（1）高资本公积金以及未分配利润（每股资本公积金 + 每股未分配利润 >3）。

（2）业绩增长：证监会规定上市公司实施送转股的送转比例应与公司业绩增长相匹配。

（3）较低的股本："高送转"实施的结果是公司股本的扩大，因此，对于股本较低的公司而言，实施"高送转"是增加股本的重要手段。规模小的公司对于扩张股本的欲望更强，如流通股本 5000 万元以内。

（4）上市时间较短：可放宽至 4 年以内。

（5）盈利能力水平较高。

加分项：上个报告期未发布过高送转；发布过定增预案；近三年每股收益 >1，股价高。

此外，因为高送转存在一定的"避税"嫌疑（限售股转让取得的收入将征收 20% 的个人所得税，但限售股解禁之后实施高送转所得的送股将不再需要缴纳税款），因此近期有限售解禁的公司实施高送转的概率也会更大。不过随着高送转新规出台，这项概率可能会大幅降低。

2. 第二阶段：炒预案

核心公告：

预披露公告（这个不是都有）：《关于 **** 年半年度 / 年度利润分配的预披露公告》。

预案公告，提出高送转分配方案：《关于公司 **** 年半年度 / 年度利润分配（预案）的公告》。

中报高送转的预披露高峰期主要集中在 7 月和 8 月。

尤其是第一个公布高送转的个股，容易得到炒作。

如果第一个公布高送转的个股送转股份较多，那么这只股票从此就具备了龙头的气质。

比如：2015 年年报高送转行情中，财信发展是第一个发布高送转预案的（2015 年 12 月 8 日），由此打响了 2015 年报高送转行情第一枪。

2016 年中报高送转行情，爱康科技是第一个发布高送转预案的（2016 年 4 月 29 日），由此打响了 2016 年中报高送转行情第一枪。

据统计，预案后 20 多个交易日内，高送转股票超额收益空间在 5% 左右。预案日后，市场已对上市公司高送转的计划有所反应，股价也进行了相应调整，股东大会所携带的信息价值便没有那么明显。

3. 第三阶段：股东大会正式通过阶段

预案提出后，需经由股东大会投票表决。一般情况下，预案公告日到股东大会公告日的时间约为 40 天。股东大会表决通过后，利润分配进入实施阶段。

4. 第四阶段：抢权期（公布实施到登记除权，一般 3 ~ 5 个交易日）

《**** 年半年度权益分配实施公告》同时公布股权登记日、除权除息日。如果这短短 3 ~ 5 个交易日出现异动，连续拉阳或涨停就是抢权。这个阶段，对于提前布局的人来说，是一个收获机会，而短线接入需要快进快出。

股权登记日是可获得上市公司股利的资格登记截止日期。只有在股权登记日收盘前在公司股东名册上登记的股东，才有权分享股利，因而在股权登记日前可能存在抢权行情。股权登记日下一交易日是除权除息日。

5. 第五阶段：填权期（除权除息日后）

高送转除权后，股票继续上涨为填权。这个阶段可以说是高送转行情的最后阶段，风险较大。上市公司高送转后是否还有后续题材以及后续题材是否能及时跟进，都将直接影响到高送转后是否能填权。当然，大盘运行趋势也直接影响到送转股除权后的走势。当大盘处于牛市中时，股价常常会填权，而大盘处于调整市中，股价贴权的概率很大。

据统计，从历史表现来看股权登记日后，填权行情并不明显。除权除息后已无超额收益，长期甚至跑输基准。

5.1.3 次新板块是高送转诞生集中地

历史数据显示，上市时间越短，实施高送转的比例越高；次新股各年度实施高送转的比例显著高于非次新股。次新股高送转概率一般在 20% 以上，2014 年更是高达 40%。

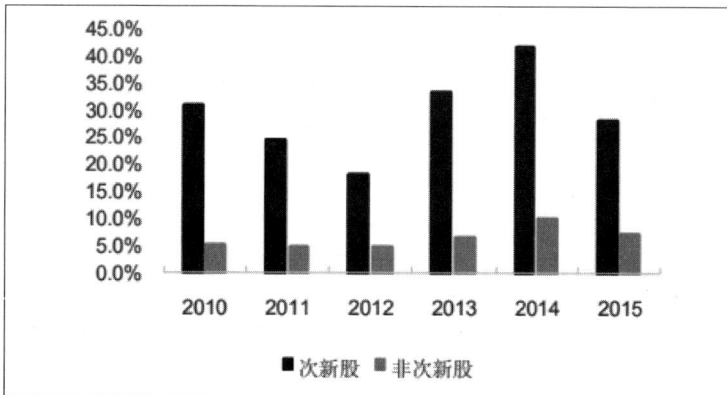

从送转比例上来看，次新股 10 转 15 的比例也较高，具体如下图所示：

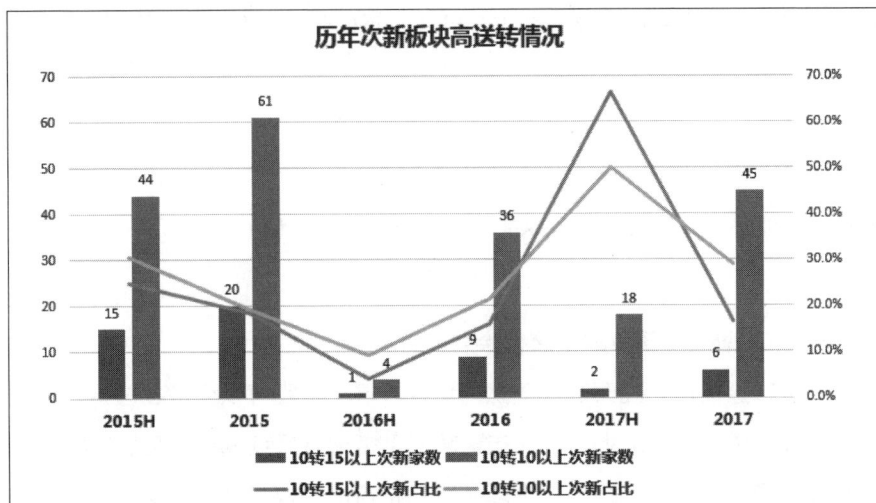

历年次新板块高送转情况

5.1.4　次新高送转预案行情——赚取效应较低

看到这里可能有很多人就想要开始行动了，再加上媒体会铺天盖地地宣传次新＋高送转为牛股聚集地。但是在想赚钱之前，我们必须认识到一个很严重的问题，那就是真正披露高送转预案之后有表现的次新真的少之又少，平均最大涨幅只有20%～30%，这其中还需精准把握买卖点。而只有极个别高送转次新在预案披露后会走出翻倍行情。具体如下表所示：

次新高送转统计表（2015年年报）：

股票代码	上市时间	送转比例	预案公布时间	预案公布后最大涨幅	股权登记日
中科创达	2015/12/10	10转29.08派4.85	2016/4/25	79.52%	2016/6/16
润达医疗	2015/5/27	10转20派2元	2016/3/30	15.50%	2016/5/18
美尚生态	2015/12/22	10转20派5.8元	2016/3/28	55.80%	2016/4/26
赛摩电气	2015/5/28	10转20派1元	2016/3/22	100.88%	2016/4/27
先导智能	2015/5/18	10转20派5.5元	2016/2/17	25.77%	2016/3/28
迈克生物	2015/5/28	10转20派2.7元	2016/4/26	5.71%	2016/6/1
创业软件	2015/5/14	10转20派1.5元	2016/3/28	25.49%	2016/5/23
银宝山新	2015/12/23	10转20派1元	2016/4/25	97.91%	2016/5/30
国恩股份	2015/6/30	10转20派2元	2016/2/25	91.95%	2016/3/24
鹏辉能源	2015/4/24	10转20派2元	2016/4/13	41.46%	2016/6/16
清水源	2015/4/23	10转18派1.5元	2016/2/19	停牌	2016/3/31
盛洋科技	2015/4/23	10转15派3.91元	2016/4/19	13.43%	2016/5/20
乾景园林	2015/12/31	10转15派0.96元	2016/4/8	23.65%	2016/5/16
威帝股份	2015/5/27	10转15送5派1.5元	2016/3/29	59.43%	2016/6/14
合纵科技	2015/6/10	10转15派4元	2016/4/18	46.77%	2016/6/23
新通联	2015/5/18	10转15派1.22元	2016/4/11	-0.95%	2016/5/30
胜宏科技	2015/6/11	10转15派3.5元	2016/3/25	22.10%	2016/4/29
华通医药	2015/5/27	10转15派3元	2016/4/15	11.30%	2016/6/7
星徽精密	2015/6/10	10转15派1元	2016/4/26	34.50%	2016/7/5
可立克	2015/12/22	10转15派1元	2016/4/22	162.64%	2016/6/16
天际股份	2015/5/28	10转15派1.2元	2016/4/26	重组停牌	2016/6/16
普路通	2015/6/29	10转14.99派2	2016/3/29	38.35%	2016/7/8

次新股高送转统计表（2016 年中报）：

股票代码	上市时间	送转比例	预案公布时间	预案公布后最大涨幅	股权登记日
名家汇	2016-03-24	10转15	2016/7/28	128.12%	2016/8/23
中亚股份	2016-05-26	10转10	2016/8/10	22.64%	2016/9/5
金冠电气	2016-05-06	10转10	2016/8/16	21.14%	2016/9/13
景嘉微	2016-03-31	10转10派1.8元（含	2016/8/23	4.78%	2016/9/26
高澜股份	2016-02-02	10转8	2016/8/10	35.42%	2016/9/7

次新股高送转统计表（2016 年年报）：

股票代码	上市时间	送转比例	预案公布时间	预案公布后最大涨幅	股权登记日
优博讯	2016/8/9	10转25送0派1.5元	2017/4/12	39.45%	2017/5/22
乐心医疗	2016/11/16	10转22派2元	2017/3/3	24.98%	2017/4/17
陇神戎发	2016/9/13	10转22送3派1元	2017/3/23	13.91%	2017/5/9
浙江仙通	2016/12/30	10转20派6元	2017/3/31	11.78%	2017/5/8
新易盛	2016/3/3	10转20送0派3.5元	2017/4/15	24.75%	2017/6/1
路通视信	2016/10/18	10转15送0派1.5元	2017/4/21	36.78%	2017/6/9
雄帝科技	2016/9/28	10转15送0派5元	2017/4/10	56.54%	2017/5/10
花王股份	2016/8/26	10转15派1.45元	2017/4/20	37.67%	2017/5/24
昊志机电	2016/3/9	10转15送0派2.3元	2017/4/17	28.31%	2017/5/18

从以上表格可以看到，2015 年高送转行情里，22 只 10 转 15 以上的次新股只有 5 只在大行情好转的情况下走出了翻倍走势。2016 年中报行情里，只有名家汇走出了翻倍行情。2016 年高送转行情里，9 只 10 转 15 以上的次新股里，只有雄帝科技 1 只在预案披露后走出了 60% 左右的还算理想的走势。

蓦然回首，我们会发现，次新高送转行情里如果在预案之后才介入，大多已错失了最"肥美"的走势。预案件披露后走出牛股走势的几乎只有可立克、银宝山新、国恩股份、名家汇等极个别次新股。而且我们还必须清醒地意识到能选到这个级别次新股的概率极低。

5.1.5　高送转预期中的美

正所谓朦胧中才是美，有些东西可远观而不可亵玩焉。高送转次新股里最好的行情往往是预期阶段，且可以持续数月之久，不断创出新高。至于最后是否真的有高送转都变得已经不那么重要了。

高送转预期 + 超跌下的翻倍行情：

2015 年 9 月到 12 月底，大多数高送转潜力次新股在叠加超跌的逻辑下集体反弹，走出一波波轰轰烈烈的次新股布局牛市行情。深市次新股指涨幅在 60% 左右，而那些叠加高送转预期的次新股大多都翻倍。在这种情况下，高送转预期无疑是次新股的绝佳催化剂。具体如下表所示：

证券代码	证券简称	每股资本公积(元)	每股未分配利润(元)	总股本(亿股)	最大涨幅(2015.6-12)
300471.SZ	厚普股份	12.78	6.47	1.48	153.7%
300473.SZ	德尔股份	9.92	3.52	1.00	171.7%
300485.SZ	赛升药业	9.65	4.27	1.20	171.8%
300470.SZ	日机密封	7.93	5.01	0.53	165.3%
300443.SZ	金雷风电	7.69	6.10	0.56	201.6%
603729.SH	龙韵股份	6.85	6.39	0.67	113.8%
300419.SZ	浩丰科技	6.43	5.23	0.41	248.8%
603020.SH	爱普股份	6.07	3.48	1.60	68.3%
603588.SH	高能环境	5.94	3.65	1.62	89.3%
300440.SZ	运达科技	5.83	2.84	1.12	168.3%
603599.SH	广信股份	5.49	4.78	1.88	139.2%
002758.SZ	华通医药	5.23	2.70	0.56	192.0%
300463.SZ	迈克生物	5.22	3.98	1.86	108.1%
300442.SZ	普丽盛	5.21	3.05	1.00	161.5%
300438.SZ	鹏辉能源	5.03	3.24	0.84	150.6%
300476.SZ	胜宏科技	4.97	2.12	1.47	106.5%
002768.SZ	国恩股份	4.82	2.56	0.80	119.1%
300468.SZ	四方精创	4.69	1.56	1.00	117.0%
603108.SH	润达医疗	4.66	3.63	0.94	124.8%
300449.SZ	汉邦高科	4.63	2.78	0.71	172.1%
002712.SZ	思美传媒	4.63	4.88	0.88	226.5%
002749.SZ	国光股份	4.41	5.10	0.75	148.6%
300482.SZ	万孚生物	4.30	2.27	0.88	106.4%

2016 年 2 月 ~ 6 月高送转次新引领行情。

1. 银宝山新

2016 年 4 月 11 日公布高送转预披露，公告一出连续三个涨停，盘整一段时间，拉主升浪，5 月 30 日股权登记日后拉了两个涨停板后见顶。从预案出炉到股权登记日期间涨幅近 100%。

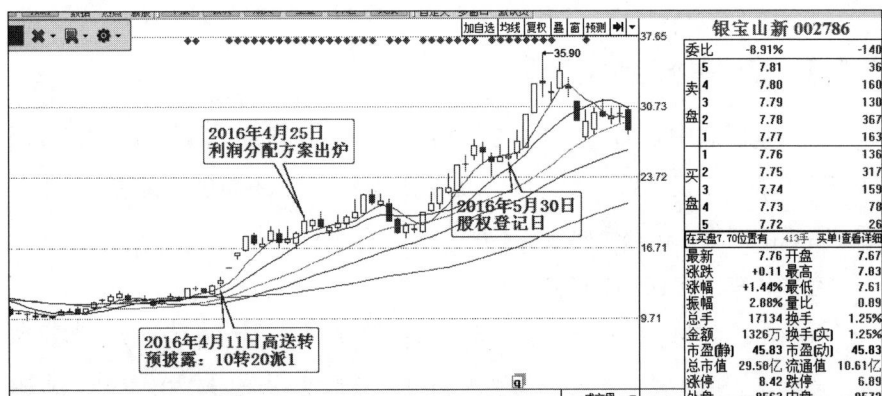

2. 可立克

2016 年 4 月 22 日公布 10 转 15 派 1 高送转预案，之后股价开始小幅拉升，盘整几个交易日，在实施方案出炉前后进入主升浪，直到 2016 年 6 月 7 日，随着股权登记日的到来结束炒作。从预案出炉到股权登记日期间，涨幅达 150%。

2. 名家汇

2016 年 7 月 28 日董事会高送转预案一出，几乎不调整直线拉升走主升浪，涨幅 100%，直到 2016 年 8 月 22 日股权登记日到来，第一波炒作结束。

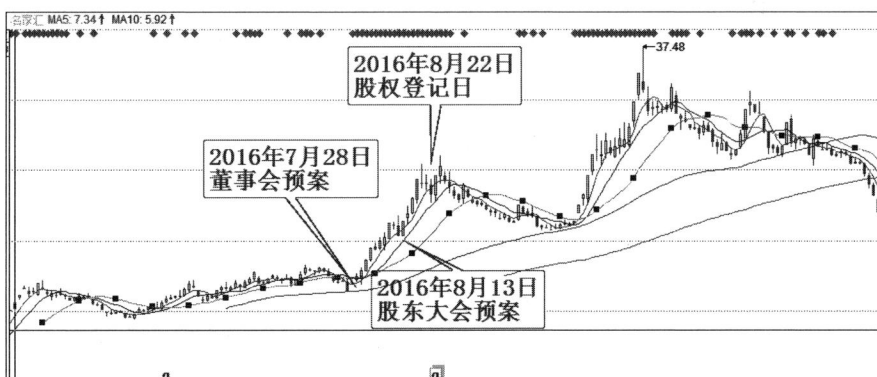

3. 濮阳惠成

国内少数规模化生产顺酐酸酐衍生物的企业之一，主营顺酐酸酐衍生物产品的研发、生产及销售，其产品主要用于环氧树脂固化、合成聚酯树脂和醇酸树脂等，广泛应用在电子电气、涂料、复合材料等诸多领域。

核心产品六氢苯酐及纳迪克酸酐填补了国内工业化生产的空白，其质量已达到进口替代水平，获得诸多国际化工巨头的使用认证。公司芴类产品，主要用于光电材料及医药中间体等领域，不过该块业务营收占比只有 6% 左右。公司 2015 年报的发展规划中提到将开发 OLED 功能材料芴类产品。

受消息面刺激——"2017 年 iPhone 会部分导入 OLED，苹果公司已经通知供应链厂商，2018 年全部 iPhone 手机都会采用 OLED 屏幕"，濮阳惠成在 OLED+ 高送转的双重刺激下走出翻倍行情。

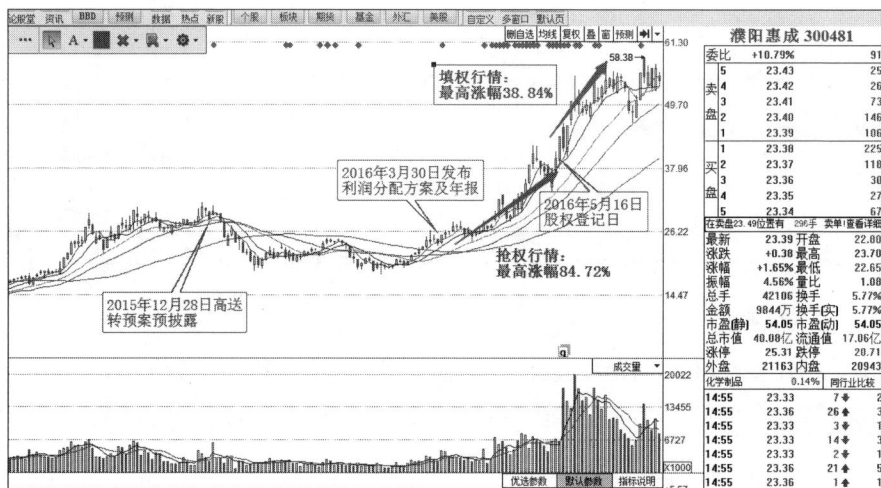

5.2 次新股题材派——蹭热点

在 A 股市场上真正的成长股可谓凤毛麟角，大部分新股上市后都面临着业绩增速不达预期，甚至业绩变脸等各种黑天鹅。这一过程就类似于相亲找对象，都会不遗余力地给对方留下第一美好印象，甚至会有适当性的包装。只有相互进一步相处和了解之后才会发现彼此有各种各样的缺点。至于那种传说中的成长股则是投资人理想中的心仪"对象"，所以很多时候如果死拿也会发现原来坚信的成长股竟然变成了伪成长。

因此大多数时候股价的上涨都缺不了题材的催化，而在次新股板块就更是将题材演绎到了极致。截至目前，同花顺概念指数已近 300 个，且题材变化多端，今日叫人工智能，明天就叫金融科技，这其中不乏新瓶装旧酒，本质就是雷同的题材。总之，对于题材的敏感度和感知需要多年的实战经验积累，这当中当然也需要悟性。

有了对题材的把握，才能做到很好地挖掘题材，因为在股市中只有提前的挖掘潜伏才能获取超额收益，而不能后知后觉待到信息已成为全市场公开的秘密时才去追涨杀跌。

那么，为什么挖次新股里的题材呢？新股里信息不对称的优势在这里发挥得淋漓尽致。老股大多已被市场各方充分投研，有什么题材你一定干不过已持有此股很长时间的投资者。新股则不同，从拿到 IPO 批文到上市开板，短短不过几月时间，而招股书动辄几百页的内容之前并没有别的投资者先你一步阅读，单从这点来看市场是公平的，我们都站在同一起跑线上。至于如何挖掘题材，在第 3 章中海豚的次新股基本面剖析里也做了充分阐释，这里重点来说说如何进一步对待各种各样的题材。

就如同人的十根手指还不一般齐，题材也是这样，也分大题材和小题材，其持续性上也有区分。而且不管什么样的题材，都请谨记，题材股最终都是会被打回原形的，如果是持续性较好的大题材可以按月持有，如果是小题材想象空间有限还是尽快见好就收，快进快出比较好。但与此同时题材股股性也最为活跃，上涨空间极大，诞生的牛股龙头也是数不胜数，也因此受到大多数投资者的极大关注，尤其是在牛市里是题材股丰收的季节，但在震荡市或熊市中题材只能是杀估值的对象。

5.2.1　次新软件股：牛股摇篮！估值百倍不是梦

软件股里多出大牛，尤其是在行情疯狂之时。且随着时代的变迁 A 股炒作的主题也会有所变化，从信息化到互联网 +，再到大数据，再到现如今的数字经济。

软件股又进一步分为：

国家治理水平——电子政务 + 智慧城市；

保障民生——互联网＋教育、互联网＋医疗、互联网＋文化；

数据安全——信息安全；

网络购物、移动支付、共享经济新业态；

数字经济——信息化＋工业化。

从业务类型上看又分为：IT 运维服务、系统集成服务、软件开发服务、解决方案提供服务，其毛利率水平也是从低到高，以此类推。

可以说，软件股给了我们很大的想象空间，各行各业更是信息化程度日趋提高。大数据、云计算、物联网、人工智能等均和次新软件股有着密不可分的关系。

软件股一般来说有着如下共性：

（1）股性好，一旦有消息面刺激会涨得非常快，其中不少有可能成为某一波行情的龙头，当然消息过后也会迅速被打回原形。

（2）沾边题材多，不管业务做得怎么样，不少都可以扣上人工智能等各种"高大上"的帽子，至于是否真智能还是假智能谁也不知道（比如，科大讯飞就曾陷入翻译门的舆论漩涡）。

（3）业绩成长性一般较差，上市后就变脸可能非常普遍，其逻辑可能主要在业绩之外。

（4）大多数都做 TO B 的业务，大客户依赖会比较普遍，当然如果有 BAT 等这样明星的大客户，有可能在题材上为其增色不少。

（5）业绩季节性波动较大，因为大多为机构，其中不少是政府客户，一般业绩会集中在第四季度释放，如果前三季度业绩出现下滑也不足为奇。

（6）因为软件股大多做 TO B 业务，所以一般在细分领域占有率不会特别高，尤其是那些特别细分的行业，且面向的是政府业务。毕竟受人牵制，如果做的是 TO C 业务，那么业务做得好不好会一目了然。不过大多数 TO C 的软件股面临推广费用居高不下的窘境，毕竟互联网人口红利过后，发展新用户尤其是付费用户越来越难。

（7）如果是软件股，就需要理解它的业务，真的不要被复杂的技术术语给绕晕了，各种系统的差异没必要搞那么清楚，你只需要抓住客户这一应用主线就可以往上贴各种概念标签。

（8）除了客户，对于软件股要特别关注股东背景，往往股东背景的强大既是获取客户订单的强大后盾，又是公司技术实力的体现。

最后，最主要的就是软件股要生逢其时，下面举几个具体的例子：

1. 中科信息：中科系龙头

中科信息 7 月 28 日上市，8 月 10 日开板。而在中科信息开板之前，中科系风口就已吹得正盛。寒武纪芯片是背后这波风口的主要助推器，科大讯飞股价最先反应，2017 年 6 月底股价就开始起飞，到 7 月 28 日中科信息上市之时，科大讯飞已完成第一波拉升涨超 50%。等到中科信息开板之时消息面再来刺激寒武纪 A 轮融资 1 亿美元，之后中科系概念股集体异动，中科信息、科大讯飞、中科曙光等形成共振，而刚开板的中科信息为龙头，中间先后被特停二进宫，一时闪耀全场。而这也正是次新股的优势，一旦有消息面的刺激，普通的资讯里相关概念股会落掉刚开板的新股，而只有最敏锐的资金会及时捕捉次新里的相关机会，因为这里是最新鲜的，就像海鲜，还是"鲜"的好。

中科信息乍看之下，基本面和 AI 并无直接关联，公司业绩也平平，但就是赶上了风口，再者"中科"二字及股东背景中科价值"千金"，而在中科信息之前，中科曙光上市之初也是暴涨，这其中不乏历史的记忆。

寒武纪成立于 2016 年，跟联想一样，具有中科院背景。是 AI 芯片领域全球首个独角兽初创公司。而科大讯飞为寒武纪天使轮投资的企业，对北京中科寒武纪科技有限公司投资 1000 万元，持股比例为 2.08%。

2017 年 8 月，寒武纪获得价值 1 亿美元的 A 轮融资，该轮融资由国投创业领投，阿里巴巴创投、联想创投、国科投资、中科图灵、元禾原点（天使轮领投方）、涌铧投资（天使轮投资方）联合投资。融资后估值达到 10 亿美元，成为全球 AI 芯片领域第一个独角兽初创公司。

2017 年 9 月 2 日，华为在 2017 年德国柏林国际消费类电子产品展览会发布了首款人工智能移动计算平台——麒麟 970，麒麟 970 也成为第一款集成了深度学习模块的 AI 手机芯片，这块芯片将被用作"抗衡"苹果和三星之用。而在海思芯片集成的关键 AI 技术中，海思麒麟 970 上的 NPU（网络处理器）

来自"寒武纪"。

2018 年再度获得 B 轮数亿美元投资，中国国有资本风险投资基金、招银国际等国家队背景基金入股，老股东也不同程度参与跟投，投后整体估值达 25 亿美元，继续领跑全球智能芯片创业公司。

2. 科创信息：中科信息的"胞弟"

和"大哥"中科信息相比，科创信息则没有那么幸运，可谓生不逢时，且股东背景也没有中科信息强大。科创信息看着和中科信息相差无几，出身却千差万别，其脱胎于中南大学，为湖南智慧政务业务的龙头。

公司成立于 1998 年，设立时长沙铁道学院出资占比 25%；2000 年，长沙铁道学院、湖南医科大学、中南工业大学三校合并为中南大学；2007 年中南大学同意校办企业改制，中南大学资产经营公司持股 11.22%。IPO 发行前中南大学资产经营公司仍持股科创信息 10.01% 股权。可以说不一样的出身所以客户也不一般，其中政府客户营收占比在七成左右，客户名单里有中讯邮电咨询设计院、湖南移动、湖南省林业厅、湖南省检察院、中南大学、湖南省教育考试院等。因此智慧政务为公司第一大收入来源，营收占比近六成。

同样是校办企业，中南大学和中科院相比级别上就差了很多，也因此科创信息开板后只能当一个跟随的小弟。更悲催的是开板时机不好，2018 年 1 月开板，而此时次新大环境不好，在春节前，深市次新股更是走出了十连阴的跌势，作为开板估值就超百倍的科创信息自然也不能幸免，开板后一路跌近 35%。但是作为软件股的好处就是股性好，且盘子小（不超 50 亿元），在春节后随着次新企稳，科创信息快速反弹并再创新高，最大涨幅达 80% 左右。之后每每人工智能消息利好频出，科创信息均多次涨停。

3. 软件股的"陷阱"

历来软件出牛股，因此在市场一片大好之时，对软件股的估值很容易陷入非理性疯狂，且不说 2015 年牛市里安硕信息、中文在线之类的"神话"，仅在次新股局部好转的行情下，不少软件股开板估值都可以轻松过百，但之后往往因业绩难以支撑陷入长时间阴跌，不少追涨的普通投资者只能站在高高的山岗上。

5.2.2 次新电子股：国产替代为主旋律

何为次新电子派？这里指的主要是通信电子，涉及的细分领域主要包括消费电子、汽车电子、半导体（集成电路）、5G、物联网、PCB 等。

这个门派所涉及的概念题材也非常多，从苹果概念股到 5G，再到物联网等，整体来看过去几年消费电子尤其是智能手机的疯狂增长成为这个"门派"里最大的增长动力，而未来国产化替代将成为主旋律。

1. 2019 年进入 5G 元年，很容易成为题材风口

我国在网络强国、制造强国、"十三五"规划、信息化发展战略等战略规划中，均对推动 5G 发展做出了明确部署。《国家信息化发展战略纲要》强调，要积极开展 5G 技术研发、标准和产业化布局，争取 2020 年取得突破性进展，2025 年建成国际领先的移动通信网络。

2013 年 1 月，工信部、发改委和科技部支持产业界成立了 IMT-2020(5G) 推进组，与国际同步全面开展 5G 研发。

2016 年 1 月，我国全面启动 5G 技术研发试验，分为关键技术验证、技术方案验证和系统方案验证三个阶段推进实施。

2017 年底、2018 年初已进入第三阶段，其中华为发布了全球首个面向 5G 商用场景核心网方案和首款 5G 承载分片路由器；中兴发布了 5G 高低频系列化预商用产品。

2018 年 12 月，工信部向中国电信、中国移动、中国联通发放 5G 系统中低频段试验频率使用许可。按计划，中国在 2019 年展开 5G 预商用，2020 年实现 5G 规模商用。

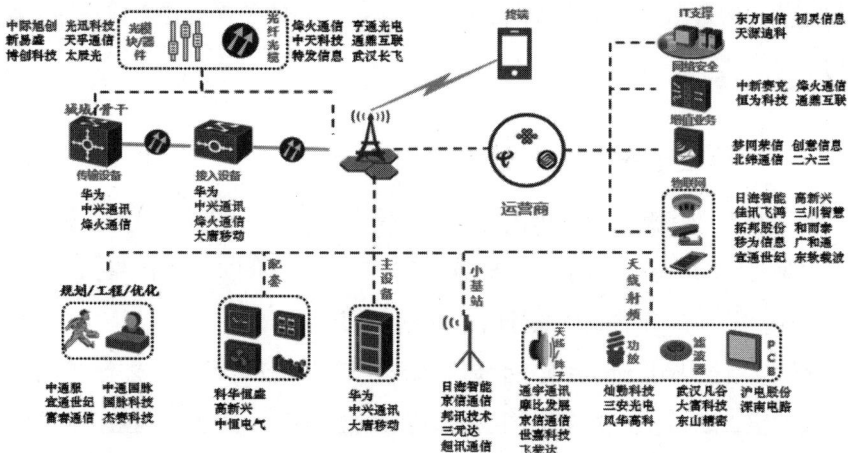

可以说，5G 是一个在 A 股市场上反复炒作的题材，只要没落地，只要离商用化很久，几乎年年翻着花样炒，类似于之前的新能源。且 5G 板块很容易出龙头、出连板股。

5G 板块里大多为纯题材，目前有业绩支撑得不多，但不乏像深南电路这样极个别的"独角兽"绩优股。

2. 5G 板块特性

（1）涉及面广，细分领域非常多，相关个股有近百只，因此板块联动效应好。

（2）5G 龙头一般很容易成"妖"，五连板以上非常常见，但一般只有极个别 5G 股在表现。

（3）5G+ 次新叠加股性更活跃，几乎每年都会诞生几只。

通信技术服务商这一细分领域"妖"股丛生：贝通信、润建通信、超讯通信、纵横通信等开板后个个都有连板表现，遇到行情好的时候，比如纵横通信 2017 年 8 月 23 日开板，开板后直接连续一字，走出五连板行情，真可谓纵横天下无敌手。该行业大致分为通信网络建设、通信与信息化集成、通信网络优化与维护、通信网络规划与设计四大类。

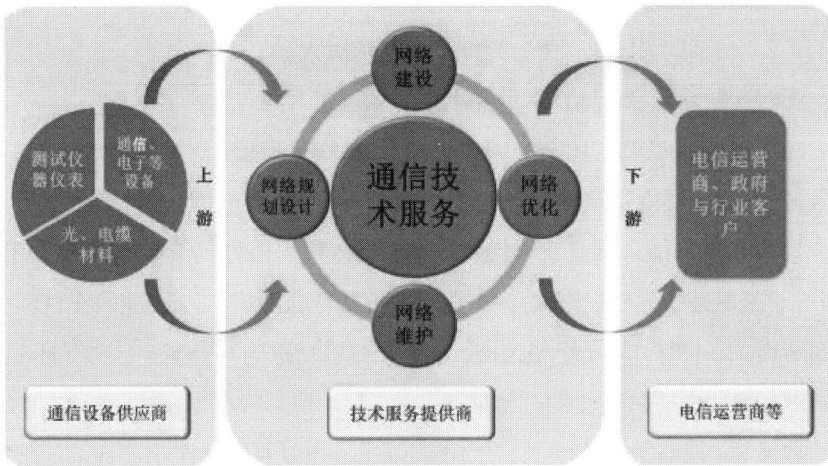

特点在于下游客户主要为三大运营商，因此议价能力不强，尤其是运营商全国集中招标后，利润空间不断被挤占，大多业绩增长乏力，也因此经过短暂炒作后股价会迅速回落，之后一路阴跌，因此也要有一定预期。

相关公司业务对比：

网络维护为主：宜通世纪、超讯通信。

网络优化为主：华星创业。

网络建设为主：中通国脉、纵横通信、贝通信。

网络设计为主：吉大通信。

3. 光纤及光通信

（1）光进铜退已成大势，光纤接入需求巨大。

固网互联网宽带传输技术主要可分为以下三大类：

光纤接入（FTTX、GPON/EPON）、铜线宽带接入（xDSL/G.fast）、混合光纤同轴电缆接入（HFC、DOCSIS）。

其中FTTX接入网是新一代光纤用户接入网，俗称宽带接入的"最后一公里"，其具有多种建设模式，"X"代表多种可选模式，主要包括FTTC（光纤到路边）、FTTB（光纤到大楼）、FTTO（光纤到办公室）、FTTH（光纤到户）等，也是未来发展的大趋势。

未来5G基站密度将是4G的16倍以上，也就是说，至少要建造比现在多出15倍的基站数量。试想想，密密麻麻的基站之间，需要增加铺设多少光纤光缆。

此外，很多地方需要相对特殊的光纤、光缆，不少现有的网络由于不符合5G数据大规模传输的技术要求，还得重新铺设。未来的光纤需求量有多大，我们无法预知，但可以明确的是：只会多、不会少。

光纤接入终端设备市场上，目前以光无源技术为核心的EPON、GPON家庭网关等为主流产品。

（2）光纤预制棒到底有什么。

光纤预制棒简称光棒，被誉为光纤产业"皇冠上的明珠"，占据了光纤产业70%的价值（在光纤产业链中，光纤预制棒、光纤、光缆所占整个产业链的利润之比为7:2:1）。是制造石英系列光纤的核心原材料。简单地说，是用于拉光纤（丝）的玻璃特种预制大棒。形状为圆柱形的高纯度石英玻璃棒，中心部分（即芯棒／芯层）是折射率较高的玻璃材料，而表层部分（即外包层）是折射率较低的玻璃材料。一般来讲，芯棒的制造决定了光纤的传输性能，而外包层则决定光纤的制造成本。

光棒具有高门槛，技术难度大、扩产周期长、投资规模大等特点，光棒的扩产周期一般需要两年甚至以上时间，光纤扩产一般6个月以下，光缆3个月即可。从各厂商的光棒扩产规划来看，平均每100吨光棒，设备投入在2亿元左右，一般规模小的企业很难切入该市场。目前全球主要的光纤预制棒生产厂商约为 20 家，其中中国厂家主要有 8 家，分别是长飞、亨通、中天、烽火藤仓光纤（烽火与藤仓的合营企业）、富通、富通住电光纤（富通与日本住友的合营企业）、江苏 OFS 亨通光科技（亨通与 OFS 的合营企业）、信越光棒（江苏法尔胜泓昇集团与日本信越的合营企业）。

（3）细分领域相关公司：光迅科技、天邑股份、长飞光纤、亨通光电。

其中长飞光纤：2017 年光纤预制棒的全球市场占有率为 19.9%，光纤全球市场占有率为 14.2%，光缆全球市场占有率为 13.3%，全部位列全球第一。

长飞光纤产品如下图所示：

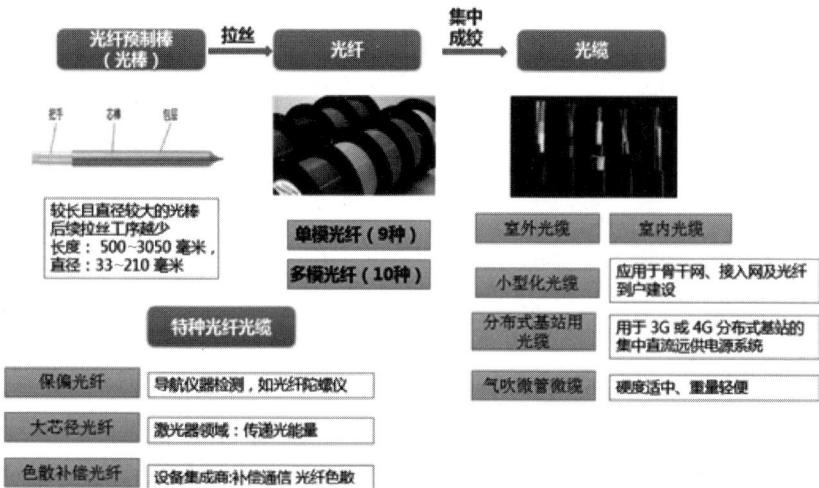

5.2.3　次新军工股：军民融合 + 国家安全持续催化

军工行业是关乎国家安全的重要行业，军工产品要求高技术、高质量、高可靠性。因此其具有如下特性：

1. 军工资质审查严苛

武器装备的科研生产需要国防科技工业主管部门的许可，参与军品生产的企业必须获得"四证"，即"国家二级保密资格单位证书""武器装备质量体系认证证书""装备承制单位注册证书""武器装备科研生产许可证"。

新设立企业必须运营至少一年以后才能申请保密资质，装备承制资格和武器装备质量体系证书也必须在涉密项目有效运行的基础上才能申报，故一股需要 3 年时间才能取得承接军方项目的资质。

2. 研发周期长但客户黏性强，生命周期达 5 ~ 10 年

军品市场不同于民用通信行业，军用设备对产品稳定性有极高要求，一个型号产品从开始立项到最终完成定型，往往历时 3 ~ 5 年，且需投入大量的研发资源（人员、材料、第三方测试）。尽管研制周期长，研发经费投入大，但一旦装备完成定型，型号设备的生命周期通常为 5 ~ 10 年。军方的列装采购只采购型号装备，每一个型号装备的研制单位一般在 2 ~ 3 家。

3. 高度保密性，需求对接壁垒高

军品科研生产具有高度保密性，军品的需求方向和科研生产法规，主要通过军工管理体系的行政渠道进行发布，大多数体系外的企业无从了解军工技术和产品需求的信息。参与了型号装备研制并顺利完成定型的企业就会成为型号装备的承制单位。未参与型号装备研制过程的企业一般无法获得型号装备的订单。

近年来，军工 + 次新极其稀缺，近三年内仅十余只，2018 年更是只有四只（长城军工、七一二、新兴装备、天奥电子）。而这其中纯正军工标的就更为稀少，具体如下表所示：

排序	股票名称	上市时间	营收同比增长	扣非同比增长
1	长城军工	2018-07-25	6.28	119.81
2	七一二	2018/2/8	1.44	5.08
3	宏达电子	2017/11/10	-	-
4	新余国科	2017-10-31	12.74	3.03
5	安达维尔	2017-10-27	28.75	53.19
6	光威复材	2017/8/23	32.59	1.43
7	爱乐达	2017-08-11	-	-
8	瑞特股份	2017-01-16	-	-
9	江龙船艇	2017-01-04	-10.99	4.96
10	晨曦航空	2016-12-09	-37.46	-78.78
11	星网宇达	2016-12-02	60.43	-55.16
12	中国应急	2016-07-25	-	-
13	景嘉微	2016-03-22	12.34	4.89
14	耐威科技	2015-05-06	24.24	248.74
15	航新科技	2015-04-14	47.98	14.08

（注：表中业绩为 2018 年中报）

而这些军工次新里不乏技术过硬并进入军方采购的民营公司，如做碳纤维的光威复材、做 GPU 的景嘉微，其开板后凭借着优良的质地、过硬的技术也能再创新高，但是市场一致性过高，往往拉升幅度有限，之后往往进入漫漫阴跌路，在经过调整后可能会在别的概念题材刺激下有第二春，如景嘉微叠加了芯片概念，在 2017 年下半年实现了翻倍的涨幅。

5.3 次新实力派——打铁还需自身硬

牛市里题材乱飞，但是要想穿越牛熊还是要业绩为王。而次新实力派也是我们做中长线投资的主要标的范畴，只有能看到业绩不断的成长才能持续持有，而像万兴、数据港等这样脱离基本面的股价拉升最终的命运只能是从哪里涨上去，再从哪里跌下来，早晚是要被打回原形的。

当然，大多数新股上市都难以逃脱业绩变脸甚至不及预期的魔咒，所以真正算得上次新实力派的标的可以说是凤毛麟角，也因此只有极少数新股上市后能不断创出新高，成为真正的成长股标的。这其中业绩的波动除了和公司自身经营历史有一定的关系，也和公司所处行业的特点及政策环境密不可分。

其中，次新医药股里不少就是实打实的业绩股，其凭借着壁垒和市场永远的刚需独步天下。不过次新医药股种类庞杂，海豚将其划分为四大细分领域——药类（慢性病用药、癌症用药）；体外诊断（化学发光、分子诊断、基因检测）；医疗器械（消耗频率较快的）；医药研发服务商（CRO/CMO）。相对于其他门派，次新医药股的走势似乎永远显得慢吞吞的，只有极少数股会直线拉升，此外医药股很容易出现开板估值过高且股价动辄就上百的情况，如广生堂、健帆生物、贝达药业等。

5.4 次新冷门派——"妖"股横生

何为冷门派？一看行业够传统，多为资源、能源股、建筑建材、金融股等；二看业绩大多不怎么样；三看题材也无太多亮点，但是冷门派里却"妖"股丛生，这些冷门股能变身"妖"股一般来说有如下先决条件：

（1）股价绝对值不高，越低越好。如曾经的白银有色、万里石发行价只有2元多，为后续的二级市场涨幅提供了充足空间。

（2）盘子不大，基本上市值不超50亿元，太大成"妖"可能性极低。

（3）最关键的是题材特别，要么地理位置特殊甚至符合扶贫概念（如新疆、广西等地），要么赶上特别的风口。

5.4.1 地理位置的重要性

炒地图是A股多年的传统，之前炒自贸区，2016年9月证监会出台了一条IPO扶贫政策——对国务院扶贫开发领导小组确定的国家扶贫开发工作重点县和集中连片特殊困难地区县的企业申请首发上市实行"即报即审、审过即发"政策，主要地区包括新疆、西藏、甘肃、青海等特别偏远的贫困地区。自此，新疆股、西藏股、贵州股、广西股等"妖"股丛生，据统计，2016年1月6日到2019年1月7日之间上市的770只新股中，新疆股、西藏股、贵州股、甘肃股、青海股合计31只，这其中诞生了贵州燃气、万兴科技、泰永长征、德新交运、白银有色等超级龙头股。

省级行政单位	家数	占比	省级行政单位	家数	占比
广东	165	21.4%	河南	6	0.8%
浙江	131	17.0%	西藏	6	0.8%
江苏	126	16.4%	甘肃	5	0.6%
上海	65	8.4%	河北	5	0.6%
北京	50	6.5%	江西	5	0.6%
山东	38	4.9%	陕西	4	0.5%
福建	35	4.5%	云南	4	0.5%
湖南	25	3.2%	海南	3	0.4%
四川	19	2.5%	吉林	3	0.4%

续表

省级行政单位	家数	占比	省级行政单位	家数	占比
安徽	17	2.2%	辽宁	3	0.4%
湖北	16	2.1%	广西	2	0.3%
新疆	10	1.3%	黑龙江	1	0.1%
贵州	9	1.2%	宁夏	1	0.1%
天津	8	1.0%	青海	1	0.1%
重庆	7	0.9%			

新疆	贵州	西藏	甘肃	青海
天顺股份	新天药业	易明医药	庄园牧场	正平股份
贝肯能源	川恒股份	高争民爆	陇神戎发	
新疆交建	泰永长征	万兴科技	国芳集团	
熙菱信息	华夏航空	华宝股份	白银有色	
立昂技术	贵州燃气	华钰矿业	金徽酒	
德新交运	贵广网络	卫信康		
新疆火炬	贵阳银行			
汇嘉时代	永吉股份			
新天然气	勘设股份			
东方环宇				

　　除了贫困地区，政策驱动也可能成为股价的催化剂以及冷门股成"妖"的助推剂。如 2018 年 4 月 13 日海南迎来建省 30 周年、办特区 30 周年双庆庆典，为此国家发放重大政策红利，次日发布《中共中央国务院关于支持海南全面深化改革开放的指导意见》，支持海南全岛建设自由贸易试验区，支持海南逐步探索、稳步推进中国特色自由贸易港建设，分步骤、分阶段建立自由贸易港政策和制度体系。对应的两只海南股钧达股份、海汽集团屡有表现。

5.4.2　涨价概念来催化

　　冷门股不少和资源、能源息息相关，石油、天然气、矿产价格的波动对其影响巨大，一旦进入涨价周期，冷门股很可能跟随大板块成"妖"。如受益于钴涨价，2017 年上市的寒锐钴业一年内最大涨幅超 25 倍，可谓一骑绝尘；再如受益于天然气涨价的贵州燃气、新疆火炬等；受益于原油涨价的宏川智慧、贝肯能源等。总之，如果你发现什么周期品要涨价了，那么不妨从上市新股多挖掘，因为其股性最为活跃、涨幅最高、短线收益可观，但前提是做"妖"股且不可恋战。"妖"股之所以为妖，就在于其涨得快，跌得也快，且大多数人无法第一时间捕捉。

5.5 论名字、代码的重要性

在 A 股总存在很多奇怪的逻辑，其中股如其名，名字对一只股票的重要性，就如同相亲的时候看外貌是一个道理。有的时候，甚至不少次新股就是靠一个好的名字或者吉利的代码一鸣惊人，跻身"妖"股行列。即使质优公司，好的名字或代码也是加分项。

一只股票、一家公司如果没有好的名字，那么既不利于其业务开展（尤其是 TO C 的公司，如果名字特别难记，很难想象其产品能给消费者留下什么深刻的印象），也无法在几千家上市公司中突出出来。毕竟大家时间有限，即使有很多愿意深研的投资者，但是还是会不由自主地望名生义，看着股票简称去猜想公司的业务情况，甚至还会插上想象的翅膀。

一般字眼里带"龙""华""国科"等的都非常容易受到资金青睐，在此不一一列举，还有待大家一起多总结、多发掘。

锋龙股份带龙，一度成为真正龙头股；军工股七一二（603712），名字和代码后三位相同，显得极为特别，也代表了公司不一般的国家背景。

第 6 章

如何全面提升投研能力

本章主要内容包括:

➤ 投研信息七大来源

➤ 像收拾屋子一样,整合搜集来的信息素材

➤ 从凌乱的碎片信息中找规律

注册制率先在科创板试点，新股上市放开了涨跌停限制，还敢无所顾忌打新申购吗？一天40%的涨跌幅度没有做足够功课你害怕吗？

未来不排除相关制度会在A股试点，我们的投资策略也需不断转变，但唯一不变的是投研能力的加强和对基本面的关注。

什么是基本面研究？你以为就是抄抄招股书？各处资料复制粘贴，为了做研究而研究吗？不，我们要做的研究不只是公司硬性指标（财务指标）的分析，更关键是"软实力"的挖掘，这点从科创板的审核标准中可以窥见一二。如何去把握这个尺度？如何去挖掘深层次逻辑？这些更为考验我们。

1. 打牌为什么不看底牌呢

任何没有研究的投资就如同打牌不看底牌，连次新的基本面都不看就去参与，只会造成两个结局：

一是：即使赚钱也是赚的市场大行情的钱，而不是自身投资水平的提高。

二是：只能赚小钱，大的波段拿不到，很容易被洗掉，因为没有持股信心。

最后只会是博弈数年，却发现一无所获，甚至跑不赢通货膨胀的涨幅。

2. 投资赚的就是信息的钱，挖掘信息要先人一步

2016—2017年次新股"暴力"，一方面除了市场情绪，游资煽风点火外，更关键是机构覆盖不够及时，中间有很多信息差。比如市场炒作养鸡板块，但大多数投资者可能没注意到立华股份这只纯正养鸡股，还在找牧原、正邦这些老股，但是因为次新赚钱效应实在太强，机构也加大了覆盖力度，所以我们可以看到罗博特科、迈为等优质次新在开板后有不少机构买入席位。

那么未来将何去何从？海豚认为不仅要对新上市次新挖得更深，更要做好对上市三年以来优质新股的长期跟踪才能走得更远，那么如何提高投研能力？大致分为如下四个步骤：

（1）信息全面搜集；

（2）信息提炼；

（3）建立信息关联；

（4）信息内化，推演出结论。

6.1 投研信息七大来源

按信息来源的不同，海豚大致分为如下几类：公告类、券商研报类、媒体报道、行业咨询报告、政府类、草根研报、公司官方信息七大类。每类信息因信息发布方的利益诉求及内容形成机制不同，而不可避免地会带有自己的观点，对此我们应辩证地看待这些信息。下面就逐一说说这七大类信息怎么去寻找？又如何去看待。

6.1.1 公告信息——投资人应有的权利

公告主要指上市公司及挂牌公司发布的公开披露信息，既包括 A 股上市公司，也包括港股、美股上市公司，甚至还包括上万家的新三板公司。公告类信息源于一套信息披露制度，是一个巨大的宝藏，更是我们作为投资者应享有的权利，所以一定要利用好。

公告类信息所分种类很多，有交易所规定的强制性披露信息，也有上市公司自愿的披露信息。公告从内容类型上来看，其中定期报告、投资类、融资类、股东大会为主要公告类型，但更多的是其他类型公告，或者叫非标准化公告，所以别以为公告都是"八股文"，上市公司的证券事务代表、董秘的工作就是发布信息那么简单，这里面可发挥的空间还是蛮大的。

非标准化公告一般有什么？比如，媒体负面报道不实要出来澄清，再比如有什么风险要出来提示等。

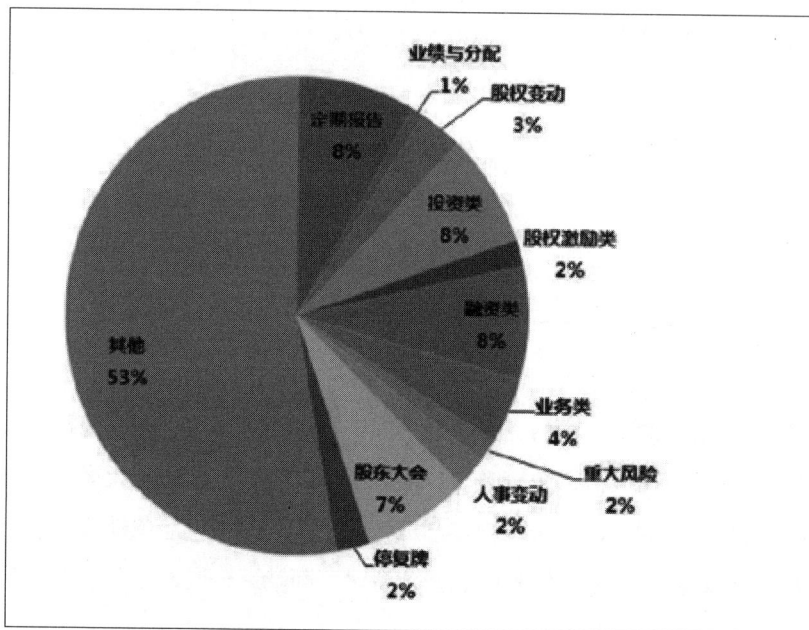

从公告发布频率上来看，以 2017 年 2 月～2018 年 2 月为例，全年主要集中在三四月及八月；淡季则主要是 2 月份以及节假日。

2017 年 2 月～2018 年 2 月公告发布篇数分布图：

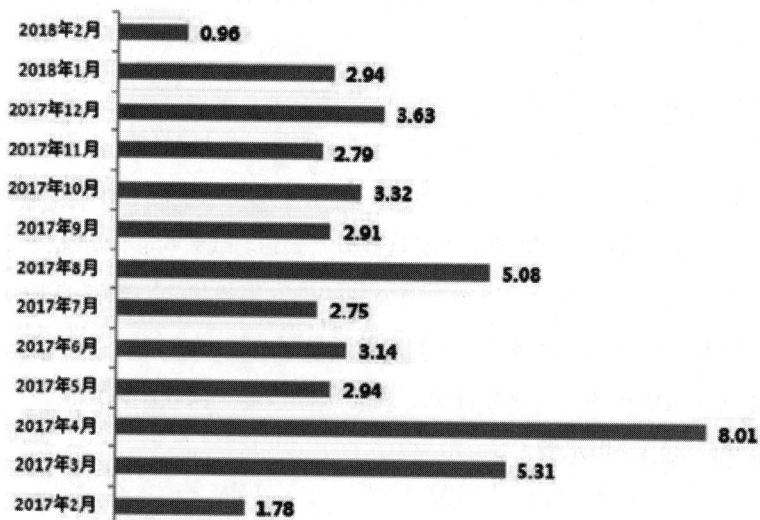

发布公告篇数较多的十天		发布公告篇数较少的十天	
日期	公告篇数	日期	公告篇数
2017 年 4 月 28 日	8345	2017 年 5 月 1 日	4
2017 年 4 月 26 日	8323	2017 年 2 月 9 日	149
2017 年 4 月 25 日	6965	2017 年 2 月 20 日	305
2017 年 3 月 31 日	6421	2018 年 1 月 2 日	396
2017 年 4 月 27 日	6405	2017 年 11 月 6 日	408
2017 年 4 月 29 日	5982	2017 年 5 月 8 日	409
2017 年 8 月 29 日	5384	2017 年 6 月 12 日	411
2017 年 4 月 18 日	4457	2017 年 9 月 4 日	423
2017 年 4 月 20 日	4452	2017 年 2 月 13 日	425
2017 年 3 月 28 日	4231	2017 年 12 月 4 日	433

上市公司做信息披露什么时候最忙？毫无疑问必然是年报披露和一季报披露期。从上表可以看到发布公告数量最多的十天里，大多分布在 2017 年 4 月底，这主要是因为年报和一季报几乎"撞车"，4 月底是最后截止日。也许很多人还没感觉到。2017 年 4 月 28 日发布公告较多的上市公司分别是江苏吴中、华测检测、怡亚通，当天一口气分别发了 46 篇、45 篇、45 篇公告。真是不分伯仲、相互较量，这里面重要的有一季度报告、年报报告、股东回报规划、三年发展战略规划、审计报告、经营数据、业绩承诺完成情况等，当然还有其他股东大会决议、各种说明、意见等非核心公告。

当然公告种类这么多，作为投资人挨个看必然会"累死"，再者不同公告篇幅差异也很大，从一页到数百页不等。对于几页纸的公告快速扫一眼就好，但是对于某些公告我们就需要真正沉下心来去挖掘了。下面列几类海豚认为非常重要的公告，凡是此类公告请一定别偷懒，打开好好看看。

（1）招股说明书（这个不多说了，分好几个版本，后面会详细讲）。

（2）业绩类公告（这个主要是可以进行业绩跟踪，且要连贯看，从业绩预告到最终版报告，还有分红送配一个都不能落下）。

（3）经营类或业务类公告（公司经营数据、重大合同中标、获得什么新药批件、有什么新产品上线，比较零碎，需要定期进行汇总跟踪）。

（4）重大资产重组类公告（期间会发很多公告，时间跨度从半年到 2 年甚至更长，核心公告就是预案、草案、无数修正案、问询反馈，期间还有各部门的批复）。

（5）投资收购类（不构成重大资产重组的其他收购公告也要重点看）。

当然其他还有更多，具体需要做动态跟踪的时候，要进行分门别类整理。

6.1.2 券商研报——重点看行业逻辑

说起券商研报，可能很多人会不屑一顾，觉得不敢说实话，只会给买入评级，只有在特殊时刻才会给予看空结论，比如2019年3月7日，中信证券发布研究报告中国人保A股显著高估，首次给予"卖出"评级，预计合理估值区间为每股4.71元至5.38元，预计未来一年潜在下跌空间超过53.9%。

2019年3月8日，华泰证券发布研究报告认为，中信建投估值远高于同梯队券商和国际投行，有下行风险，下调至"卖出"评级。

券商研报作为以公募基金为主要服务对象的卖方研报，其券商分析师作为专业投研人员在细分行业领域上投入的时间和精力是媒体记者、一般股民无法比拟的，也因此其精华内容仍值得我们重点去反复研读。

券商研报按类型又分为如下几类：

1. 日常汇总性研报

主要是日报、周报、月报、季报等，研报内容以重大新闻事件、重大政策事件、重点覆盖个股主要公告事件、阶段性行情表现等为主。这个当新闻去看就可以，不过有滞后性，大多数情况可以略过，里面的一些行情统计类的图表可以略过，这个肯定没有行情软件来得及时。

2. 突发事件型研报

主要突发事件有重大舆情事件点评、重大政策事件出台点评、重大宏观政策点评。

（1）重大舆情事件，比如像长生生物这样的事情，不只对ST长生一家公司会有影响，而是会波及整个生物疫苗甚至对制药行业，最后甚至为此在2018年7月27日出台了退市新规——上市公司构成欺诈发行、重大信息披露违法或其他涉及国家安全、公共安全、生态安全、生产安全和公众健康安全等领域的重大违法行为的，证券交易所应当严格依法作出暂停、终止公司股票上市交易的决定。其中公众健康安全几乎相当于为 ST 长生量身定制。当然这种研报并不多。

（2）重大政策事件出台这类研报数量不少，比如医药行业的 4+7 带量采购，光伏行业的 531 新政以及光伏平价上网。券商研报会比普通新闻报道对政策事件有着更为详细的脉络梳理，并且政策出台对市场的影响和行业内相关细分领域的影响有着更全面的解读，比如光伏平价上网政策落地将带来多少增量市场，产业链各个环节里哪些会是最先受益方等。

（3）重大宏观时间点评，这个主要是货币政策、财政政策、宏观数据发布等，当然更应当关注的是资本市场的政策，任何游戏规则的改变都会对整个市场产生很大影响，比如并购政策放松，再比如科创板落地这样的大事情，还是值得去看看券商怎么说。

3. 行业类深度研报

券商研报对行业的理解可能离业内人士还有很大差距，但是对一个未入行的小白来说，读券商研报还是能快速上手的，相对来说还是比较系统，这里最好挑选篇幅长的研报，我会跳过日报、周报，重点看行业深度研究或行业策略，且页数至少是在 10 页以上的，如下图所示。

日期	报告类型	相关品种	标题	机构	作者	页数	大小	附件
20:27	行业年度策略	建筑	2019年建筑行业投资策略：弱势过渡与曲折回归	中泰证券	邢立力	29	1.1M	
20:23	行业动态分析	商贸零售	后电商时代：存量用户运营与战略扩张之道	中泰证券	彭毅	34	3.2M	
20:21	行业动态分析	轻工制造	定制家具企业3.15活动跟踪：主推多品类与差异化销售，龙头优势凸显	中银国际	杨志威	6	721K	
19:02	行业事件点评	电气设备	电力设备与新能源行业事件点评：泛在电力物联网风口到来 新能源发展长期更加坚定	东兴证券	陆洲，贺朝晖	5	545K	
18:21	行业月报	基础化工	锂电池行业月报：销量符合预期 积极关注板块投资机会和政策进展	中原证券	牟国洪	21	1.1M	
17:40	行业周报	建材	建材行业周报：水泥仍待需求启动稳价，玻璃基本面维持疲软	安信证券	王攀，邵琳琳…	29	5.5M	
17:39	行业动态分析	家电	家用电器行业研究简报：外销发力，新品高速增长	国联证券	钱建，邢翰文	11	851K	
17:38	行业周报	食品饮料	食品饮料行业周报：关注受益减税降费的大众品板块优质个股	华融证券	张科然	14	1.3M	
17:27	行业周报	轻工制造	轻工制造行业周报	华融证券	吕渫	13	1.9M	
17:26	行业深度研究	信息技术	通信行业边缘计算系列深度之一：边缘计算大变局，关注5G车联网	华泰证券	王林，郭雅丽…	15	2.2M	
17:25	行业周报	金融	安信非银第11期周报：社融改善趋势不变，优质个股不惧回调	安信证券	张经纬，蒋中煜	1	2.6M	
16:51	行业周报	建筑	建筑周报：企业广义中长期融资好转，信用环境有望稳步改善	申万宏源	李峙屹	18	1.2M	
16:46	行业周报	文化传媒	传媒周报2019第10期：完美世界游戏登顶，市场向好可关注部分绩优股补涨机会	长城证券	何思霖，张正威	13	1.7M	
16:45	行业深度研究	医药生物	医药生物行业深度报告：国际视角下，对药品降价后行业发展趋势的讨论	东方证券	谢红梅	27	1.5M	
16:31	行业周报	食品饮料	食品饮料行业周报：关注春糖 理性回调才能扎实上涨	申万宏源	吕昌，周缘…	20	1.6M	
16:25	行业年度策略	家电	家用电器行业：建议关注业绩有望改善的飞科电器	广发证券	曾婵，袁雨辰…	15	992K	
16:23	行业周报	基础化工	广发化工研究周报（3月第2期）：化工品价格企稳反弹，燃料电池发展前景可期	广发证券	郭敏，王玉龙	22	2.3M	
16:23	行业事件点评	交运设备	汽车行业点评：2月负增长延续，行业继续去库存	天风证券	邓学，张程航	11	607K	
16:23	行业周报	农林牧渔	农林牧渔行业：猪价“拉涨”，长期看好疫情推动集中度提升	广发证券	王乾，张斌梅…	18	1.0M	
16:22	行业动态分析	电气设备	风电行业分析：红色省份减少，装机空间打开	广发证券	华鹏伟	10	589K	
16:21	行业周报	有色金属	有色金属行业研究周报：周期补涨可能持续，关注高弹性低估值品种，中长期关注黄金	天风证券	杨诚笑，孙亮…	15	913K	
16:19	行业周报	钢铁	钢铁行业研究周报：业绩分化 关注特钢与建材	天风证券	王茜	12	644K	
16:19	行业动态分析	文化传媒	传媒：一张图看懂省广的GIMC云	长城证券	-	1	427K	
16:18	行业动态分析	房地产	房地产行业跟踪分析：重点城市供给同比增长，或推动成交同比率先企稳	广发证券	乐加栋，郭镇…	19	954K	
16:16	行业周报	化石能源	一周煤炭动向：煤矿两会后存复产预期，下游高价补库意愿偏弱	天风证券	彭鑫	19	1.7M	
16:15	行业数据点评	金融	证券行业2月经营数据点评：交投升温，2月业绩大幅改善	万联证券	董文超，张译从…	8	985K	

4. 重点覆盖公司深度研报

每家券商都会有自己覆盖的股票池，对于股票池里的个股有任何重大动静，券商都会发布研报，比如有业绩点评、投资收购事件点评、股权激励点评等，除了个股的动态跟踪类研报外，最值得我们重点关注的研报类型为深度研究、公司调研，页数在 20 页以上的。对于这类研报我们重点看前面的行业分析以及对标公司，还有个股的业务分析部分，后面的盈利预测其实是可以略过的，最主要是对一家公司有一个初步了解。

5. 策略类研报

这个因人而异，券商的不少策略研报可能是很多行业小组研报精华的汇总，一篇研报里提到的个股可能在百只以上，如果你只是精力充足那么快速过一下各个行业也没问题。策略类研报中还有一种主题策略非常值得一看，尤其是标题里带次新股三个字的，往往可以给投资次新股的我们一种好的操作思路。

6.1.3 媒体报道——情绪的放大镜

新闻报道相比其他信息来源的好处就是及时性，在这个信息过载的时代，新闻可以以多种形式触及我们，既有 7×24 小时这样的快讯，也有微博、微头条这样的社交形式，当然也有各路媒体的报道。

媒体按类型又分为官方媒体、传统媒体、自媒体、平台类媒体四大类。

官方媒体比如说新华社、人民日报、四大证券报等，其一言一行可能都释放着不一样的信号，因其权威性对市场的影响巨大。

传统媒体主要指没有那么强大的官方媒体，但是市场传播度广，比如每日经济新闻、一财，还有各种杂志社。

平台类媒体如东财、同花顺等，它们不写稿子，只做汇总，但是用户量惊人，其头条位置的新闻要重点关注。

自媒体这里主要指的是公司化运作的自媒体，个人业余写的可能叫博客更合适。

媒体虽然不是事件的参与方，没有利益纠葛，但是媒体的诉求是扩大传播影响力，其主要目的是博眼球，也因此他们往往不会有一个结论，而是以标题吸引人，以陈述事实及说清来龙去脉为主，但是为了追求及时性，往往造成信息零碎。

这还不是最关键的，更关键的是它们往往是情绪的放大镜，上市公司一有点小瑕疵可能就会过度放大，制造恐慌好吸引流量。举个例子，比如 2019 年元旦刚过，被曝出的迈瑞招聘风波，估计作为持有迈瑞医疗股票的普通投资者看到如下标题可能会被吓得赶紧卖出，连商业阳谋这样的字眼都出来了。

这个时候面对媒体的报道我们需要深度思考这个事件是否会影响公司经营，这个事件的影响是短暂的还是一段时间内都无法消除的，显然解约门可能在道义上存在问题，但是说明迈瑞随着上市在缩减成本，每一笔费用的花费都在认真思考，并不会对企业经营构成本质影响。

6.1.4 政府类——权威发布，政策解读

政府是游戏规则的制定者，更是商业世界运行规律的重要影响者。政府要大力发展什么行业，一定会出很多产业政策，要不政府补贴，要不税收优惠，要不还可以做政府引导基金，甚至政府也是商业世界的重要客户方之一，是很多产业的最终埋单人，政府采购计划甚至可能催生很多行业，比如公安系统大量采购摄像头造就了海康威视、大华股份两只业绩大牛股。

因此，重要部委网站以及所关注行业的行业主管部门网站可以抽空多登录看一下，若没有精力，那么在看新闻时对于标题或文章开头提到：部委或相关政府部门发布的消息要给予足够重视。

政府类信息主要分为以下几类：

（1）政策文件：一般就是印发了什么文件，从征求意见稿到正式稿生效，从总纲、路线、方针、行政计划等都有。对文件里提到的要在 ×× 年达到什么量化目标要给予足够重视。

（2）领导人讲话及活动：重要领导人说了什么话，参与了什么调研活动，搞了什么座谈会等往往会释放某种政策信号。

（3）政策解读：政策出台后各方都会解读，但是政府解读一定要看，包括新闻发布会上领导人怎么说的，官方的解读是政策文件的一个重要补充。

（4）行业信息：政府制定政策也要有依据，也要关注行业运行情况，因此政府会有一套权威的统计手段，比如要求管辖企业必须上报相关数据，当然为了做到政务公开政府也会把一些重要数据公布出来，但要看什么样的数

据需要找不同的部门，比如出口数据要看海关总署的。

（5）监管措施：当然不是所有部门都有监管处罚权，也不是所有监管措施都需要关注，但是重要的还是要关注的。作为炒股的证监会的监管措施是一定要看的，证监会的监管措施除了审核权外，还有发监管函、关注函、甚至可以直接开罚单，包括每周五的证监会例行新闻发布会上都会公布这一周又罚了谁？

6.1.5 公司官方信息——看看公司自己怎么说

公司官方信息来源主要有公司官网、公司官方旗舰店、公司官方微信号等，其中公司官网是主要信息来源，可能上市前不少公司不注重，但是上市后公司一定会有官网的，且还必须有投资者关系这一栏目。

1. 从官网风格感受公司特点

一般来说，登录不同公司官网，从风格上就能感受到公司的文化或者产品面对的客户是谁？比如，不少公司官网风格还是 2000 年左右的门户风格，有可能是一家传统国企或者主要客户群体以特定的机构客户为主，如果公司产品主要面对 C 端客户，那么一般页面风格都会偏简洁化，交互体验非常好，一目了然。

当然如果一家公司是国际化公司，那可能会提供全球多种语言的版本，比如捷昌驱动以出口业务为主，语言版本里除了英语还有德语、日语，那么这证明起码德国、日本为公司主要市场或者重点拓展市场。

如果一家公司只有英文版本，或者网站一上来就放了张全球地图，那么可以断定其国内市场基本可以忽略，比如万兴科技在官网没改版之前就放了一张超级大的全球地图，里面是英文版。

2. 从焦点图或轮播图感受公司发展重点

现在的官网设计一般都会有一个占据半个屏幕的焦点图或轮播图，这个位置就类似于网站的头条一样稀缺，这个位置放了什么东西就证明公司认为什么重要。

有的会放公司的理念和宗旨，有的会放公司目前的主打产品，有的会放公司未来的主打产品，或者重要活动。

如盈趣科技轮播图上放了咕咕机，而这也是公司重点发展的产品，具体如下图所示：

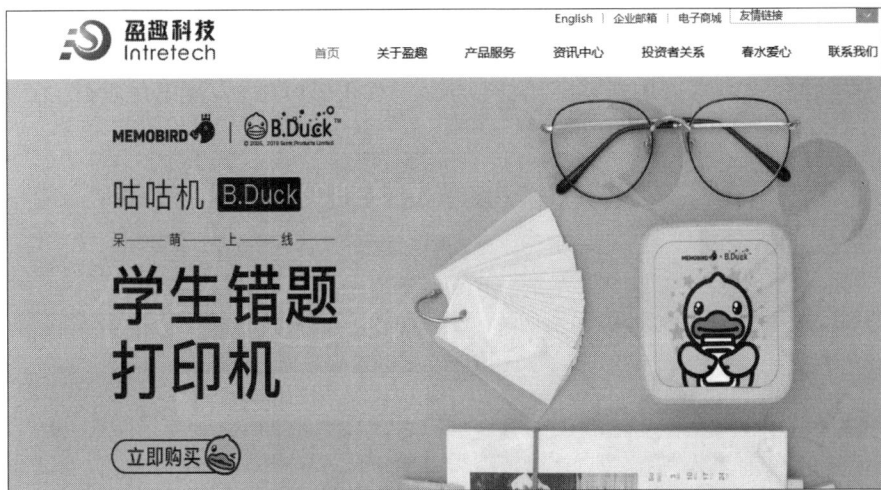

3. 从公司官网的三大栏目里挖掘公司信息

公司官网的"大事记 | 里程碑"这样的栏目有助于我们快速了解公司的前世今生，了解公司的成立背景，中间又有哪些重要股东入股，什么时间节点推出了什么重要产品。

公司官网里最重要的内容莫过于"产品服务"这样的栏目，如果看公司招股书，或者研报之后仍然不能对公司产品有一个清晰的了解，那么官网里的产品服务往往更为直观，能快速帮助投资者了解和认识产品，也能快速知道公司产品有什么用途，主要客户有哪些?

公司官网里的"公司新闻""资讯中心"这样的栏目能让我们快速了解公司最新动态，尤其是重点关注的是公司新获得了哪些订单，新获得了哪些重要荣誉，或者又与谁有了重要合作，这一信息来源往往比外部媒体或研报、公告来得更为及时。

4. 公司线上旗舰店及官方社交账号

每家公司都会有自己的官方微博、官方微信公众号。微博、微信公众号发布的内容值得重点关注，毕竟在社交时代这个代表了公司的官方窗口。

如果公司以 C 端客户为主，那么线上的如天猫旗舰店、京东旗舰店等也

读懂次新股

都可以窥见公司业务的开展情况。比如，科沃斯 C 端占比逐年提升，作为一个淘品牌，其在天猫上的产品线日渐丰富，不断推陈出新，广告也做得非常完善，请了明星做代言人，商品的销售量、点评等都达到了一定量级。除了天猫科沃斯自己的官网也几乎变身为一个电商平台。

相比之下，天奥电子的北斗定位手表，评价量只有 29 个，动辄好几千元偏高的定价注定了这块 C 端业务占比较低，甚至还处于刚刚起步阶段。不过通过看广告语我们能更直观地看出其瞄准的是户外群体，比单纯看研报能有更直观的感受。

6.1.6 专业行业报告——获取较新一手的行业数据变化

如果长期跟踪一个行业，那么一定会对深耕这个行业的第三方咨询公司、有数据积累的大平台或者行业协会有所了解。比如互联网行业的易观、艾瑞，传媒行业的艺恩，在线旅游行业的携程、途牛，汽车行业的中国汽车工业协会等，它们常常会发布较新的行业数据以及定期、不定期的深度研报。抽空找行业数据，或者想更深入了解行业可以去相关网站查找。

6.1.7 草根研报——更独立的第三方

有句俗话说得好，高手在民间。所以草根的力量不容忽视，他们因为没有太多利益纠葛，所以在写研报时敢说、敢写，没有太多业绩考核要求，并从投资者角度去考虑。但是草根研报有质量的概率确实比较低，因为大多数人不能保证一定精力的投入。所以如果发现有哪个草根在孜孜不倦地写投研分析，可以多关注一下。比如像海豚读次新的原创账号，专挑上市三年新股剖析，并从投资角度由浅入深去剖析，会省去读者不少自己去做投研的基础工作。

6.2 像收拾屋子一样，整合搜集来的信息素材

在这个信息过载的时代，可以说只要你想搜集信息几乎不难。难得是你要有框架、有步骤地去搜集信息，不然一口吃成个胖子的滋味可不好受。用什么样的框架去搜集信息，上面提到的基本面剖析框架可以给你做一个参考。然后带着问题去找信息。从以上七大信息来源去一一查找，但是也要分主次。优先采用信息更权威，立场更独立的信息来源，这样推导出来的信息才更可信。

有了框架就要把信息分门别类地填写到框架里，就和整理屋子是一个道理。光有柜子、各式收纳盒还不行，还要把衣服就是我们这里的"信息素材"做分类，哪些是上衣（对应政策类）？哪些是下衣（对应行业信息）？哪些是内衣（对应公司产品信息）？哪些是床上用品（对应公司朋友圈）？哪些

是秋冬衣服，哪些是春夏衣服……多说一句，以上对应关系并没直接逻辑，只是打个比方。

分好类后再去逐一填放到对应的格子里，这样屋子里的衣服等用品才能收拾得井井有条，当要用时才会以最快的速度找到。不至于搞得屋子里到处都是衣服、连坐的地方都没有。

6.3 从凌乱的碎片信息中找规律

很多金融从业人员都戏称自己是金融民工，大多数都是在做信息搬运工的角色，但是要想成为高级金融民工，光搬运也就是把信息找来是远远不够的，我们还需要进一步分析得出结论，否则只能碌碌无为，平平庸庸不能创造太多投资价值。

我们搜集来的信息大多是碎片化的，如何从看似凌乱的碎片信息进一步分析找出规律非常重要。要完成这一步我们需要借助很多分析工具，比如图表、数据统计、表格梳理、多因子打分等。

图表是我们分析数据的好帮手，正所谓在投资领域文章写得好，不如Excel用得好，Excel用得好，不如Python等代码语言写得好。初级的Excel图表工具一定要用好，什么时候适合画柱状图、折线图，什么时候用双柱图、扇形图等。具体技巧性的东西就不多说了，其好处就是能从数据中找出很多规律，还有很多数据好几百甚至上千条，如何用自己的分析思路，不同维度地去统计，比如分析房价要看人口出生率、小学生入学人数每年的变化等。

表格梳理适应于政策或事件，比如国家关于人工智能历来出台了什么政策，每次政策变化有什么影响等。

多因子打分是量化策略里的概念，但其实我们做投研时也是一样的道理，只是很多不能用一个非常精准的定量数字去表达，但其实在整理完信息放进框架里不同的地方后，我们会自觉不自觉地对每个框框（或者说每个衣橱里的小格子）在心里打分，打分高的小格子我们就可以提炼成投资亮点，打分低的小格子就可以提炼成投资风险，最终给一个综合得分。

但事实上投资分析的难点也在于如何提炼影响因子，也就是如何定义那个放衣服的小格子。很多时候也许过了很久我们才会发现原来影响市场的因素还有这个。

当然分析工具还有很多，最终的结论就是尽可能去找出规律，最终可以用来指导投资决策。

第 7 章
掘金招股书

本章主要内容包括：

➤ 招股说明书去哪里找

➤ 招股说明书结构初相识

➤ 怎样快速完成对一家公司的初步覆盖

➤ 怎样弄懂这家公司的业务情况

➤ 如何判断竞争力的强弱

➤ 客户就是上帝——客户信息大搜集

➤ 看透公司业务本质

➤ 探寻公司未来发展规划

➤ 从招股书里寻找高送转预期股

上市公司公告类型数目繁多，大致可分为 25 个大类，近 300 个子类。但是所有公告类别中，招股书是所有上市公司最重要的文件，且含金量极高。它是上市公司首次登陆资本市场的"个人简介"，是一家公司从创立到经过 A 轮、B 轮等无数轮融资后的发展成果的综合陈述。这其中更凝聚了无数中介机构、行业专家、公司管理层的智慧和结晶。其中不只有公司经营情况的全面描述，更重要的是还可以自下而上一窥公司所处行业的发展情况。

与此同时，招股说明书也是阅读难度最大的公告文件之一（与重组草案、预案属于同一难度级别），其蕴含信息量极大，页数也动辄上百页。对于这样一份公告，很多普通投资者无不望而却步。

但是即使再难，我们也要攻克，不读招股书就类似于面试求职者不看个人简历，打牌不看底牌一样，让投资的不确定性增多。尤其是对于投资次新股来说，招股书几乎是次新股唯一的信息来源。

不过好在招股书作为格式公告，阅读其内容还是有规律可循的，那么还犹豫什么？赶紧认真阅读此章节，让你读招股书时能化繁为简，去粗取精，从中快速提取核心有用信息，一起挖掘招股书里的"金子"。

7.1 招股说明书去哪里找

已经开始上市招股的有两种方式快速进入：

可以通过巨潮网（http://www.cninfo.com.cn/cninfo-new/index）搜索股票，在"选择公告类别"那里选择"首次公开发行及上市"即可下载到这只股票的招股说明书。

如果你只看次新那么可以进入东方财富首页中的"数据中心"旁边的"新股申购"（http://data.eastmoney.com/xg/xg/default.html），点击进去就可以看到新股的列表，最右侧有招股说明书的 PDF 版。

具体如下图所示：

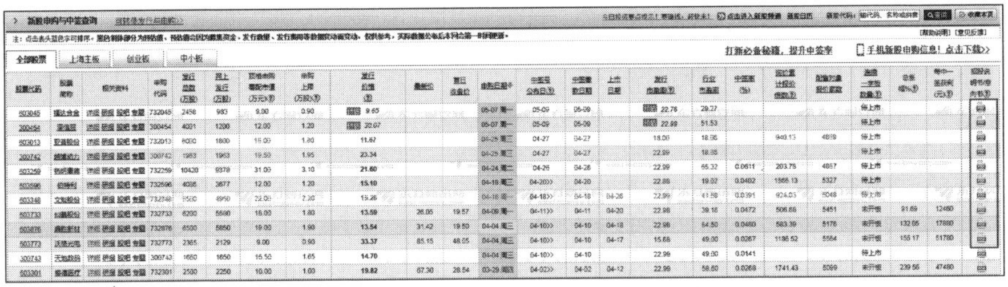

如果你需要查找还未招股或者还在 IPO 排队中的上市新股的招股书，那么可以进入证监会 IPO 预披露系统查看。证监会官网进入路径："信息披露" → "预先披露查询系统"（http://ipo.csrc.gov.cn/），在右侧输入你要查询的公司名称即可找到。

具体页面如下图所示：

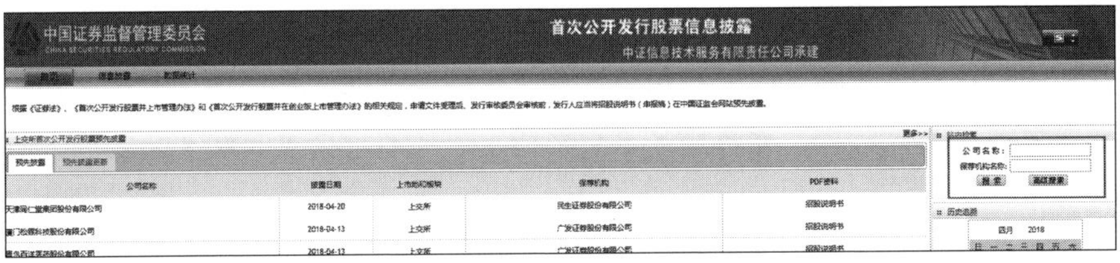

此外，一般一家公司 IPO 会披露 3 个以上版本的招股说明书，这个时候为了进一步补全和完善，你可以翻看之前的招股书版本，其查看路径有两种选择，一般是直接到证监会网站查看，一种是进东财的个股页，公告里会有所有版本的招股说明书。

例如，沃格光电 2017 年 5 月 26 日披露了招股说明书申报稿，2018 年 1 月 12 日又披露了一版招股说明书申报稿更新版，2018 年 4 月 3 日为最终版本的招股说明书。一般为了更全方位地了解这家上市公司还是有必要翻看之前版本和最终版本的异同，另外对于监管层申请文件的反馈意见也是有必要查看一下，以便在最新版里看公司是否对监管层提出的问题做了满意答复。

此外，因为每个版本公布时，财务会计数据都会做更新，如果"预先披露"和"预先披露更新"这两个版本时间跨度较大，那么我们就有机会能看到过去 3 年以上的公司财务及业务的发展情况。

招股说明书申报稿第一版为 IPO 申报的核心材料，一般在证监会预披露网站中披露类型显示为"预先披露"，这个披露日期也是公司上市的受理日，在经过证监会反馈后会根据反馈意见做相应章节的增减，然后就会成为招股说明书申报稿第二版，或者叫预披露更新版本，等过了路演询价后才能正式确定募集金额发行价、发行股数等发行信息，这个时候正式版本的招股说明书就出炉了。

简单理解，招股说明书申报稿里的发行信息一般为空，即使在"募集资金运用"这一章节里有初步的金额及各个项目拟募集的金额，等到正式版的招股说明书的发行价、发行股数、募集金额、发行方式等也会有所调整。

如药明康德在 2018 年 2 月 6 日的招股书预披露更新里募集资金为 57.4 亿元，而到 2018 年 4 月 16 日正式的招股书里募集金额就缩水为 21.3 亿元，募集资金缩减了 63.07%，计划投资项目也从之前的 10 个调减为 4 个；此外，发行方式也有可能调整，如富士康募集金额 272.53 亿元，但是发行方式上却有了创新，启动了战略配售——其中，初始战略配售占总发行量的 30%，平分为 12 个月和 18 个月锁定期向战略投资者配售，而有战略合作意向的投资者可延长超过 36 个月锁定期。其余股份按照网下 70% 和网上 30% 分配。

招股书各版本在公司上市流程中所处的时间节点具体如下图所示：

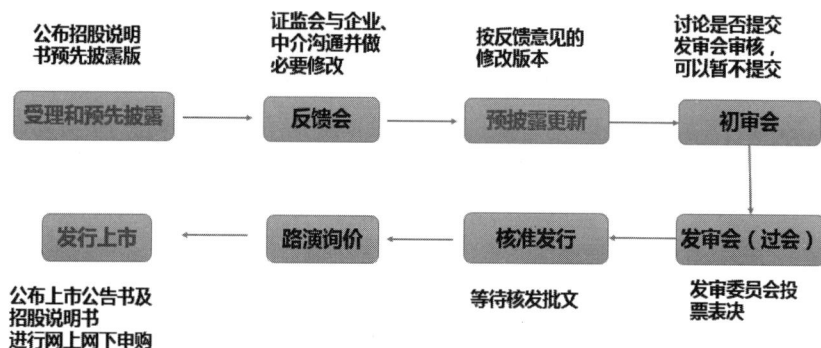

公布招股说明书预先披露版 → 受理和预先披露
证监会与企业、中介沟通并做必要修改 → 反馈会
按反馈意见的修改版本 → 预披露更新
讨论是否提交发审会审核，可以暂不提交 → 初审会

发行上市 ← 路演询价 ← 核准发行 ← 发审会（过会）
公布上市公告书及招股说明书进行网上网下申购
等待核发批文
发审委员会投票表决

7.2 招股说明书结构初相识

封面（略）声明与承诺（略），下面看下一份完整招股书目录的模板：

目录

以上带框的为需要重点阅读的,后面会进一步讲解。总体而言,招股书分为十六到十七个章节不等,不同招股书可能二级目录会有所差异,但大的一级目录应该不会有太大出入,重点一级目录部分有"概览""本次发行概况""风险因素""发行人基本情况""业务和技术""同业竞争与关联交易""管理层分析与讨论""业务发展目标""募集资金运用""股利分配政策"十大部分,其中以"第六节 业务和技术""第十一节 管理层分析与讨论"为核心内容,且信息量极大,需要前后对照且细细阅读。

7.3　怎样快速完成对一家公司的初步覆盖

如果精力有限或者只是想初步了解下这只新股是做什么的?主要有什么业务?那么就请快速定位"概览"部分里的公司主营业务简介,此块内容大部分是公司官网里的公司简介内容的延伸版,甚至是重复版。当然如果这只新股有料、有干货,那么也能从公司概览中看出不寻常之处。

如溅射靶材龙头江丰电子其在招股书概览里就显得气度不凡,打破国外垄断,填补我国行业空白,公司董事长和副总经理两人均入选国家千人计划,公司承担或支持(这个远比参与更有含金量了)了国家863计划等,也正因如此,江丰电子才能受到【辉煌中国】等系列国家级纪录片的追捧(辉煌中国概念股里几乎只有江丰电子为近几年上市的)。

> **一、发行人简介**
>
> **（一）概况**
>
> 公司系由成立于 2005 年 4 月的江丰有限整体变更设立的股份有限公司。现注册资本 16,407 万元，注册地为宁波余姚市，法定代表人为姚力军先生。
>
> **（二）主营业务**
>
> 公司自成立以来一直从事高纯溅射靶材的研发、生产和销售业务，产品应用于半导体（主要为超大规模集成电路领域）、平板显示、太阳能等领域。超高纯金属及溅射靶材是生产超大规模集成电路的关键材料之一，长期以来一直被美、日的跨国公司所垄断，我国的超高纯金属材料及溅射靶材严重依赖进口。目前，公司的超高纯金属溅射靶材产品已应用于世界著名半导体厂商的最先端制造工艺，在 16 纳米技术节点实现批量供货，成功打破了美、日跨国公司的垄断格局，同时还满足了国内厂商 28 纳米技术节点的量产需求，填补了我国电子材料行业的空白。公司为高新技术企业，设有省级高新技术企业研究开发中心、博士后科研工作站和浙江省院士专家工作站。截至 2016 年 12 月 31 日，公司拥有授权专利 183 项，其中发明专利 139 项。公司拥有一支优秀的技术研发和管理团队，其中董事长兼总经理姚力军先生、董事兼副总经理和董事会秘书 Jie Pan 先生均入选国家"千人计划"，是国内高纯溅射靶材领域的领军人物。公司先后承担或主持了国家高技术研究发展计划（简称"863 计划"）重点项目 1 项、引导项目 1 项，国家科技重大专项"极大规模集成电路制造设备及成套工艺"专项（简称"02专项"）课题 3 项，电子信息产业发展基金项目等国家工信部课题 2 项，国家战略性新兴产业发展专项资金计划等国家发改委课题 3 项。

当然如果你还想更深度了解一点，或者你已经自认为有一定的投研水平，那么可以直接定位到"第六节 业务和技术"部分，这里的前几段话会对公司业务情况做更详细的描述。我个人习惯是直接 Ctrl+F（搜索关键词）"业务和技术"或者"业务与技术"看第六节的第一个子目录"公司主营业务、主要产品及其变化情况"的内容。

读完前面几段话，再结合 F10 里的财务数据，就应该能决定是否要对这只新股做深度覆盖了。如果打算做深度覆盖那么再去研读其他部分内容。

7.4　怎样弄懂这家公司的业务情况

要弄清楚一家公司业务，光看简介或前面讲的东西，肯定只是浮于皮毛。要想深刻理解需要从以下三个方面着手：

（1）公司产品图，具体查看内容为"业务和技术"—"公司主营业务、主要产品及其变化情况"。

（2）自上而下，了解公司产品所处行业情况：具体查看内容为"业务和技术"—"公司所处行业基本情况"—"公司主要产品所属行业的基本情况"。

（3）公司各块业务的财务表现，具体查看内容为"管理层讨论与分析"—"盈利能力分析"中的"营业收入构成及变化分析"以及"毛利率及其变动分析"两个子目录。

如果看公司简介很多专业术语可能不太理解，尤其是医药股、新材料股，那么一定要先去看行业部分，了解一些基本的技术概念。一般如果公司本身技术门槛比较高，公司自己也会比较贴心的在"公司所处行业基本情况"里新增相关内容，如中石科技就新增了行业背景知识介绍这一子目录，详细地介绍了导热技术发展的来龙去脉，并讲到合成石墨为新兴行业。

如果确实无法理解，那也没关系，你重点去看下游应用领域即可，从产业链角度去理解。如中欣氟材的产品对非专业化工人士来说确实很难记，那么你只需要记得它的产品主要应用于医药中间体、农药中间体、新材料与电子化学品三大领域即可，然后再去盈利能力分析部分查看一下各应用领域的营收结构和毛利率，这样你就能快速理解哪块是公司的核心业务了。

读懂次新股

中欣氟材已经形成了 2,3,4,5- 四氟苯、氟氯苯乙酮、哌嗪及 2,3,5,6- 四氟苯四大系列、20 多种氟精细化学品。公司在医药中间体市场处于行业前列，其产品 2,3,4,5- 四氟苯甲酰氯产销规模市场份额近 50%，2,4- 二氯 -5- 氟苯乙酮产销规模市场份额近 40%，N- 甲基哌嗪产销规模市场份额达 25% ～ 30%。

推出时间	产品类别	产品名称	产能（吨）	市场份额	产品用途
2005	医药中间体	2,4- 二氯 -5- 氟苯乙酮	2436.62	40%	第三代喹诺酮类抗感染药物（环丙沙星）
2006		2,3,4,5- 四氟苯甲酰氯产品	2020	50%	第三、四代喹诺酮类抗感染药物（氧氟沙星、左氧氟沙星）
2011		N- 甲基哌嗪	1200	25-30%	氧氟沙星、左旋氧氟沙星、氟罗沙星等喹诺酮类抗感染药物
2013	农药中间体	2,3,5,6- 四氟苯系列（6种产品）	1200		拟除虫菊酯类杀虫剂（"必扑"、"雷达"等气雾剂、液体蚊香、盘式蚊香等家用卫生杀虫剂）
		BMMI	500		谷氨酸受体、土壤真菌杀虫剂
2015	新兴材料	BPEF			应用在光学聚酯树脂产品上，主要用于合成精密光学镜头（如相机镜头、摄像机镜头、手机镜头等）、液晶屏及手机触摸屏等
未来	储备产品	SBP-BF4	小批量生产		超级电容电解液
		2,4,5-三氟-3-甲氧基苯甲酰氯	已环评		第四代喹诺酮类抗感染药物（莫西沙星）
		F派瑞林	小批量生产		电子化学品
		莫西沙星环合酸	已环评		第四代喹诺酮类抗感染药物（莫西沙星）

相信以上产品名称没几个人能记住的，我们要记住的就是产品类别，或者换张图看一下也许就清楚了。

含氟医药（医药中间体）	主要应用市场：氟喹诺酮类药物（全球抗感染药物份额占比15%）	广谱抗药性、毒副作用小、给药方便
含氟农药（农药中间体）	含氟拟除虫酯类杀虫剂、除草剂、兽药	高选择性、高适性、高附加值、低成本低毒低残留、环境友好等为农药未来发展趋势 目前国内主要依赖进口
含氟新材料	含氟橡胶、含氟树脂（应用于航空航天、外墙涂料、光学树脂片等）	高耐热性、耐化学腐蚀性和耐久性，同时还具有低电容、低可燃、低折射率等特点
含氟电子化学品	• 含氟液晶化学品（在TFT液晶材料中不可替代）• 新能源化学品（超级电容电解液）	应用于太阳能、液晶面板、集成电路等

7.5 如何判断竞争力的强弱

一个公司的好坏其本质上就是公司的竞争力怎样，用巴菲特的话讲就是护城河宽不宽，进入壁垒高不高，而这个问题也是撰写招股书的人所要突出和表现的核心要义，不然凭什么拿到一轮又一轮的融资，现在还要经过证监会的严格审查，来 A 股名正言顺的融资？

这就类似于我们找工作做自我介绍，不管你过去的经历如何？你说来说去无非就是要说清楚为什么这个工作岗位非要让你来干？你和其他候选人相比有什么核心优势？

当然来 A 股上市的公司也并不全是强悍异常，毕竟没有那么多公司是独一无二，拥有非常强的竞争力，所以阅读招股书里相关的描述，你会发现其中的奥秘。

这部分内容去哪里找？直接去看"业务和技术"—"公司所处行业基本情况"下面的两个子目录，一个是"发行人市场地位及竞争格局"（或者叫"公司的行业地位"），一个是"发行人竞争优势"。这两个子目录建议，一个字不要遗漏的详细阅读，这可能也是招股书里含金量最高的两个部分。

更重要的是，这两部分不只关乎竞争力强弱的主观判断，更关乎的是我们后面如何对公司进入估值的基础，因为竞争对手业务的描述，能有助于我们进一步区分与上市公司可比性的强弱。

这两部分怎么读？我们始终应该带着如下几个问题去寻找答案。

7.5.1 行业竞争情况

公司所处行业的竞争情况如何？是垄断竞争型，还是充分竞争型？

一般来讲，如果是垄断型的，甚至是寡头垄断的，行业内参与者较少，说明进入壁垒较高，这个壁垒可以是行政性的（如资质要求、政府管制等）；也可以是技术性的，多以进口替代为发展目标（如江丰电子就是少数几家掌握先进技术的优质企业）；还可以是品牌型的，这个多以消费品居多，也非常好判断的就是知名度的问题；不过对于大多数 A 股上市公司都会宣称自己的客户资源有多厉害，这个可以理解为客户进入壁垒（但这个含金量高低则需看进入客户供应链的难易程度了）；还有些会说资金壁垒（一般认为除非是公用事业型行业，否则大多数重资产行业并不具有明显优势）。因此垄断竞争型行业是好事还是坏事还需具体问题、具体分析，不过通常来说，垄断性越高，毛利率水平也就越高。

而如果是充分竞争型的，那么我们就要关注竞争的激烈程度以及市场上的参与数量了。

如果行业内参与者众多且行业集中度较低，且大多为无序竞争，行业技术含量较低，那么建议应谨慎关注，甚至可以抛弃。如果行业竞争激烈，但公司市场占有率较高，为前五大公司之一，那么可以适当关注。

如果公司所处大行业竞争激烈，但公司定位于中高端市场，在中高端市场里竞争者少，且公司具有一定占有率那么可以重点关注。

7.5.2　产业链位置及话语权强弱

判断公司话语权的高低，第一步就是理解产业链情况，公司所处上游是什么，所处下游是什么，然后终端下游是什么。理解了产业链反过来也非常有助于我们理解公司的业务情况，彼此应该是相辅相成、相互呼应的。没有公司介绍一大段行业情况，却说得和自己无关一样，而大多数情况是自下而上，是从公司视角去看行业情况。

还有大多数情况是一家上市公司会涉及多个行业，甚至会有上市公司进行全产业链布局的，那么每个产业链环节上都是一个细分行业，且竞争对手会有所不同。

如璞泰来在新能源产业链条上就布局有负极材料、隔膜 / 涂覆、铝塑膜、涂布机四大核心环节。那么我们要理解璞泰来的竞争力就必须先理解新能源产业链上这些环节各自的发展空间以及现有的规模，并通过查阅相关资料了解各环节的竞争情况。具体如下图所示：

电芯

正极材料（30%）	负极材料（10%）	・2016年市场规模：64.57 亿元 ・过去三年复合增长率：38.89%
电解液（17%）	隔膜|涂覆（25%）	・2016年销量：4.5亿平方米 ・预计2018年达10.7亿平万米
	铝塑膜	・软包、硬包；国产化替代空间大 ・2016市场规模：32亿元，同比增长51%

设备

装配一体机（17%）	涂布机（18%）	・核心前端设备 ・高端前段设备依靠进口，进口占比27%
卷绕机（30%）	其他（30%）	

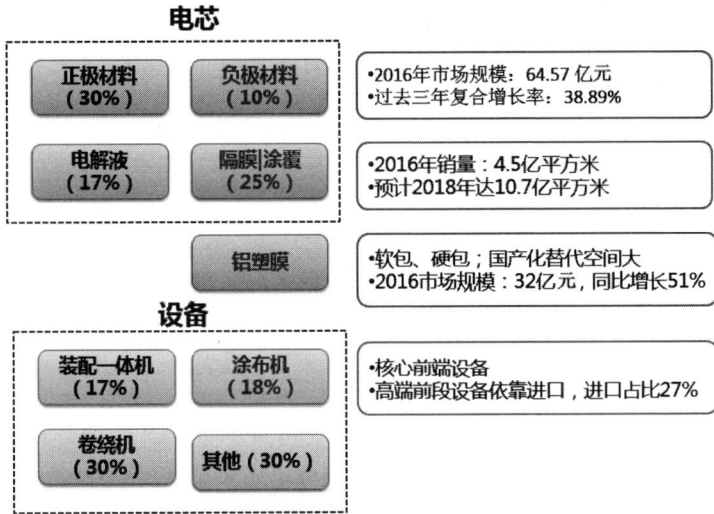

（以上深色部分为公司所涉及的产业链环节）

接下来我们通过一张各行业的市场排名表就能更直观地理解公司不菲的竞争实力，涉及的四个细分领域中在三个领域均排到了全国前十，且公司重要子公司东莞卓高、东莞卓越分别在涂覆隔膜和铝塑包装膜领域也实现了国产化技术突破。而通过布局产业链上多个环节对公司业务的协同效应发展也是不容小觑的。

2016中国负极材料产量前十		2016年中国隔膜产量前十		2015年锂电池设备产值前六	
贝特瑞（中国宝安子公司）	20.78%	星源材质	12.90%	赢合科技	5.47%
上海杉杉	19.45%	沧州明珠	9.30%	先导智能	5.38%
江西紫宸	14.80%	中科科技	9.20%	深圳新嘉拓	4.62%
深圳斯诺(2017中科电气收购)	7.48%	上海恩捷	8.70%	浩能科技（科恒股份收购）	4.36%
湖南星城	6.32%	苏州捷力	6%	深圳雅康（赢合科技收购）	3.97%
东莞凯金	5.75%	金辉高科	5.60%	超源精密	3.59%
翔丰华	5.62%	义腾科技	5.60%		
湖州创亚	4.82%	重庆纽来	4.80%		
江西正拓	3.04%	东莞卓高	4.80%		
深圳金润	3.01%	南通天丰	4.60%		

7.5.3　市场占有率及排名情况

下面来说说如何看待市场占有率和排名问题。市场占有率有按销量算的，也有按产值算的，如果是互联网企业则大多按用户数或覆盖率去算，当然大多数情况是按营业收入规模去计算，然后从高到低会有一个排名。

如果公司在招股书里只披露了在国内市场上的占有率，且占有率低于2%以下，那么有点"鸡肋"。尤其是没有披露排名，这种情况只能说明公司在行业内的地位并不明显。

如果公司在招股书里不仅披露了市场占有率，还将市场前五或前十的公司都细数了一遍。这种情况一般是公司底气十足，起码在行业排名前列，如果公司再底气十足敢将全球的主要参与者都排一遍，那说明公司已经具有全球化布局的实力。

如药明康德的招股书原文是这样的，具体如下图所示。总之竞争优势无须多说，数据胜于雄辩，是名副其实的国内第一大，全球第十一大CRO巨头。

序号	CRO企业	2014年度	2015年度	2016年度
1	IQVIA（昆泰）	10.72%	10.33%	9.88%
2	Covance（科文斯）	6.72%	6.28%	6.24%
3	Inventive Health（因文健康）	4.65%	4.76%	4.72%
4	Parexel（精鼎）	4.99%	4.81%	4.59%
5	Charles River（查尔斯河实验室）	3.34%	3.25%	3.69%
6	ICON（爱科恩）	3.87%	3.76%	3.66%
7	PPD（医药产品开发公司）	3.47%	3.46%	3.51%
8	PRA（制药研究联合公司）	3.26%	3.28%	3.47%
9	Chiltern（奇尔特恩）	2.45%	2.39%	2.41%
10	INC Research（INC研究）	2.06%	2.19%	2.26%
11	药明康德	1.64%	1.80%	2.02%

数据来源：上市公司年报、艾美仕市场研究公司数据库、公开资料

注：Covance（科文斯）与Chiltern（奇尔特恩）、Inventive Health（因文健康）与INC Research（INC研究）均于2017年合并

相比之下华大则显得没那么霸气，并没有明确的市场占有率数据，只是一再标榜公司是目前世界上最大的医学基因检测中心之一（拥有世界上最多的新一代测序仪，产能占全球的10%～20%），还有各种资质认证和学术成就，

在商业化道路上则走得稍微慢点，后来者贝瑞基因、诺禾致源等正在奋力追击。

如果公司在招股书里披露的市场排名为第三方咨询机构给予的品牌性排名，这时就要再仔细推敲了。这种情况一般是公司具有一定地位，但被前面的老大们压制得比较明显。

如聚灿光电招股书原文如此描述：2014 年—2016 年连续被高工 LED 产业研究所评为"中国 LED 芯片前 10 强"之一，且排名已由 2014 年、2015 年的第 7 名提升至 2016 年第 5 名，已发展成为国内领先的 LED 芯片供应商之一。

事实上，在 LED 外延芯片行业，三安、晶电、华灿这前三大厂商市占率就达 50%，而 2016 年聚灿在全国外延芯片环节产值占比仅为 2.15%。

下图为主要 LED 芯片厂商产能的不完整统计。

公司名称	2016年底MOCVD设备拥有量（台）	产能
三安光电	376	
华灿光电	137	300万片/年
德豪润达	102	40万片/月
乾照光电	50	
聚灿光电	46	180万片/年
南通同方	59	
合肥蓝光	80（正常使用50台，45台为4寸机）	
圆融光电	39	
湘能华磊	34	
澳洋顺昌	-	80万片/月

主要 LED 芯片厂商营收规模统计（单位：亿元）

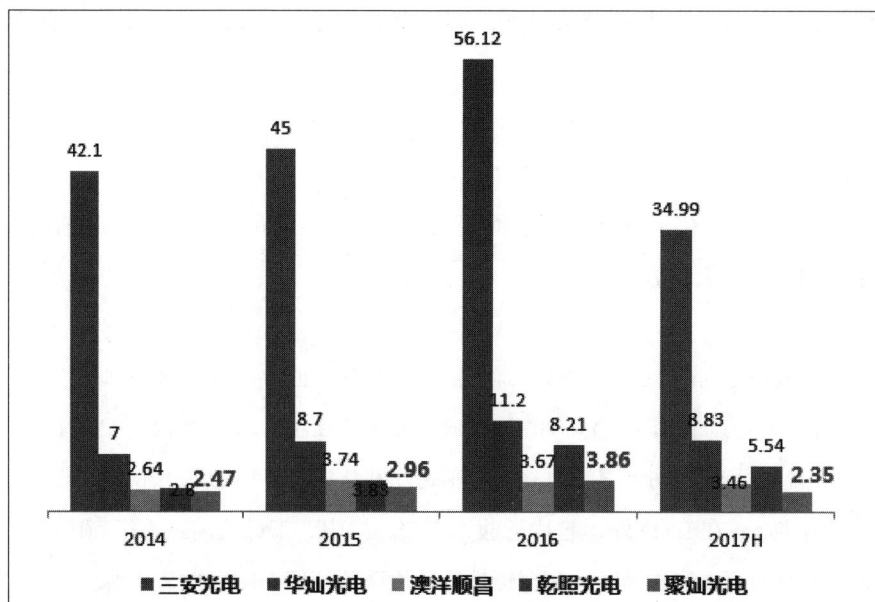

从以上两图可以看到，公司与三安光电差距明显，随着整个行业产能扩张节奏的加快，导致产品单价下滑明显，最终使得公司 2018 年一季度营收 1.15 亿元，同比下降 21.16%；净利润 326.41 万元，同比大降 87.55%。扣非净利为 -163.9 万元，同比大降 109.39%。

如果公司在招股书里不愿意披露公司的市场占有率情况，采用比较模糊的表述，其潜台词可能就是这块业务我们在发展，不过产生的营收规模很小，甚至可以忽略。可是我觉得这块市场的发展潜力巨大，非常想积极开拓。

如联合光电，提到安防市场监控领域无比自豪，说自己占全球销量的 8.7%，其中高清一体机更是拳头产品。也因此被《经济半小时》栏目——从草根到冠军所报道。但是公司在手机镜头、车载镜头等消费类产品却表现乏善可陈，也因此在竞争力描述中只能用"一定的市场占有率""不断提高"等字眼描述。公司在 2014 年后主推手机镜头和车载镜头，2015 年产量出现小幅提升，但是 2015 年受竞争环境影响出货量又有所下降。目前消费电子类收入占比较低，从 2014 年的 7.05% 一路下滑至 2017 年一季度的 2.58%。毛利率较低甚至呈现负值。

在安防视频监控领域，公司的产品已成功进入海康威视、大华股份、宇视科技、华为等一线安防设备厂商，已经被广泛应用于国家"平安城市"、"智慧交通"等重大项目建设中。尤其是公司的安防高清一体机镜头凭借优异的质量和性能在安防行业占据了较大的市场份额，据日本 TSR 统计数据显示，2015 年公司

1-1-113

中山联合光电科技股份有限公司 招股说明书

生产的安防视频监控变焦镜头销量约占全球总销量的 8.70%，其中公司生产的 20 倍、30 倍及以上产品约占全球总销量的 79.47%，显示公司在该高端领域已具备较为明显的竞争优势。

在手机应用领域，公司生产的像素为 5M、8M、13M、21M 等中高端产品，已被华为、LG、TCL、DXO 等客户采用，获得了一定的市场份额。

在车载镜头领域，公司已通过 ISO/TS16949:2009 认证，并正逐步通过下游模组厂商向广汽本田、长城汽车、上海通用、海南马自达、奇瑞汽车等整车厂商推广，以不断提高在专业前装市场、行车记录仪市场的市场份额和占有率。

央视经济半小时报道截图：

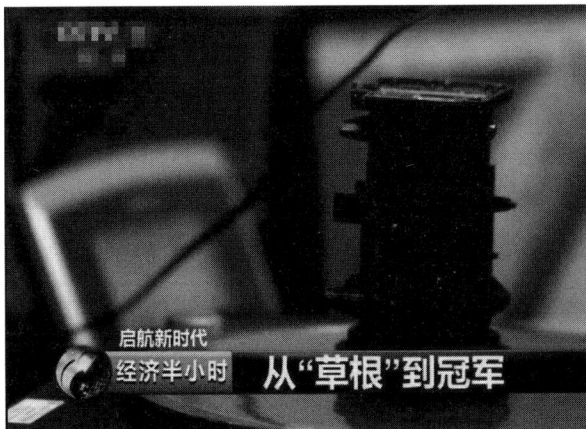

另外，手机镜头市场行业集中度非常高，并因此诞生了大立光（5 年十倍大牛股）、舜宇光学（十年百倍股）等超级大牛股。

2015 年手机镜头厂商市场占有率排名表如下图所示。

1	大立光	34.46%
2	舜宇光学	9.42%
3	玉晶光学	9.4%
4	sekonix	6.25%
5	关东臣美	6.11%
6	kolen	3.67%
7	Diostech	3.39%
8	三星电机	2.87%
	其他	24.36%

7.5.4 公司对竞争优势的描述情况

关于公司"竞争优势"这部分的描述，可以说是整个招股书最精彩也是必读部分。这里面主要去看大多数公司不容易获得的优势，对于一般性的"团队优势""管理优势""质量体系优势""品牌优势等比较主观性的描述可以略过。重点去浏览公司的"产品优势""技术优势""资质优势""客户优势"等。

（1）是否获得了别人不易获得的资质认证或奖项？

（2）是否承担了重大的国家级课题研究？

（3）是否获得了重量级的奖项？

（4）是否进入了高端供应商体系？

一般的高新技术企业认证看看就好，大多数上市公司都能做到，国家级的做不到，起码省级的不成问题。比较有含金量的如军工行业的资质证书，俗称军工四证（国军标质量管理体系证；武器装备科研生产单位保密资质证；装备承制单位资格证；武器装备科研生产许可证）；奖项方面比较有含金量的如国家科学技术进步一等奖等。且这种情况一般在生物制药、高端装备等领域表现较为明显。

含金量超高的国家级资质认证：

国家高科技研究发展计划（863计划）

20世纪80年代初，美国的"星球大战"计划（即"战略防御倡议"）

欧共体 17 国推出的"尤里卡计划"以及日本提出的"今后 10 年科学技术振兴政策"等计划先后实施，在此大背景下，1986 年 3 月 3 日王大珩、王淦昌、杨嘉墀、陈芳允四位老科学家给中共中央写信，提出要跟上世界先进水平，发展我国高新技术的建议。1986 年 11 月，中共中央、国务院正式批准了《高技术研究发展计划纲要》。

其选择了生物技术、航天技术、信息技术、激光技术、自动化技术、能源技术和新材料 7 个高技术领域（1996 年新增海洋技术领域）。

作为中国高技术研究发展的一项战略性计划，经过 30 年持续推进实施，有力地促进了中国高新技术及其产业发展。今天，中国独立自主突破和掌握的几乎所有尖端科技，都能从"863 计划"中找到源头。

1991 ～ 2000 年，国家先后将水稻基因图谱、航空遥感实时传输系统、HJD-04 型大型数字程控交换机关键技术、超导技术、信息安全作为专项以及中国高速信息示范网（300）专题纳入"863"计划。"863"计划从 1987 ～ 2000 年，国家总投入共计 110 亿元人民币，"十五"计划期间，中央财政安排民口"863"计划专项经费就达 150 亿元。

2001 年，国务院决定在"十五"期间及今后相当长的时间里继续组织实施"863"计划。

2016 年 2 月 16 日，国家重点研发计划首批重点研发专项指南已发布，这标志着整合了多项科技计划的国家重点研发计划从即日起正式启动实施。这也意味着"863 计划"即将成为历史名词。

火炬计划（高新技术成果推广计划）

火炬计划又名"高新技术成果推广计划"，为我国第一个发展高新技术产业的引导性计划，于 1988 年 8 月经国务院批准，由科技部组织实施。

宗旨是：实施"科教兴国"战略，贯彻执行改革开放的总方针，发挥我国科技力量的优势和潜力，以市场为导向，促进高新技术成果商品化、高新技术商品产业化和高新技术产业国际化。

被列入火炬计划项目，就意味着成为高新技术产品；而作为国家火炬计划重点高新技术企业，企业将进入中国高科技的光荣行列，其含金量高于国家高新技术企业，与其一样享受 15% 的优惠税率。

国家重点研发计划正式启动，863、973取消

自2014年年底中央财政科技计划（专项、基金等）管理改革全面启动。2016年2月16日，国家重点研发计划首批重点研发专项的指南发布，这标志着国家重点研发计划正式启动实施。

目前已将原有的100多个科技计划（专项、基金等）在科学评估基础上整合成五大类：国家自然科学基金、国家科技重大专项、国家重点研发计划、技术创新引导专项（基金）、基地和人才专项。国家重点研发计划目前已正式启动，其他各类计划也在分别展开。

其中国家重点研发计划整合了原有的973计划、863计划、国家科技支撑计划、国际科技合作与交流专项，发展改革委、工信部管理的产业技术研究与开发资金，以及有关部门管理的公益性行业科研专项等内容。目前形成了59个重点专项的总体布局和优先启动36个重点专项的相关建议。

国家科学技术奖励

国家科学技术奖每年评审一次，奖励了一大批在中国科学技术活动中做出突出贡献的个人和组织，比如"载人航天""探月工程""青藏铁路"等获奖成果。

来自国家奖励办的数据显示，自1999年科技奖励制度改革以来，共授予27位科学家国家最高科学技术奖，授予47183人（次）自然、发明、进步三大奖。共计奖励了科技成果5280项，其中自然奖563项、发明奖813项、进步奖3904项。

2017年，我国科技奖励制度改革进一步深化，比如将国家科技奖三大奖的总数量进一步减少到不超过300项。

2017年获得国家最高科技奖的是诺贝尔医学奖得主屠呦呦和超导物理学家赵忠贤。此前还有核武器技术专家、两弹一星元勋程开甲，建筑与城市规划学家吴良镛，运载火箭与卫星技术专家孙家栋，杂交水稻之父袁隆平等人获此殊荣。

7.6 客户就是上帝——客户信息大搜集

招股书里的近三年内的五大客户名称资料是最珍贵的宝藏，因为上市公司在之后的年报、半年报、季度报告等定期报告中均不会披露，而是会以第 × 名的形式隐去。这时我们并不知道第一大客户是谁？只能看出客户集中度的情况。

在招股书中客户名称的披露会因公司而异，一般至少是前五大客户，并会对属于同一大的集团客户的营收采取合并计算，如春光科技的客户里有莱克电气、科沃斯等均是合并计算，我们只需要关注合计数字即可。

	1	莱克电气股份有限公司	5,262.43	11.53%
		莱克电气绿能科技（苏州）有限公司	282.62	0.62%
		苏州金莱克精密机械有限公司	42.34	0.09%
		小计	**5,587.39**	**12.24%**
	2	科沃斯机器人股份有限公司	5,465.36	11.97%
		泰怡凯科技有限公司	0.02	-
		小计	**5,465.38**	**11.97%**
2017 年度	3	江苏美的清洁电器股份有限公司	5,251.62	11.50%
		佛山市顺德区美的洗涤电器制造有限公司	77.34	0.17%
		广东美的环境电器制造有限公司	3.40	0.01%
		广东美的厨房电器制造有限公司	1.17	-
		小计	**5,333.54**	**11.68%**
	4	Toyoplas Manufacturing (Malaysia) Sdn. Bhd.	3,841.66	8.41%
	5	伟创力电子设备（深圳）有限公司	3,131.51	6.86%
		Flextronics Technologies Pvt.Ltd.	340.05	0.74%
		伟创力电源（东莞）有限公司	8.80	0.02
		小计	**3,480.36**	**7.62%**
		合计	**23,708.33**	**51.93%**

当然也会有公司自愿披露到前十大客户，并详细地列出客户类型，销售的产品等关键信息，如科沃斯的客户列表。

序号	客户名称	客户类型	销售产品类型	数量(万台)	收入(万元)	收入占比	单价(元/台)	毛利率
1	优罗普洛	代工客户	OEM/ODM 清洁类小家电	197.55	69,329.49	15.23%	350.95	12.67%
			OEM/ODM 服务机器人	16.00	11,429.00	2.51%	714.41	38.15%
2	创科实业	代工客户	OEM/ODM 清洁类小家电	121.35	41,408.33	9.10%	341.24	18.62%
3	京东	电商平台	服务机器人	43.66	33,881.88	7.44%	776.08	37.31%
			自有品牌清洁类小家电	0.69	480.60	0.11%	697.93	54.86%
4	Candy 集团	代工客户	OEM/ODM 清洁类小家电	30.32	10,579.43	2.32%	348.98	31.17%
5	CECOTEC INNOVACIONES, S.L.	代工客户	OEM/ODM 服务机器人	16.66	10,265.10	2.26%	616.20	40.37%
6	亚马逊	电商平台	服务机器人	9.97	9,981.20	2.19%	1,001.46	56.23%
7	安克创新科技股份有限公司(原名湖南海翼电子商务股份有限公司)	代工客户	OEM/ODM 服务机器人	13.21	7,697.08	1.69%	582.73	38.43%
8	唯品会	电商平台	服务机器人	9.62	6,862.83	1.51%	713.61	40.22%
9	苏宁易购	电商平台	服务机器人	7.74	5,927.45	1.30%	766.10	40.00%
			自有品牌清洁类小家电	2.17	802.92	0.18%	369.94	33.61%
10	雪华铃	代工客户	OEM/ODM 清洁类小家电	19.79	5,265.77	1.16%	266.09	10.19%

还有的情况会根据公司客户类型不同而列出明细：

如客户中境外客户占有一定比例，就会境内外客户分别列示前五大或者前十大；也有公司涉及业务板块非常多，会按照几大业务板块分别列出每个业务板块的前五大客户；若公司经销占比较高，就会分别列出直销的前几大客户以及经销的前几大客户，最后还会单独列出最终客户。

总之对于客户的理解绝对不是光看股票软件里一个列表就可以了，要深刻理解如下几大内容：

1. 公司的销售模式

公司的销售模式是怎样的，过去几年是否销售模式发生改变，而且改变将会相应的带来关键财务指标的调整。

不少药企受两票制影响在 2017 年前后销售模式不得不调整，两票制之前药企要不自建团队，这样药品出厂价接近药品终端招标价；要不将推广职能委托给经销商，也就是招商代理模式，需要经过的环节有生产厂家—经销商—配送商—医院，而两票制后为缩短流通环节，之前采取招商代理模式的医药制造企业转为企业自身或委托推广公司进行市场推广，这种转变会导致药企短期销售费用激增，客户结构发生转变，如昂利药业配送商营收占比从 2016 年的 27.97% 大幅增至 2017 年的 70.62%，与此同时，推广费用从 2016 年的 733.88 万元大增至 2017 年的 2.07 亿元，客户里也新增了不少外部推广商。

2. 精读公司客户列表前后的文字解释

对公司客户列表前后的文字解释要精读、细读，尤其是一些营收占比较大的新增客户，搞清楚客户的来龙去脉。对于营收占比较大的境外客户更是要仔细查证，某些知名的外资企业可以自行去百度里搜索更多相关信息，如果客户还在美股等境外市场上市，那么最好去翻看一下其财务报表。

盈趣科技，猛然一看公司简介简直不知所云。

以自主创新的 UDM（也称为 ODM 智能制造模式）模式为基础，主要为客户提供智能控制部件、创新消费电子等产品的研发、生产，为中小型企业提供智能制造解决方案。公司 UDM 模式，是以 ODM 模式为基础，通过自主创新的 UMS 系统，形成了高度信息化、自动化的智能制造体系，该模式适应工业制造智能化、"互联网＋"的发展趋势，能满足协同开发、定制服务、柔性生产、信息互联、综合服务、客户体验感强的一种业务模式。

又是 ODM 又是 UDM 的，还有各种高大上的概念：智能家居、智能制造、互联网＋等，但就是不知所云，这公司到底是做什么的？在此，海豚为你对产品做逐一拆解以后就会一目了然。

前面提到过看不懂高大上的概念介绍，那么就从客户名单入手，好在盈趣科技的客户列表里列出了主要的销售产品，有助于我们非常快速地理解。

2016 年度				
序号	客户名称	金额	占营业收入比例	主要销售内容
1	Technocom Systems Sdn. Bhd.	47,147.28	28.60%	电子烟精密塑胶部件
	Venture Corporation Limited	1,089.01	0.66%	技术研发
	Venture 小计	48,236.29	29.26%	
2	Provo Craft	33,580.67	20.37%	家用雕刻机
3	Logitech Europe S.A.	29,759.93	18.05%	网络遥控器、演示器、游戏控制器等
	罗技科技（苏州）有限公司	564.25	0.34%	网络遥控器等
	罗技（中国）科技有限公司	355.59	0.22%	演示器、游戏手柄等
	罗技小计	30,679.78	18.61%	
4	Asetek Danmark A/S	15,797.89	9.58%	水冷散热控制系统
	艾司特科（厦门）电脑工业有限公司	192.20	0.12%	水冷散热控制系统
	Asetek 小计	15,990.09	9.70%	
5	WIK	10,122.65	6.14%	咖啡机人机界面模组
	合计	138,609.48	84.08%	

根据这一客户列表以及之后对关键客户的文字介绍提炼出了以下业务拆解图：

可以说公司的客户全是外国名，可能不少人除了认得罗技、雀巢，别的仍旧不知所云。确实公司超九成营收来自境外。而对于一堆的客户我们一定要抓大放小，重点突破营收占比较大的，并且结合近三年的客户列表对客户变动情况有一个大致的认识，总体来说就是罗技、雀巢为公司多年老客户，Technocom2015—2017 年营收占比分别为 10.19%、29.26%、45.34%。那么 Technocom 有何来头？其与 Venture、PMI 有什么关系呢？公司在客户列表后面也做了详细解释，包括合作的来龙去脉。在结合 PMI 的 IQOS 推出的进度及销量情况，我们很容易看出其对公司业绩的影响。

3、Technocom、Venture、PMI（Philip Morris International）

Technocom 是 Venture 在马来西亚设立的全资子公司。

Venture 成立于 1984 年，总部位于新加坡，是国际领先的科技服务、产品及解决方案提供商，是新加坡证券交易所上市公司（股票代码为"SGX: VENM.SI"）。

1-1-247

厦门盈趣科技股份有限公司　　　　　　　　　　首次公开发行股票招股说明书

Venture 在东南亚、北亚、美国及欧洲等地区拥有 30 家分/子公司，设有 Technocom 等主要生产子公司，并拥有超过 12,000 名员工。根据 Venture 披露的 2016 财政年度报告，其 2016 年实现营业收入 28.74 亿新元、净利润 1.81 亿新元。

PMI 成立于 1987 年，总部位于美国纽约市，是全球知名的烟草和食品制造商，是美国纽约证券交易所、巴黎证券交易所和瑞士证券交易所的上市公司（股票代码分别为"NYSE: PM"、"PA: PM"、"SIX: PMI"），主要经营烟草、食品、啤酒、金融、房产等业务，其中包括世界知名的香烟品牌"万宝路"。PMI 在世界各地设有一百多家各种类型公司，业务遍及世界 180 多个国家和地区。菲利普莫里斯公司是《财富》世界 500 强企业。根据 PMI 披露的 2016 财政年度报告，其 2016 年实现收入 749.53 亿美元、净利润 72.50 亿美元。

发行人电子烟部件产品定型需经 PMI 审核，量产后直接销售给 Venture 子公司 Technocom。Technocom 是 PMI 电子烟产品的一级供应商，发行人为 PMI 电子烟产品的二级供应商。

在这种情况下，我们就需要多去查找一些 PMI 的信息，包括其在美股的股价信息和业绩增长情况。而且事实上盈趣科技上市之后 PMI 这个"金主"的一举一动都对公司股价的影响非常大。如中间传出 PMI 新增了供应商，甚至国内电子烟管控等都对公司股价产生了极大的利空影响，且因出口占比较高，2018 年年初人民币汇率不断创出新高，也使得公司躺枪，受汇兑损益影响 2017 年四季度净利同比大降 22%。

3. 关注关键客户类型营收占比的变动情况

对于以"代工"为主业的公司，我们自然希望其自有品牌营收占比越高越好，这点也是上市后跟踪的主要落脚点。因为代工没有品牌附加值其毛利率自然低于自有品牌，如莱克电气靠给境外吸尘器厂商做代工，但是也逐渐建立了多个自有品牌。

对于经销占比较高的公司，我们自然也希望直销占比越高越好，尤其是那些客户并非终端消费者而是机构的，中间还要倒好几次手，自然利润都给倒没了。

对于消费类公司，我们希望线上占比越高越好，这几年淘品牌业绩增速毕竟不容小觑，此外也更具有互联网基因和独角兽潜质，给予很多想象空间，如御家汇在一段时间就被当作了独角兽来炒作。

对于电子类公司，我们希望能进入苹果、小米、华为等供应链体系，尤其是苹果的供应链体系审核还是非常严格的，既是对公司技术实力的认可也有可能获得持续性订单。

如果公司产品能进入军方订单，并批量列装，自然是我们非常期待的，不过军方客户大多以 A、B、C 等代码代替，这时我们主要关心军用、民用占比即可。

4. 结合盈利能力分析综合考量，关注其中关联交易

可以说有客户才有订单、有订单才有营收。当然订单和营收之间并不是等于关系，这其中涉及产品的周期及营收的确认方式，具体因行业及公司差异较大。但是营收的暴增后面我们总是能看到"大金主"们的存在，彼此之间是相辅相成、相互关联的。

除此之外，我们还需要关注一些关联交易的情况，有很多公司的大客户往往还是公司股东，甚至和公司高管有着密不可分的关系，那么我们就需关注关联交易的占比情况了。

金力永磁高性能钕铁硼永磁材料生产商，其客户里的金风科技既是公司第一大客户，也是公司第二大股东，上市前金风投资（金风科技）持股比例为 16.14%，上市后持股比例为 14.51%，金风科技既向公司直接采购钢磁，也

指定通过中国中车附属企业（主要为西安中车和江苏中车）和南京汽轮（2016年开始）采购，但最终都应用于金风科技的永磁直驱风力发电机上。2014—2017 年受金风科技影响和控制的营收占比分别为 70.15%、63.28%、59.51%、40.54%，不过 2018 年上半年降至 26.01%。金风科技是我国最大的永磁直驱式风力发电机生产商，2016 年新增装机容量为 6.34GW，国内市场占有率为 27.1%，且已连续六年国内排名第一。

7.7 看透公司业务本质

就像我们工作定期要写总结一样，公司也是一样。管理层作为负责公司日常经营决策的核心机构，自然也需要定期向股东们汇报公司经营情况及业务进展。作为上市公司有披露定期报告的义务，如每年的半年报和年报里的"管理层分析与讨论"为整个公告的精髓所在，相对来说，季报则内容相对简略。而招股书里的"管理层分析与讨论"则为公司成立以来所有经营成果的集中检验，其重要性自然不言而喻，翔实的内容有助于我们更好地把握单纯财务数据变动的背后逻辑以及公司业务的本质。

如果说招股书里"第六节 业务和技术"是公司产品和行业的初步介绍，或者说是一个科普篇，那么进入"管理层分析与讨论"章节就需要我们充分运用科普篇里获得的知识以投资人的眼光去看待公司业务的好坏。本章的核心章节有"财务状况分析""盈利能力分析""现金流量分析"以及"本次发行摊薄即期回报的分析及填补措施"，下面我们依照重点程度来一一进行分解。

7.7.1 财务状况分析

招股书里这节叫"财务状况分析"，其实就是对三大报表之一——资产负债表的全面解读。一般这部分内容重点关注以下几部分内容即可：

（1）应收账款及客户情况：对于应收账款较高的公司可以重点看看这部

分内容，涉及哪些客户的应收账款会比较多，还有公司信用政策是否有调整。

（2）适当关注一下资产周转能力和同行业的比较。

（3）负债方面关注一下偿债能力分析和同行业的比较。

这部分大多为财务数据的重点罗列，建议先看表，如果发现哪块有异常，再去看相应的会计科目。

7.7.2　盈利能力分析

盈利能力分析是该章节的重点所在，这部分需要紧密结合第六节 业务和技术做深刻理解。这章节主要结构如下图所示：

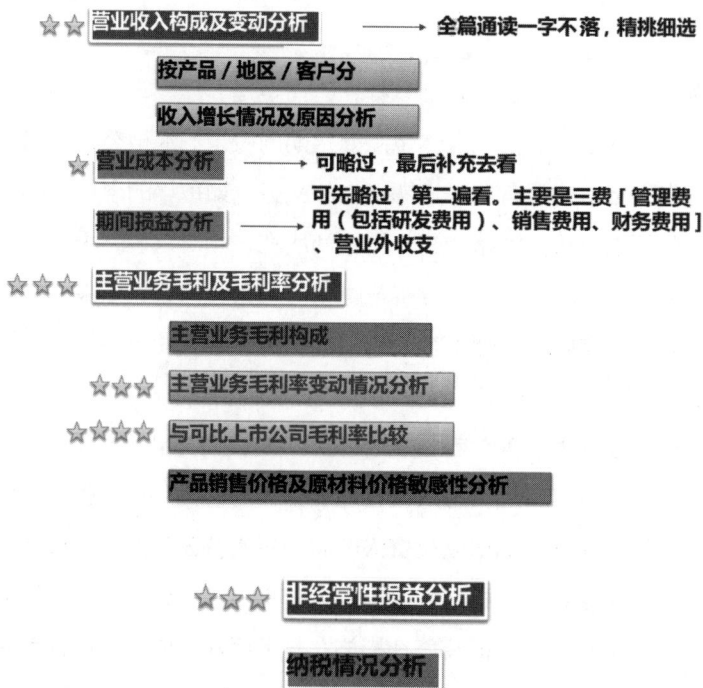

一般开头会有关于营收的增长情况，这块重点关注增长的原因是什么？

再接下来是"营收构成及变动分析""主营业务毛利率情况分析""与可比公司毛利率对比"三节内容，是盈利能力分析部分的精髓所在，而且要上下贯通相互对应去分析，只有这样我们才能看透公司业务。

如果公司的业务产品线非常多，有的公司可能产品型号成百上千种，那么这种情况要想化繁为简，就需要分门别类才能归整清楚。一般来说，业务和技术里会有一个产品分类的表，这个表的分类一般情况下也是按照公司营收结构里的分类做的。包括后面所处行业描述中，也是按照营收结构中产品细分行业逐个描述，整体都是一脉相承的。到了盈利能力分析这部分同样也是一脉相承。"营收构成及变动分析""主营业务毛利率情况分析""与可比公司毛利率对比"这三部分里的细分业务板块也往往是一一对应的，分别进行详细而细致的描述，所以我们看的时候也可以针对某一块业务分别去看。

比如，针对 A 业务先看其营收变动情况及其原因，再看毛利率变动情况及其原因，最后看 A 业务毛利率水平与可比公司毛利率水平的差异。看完 A 业务再去看 B 业务、C 业务……最后再总体回头来看一下，哪些业务营收占比较大，哪些业务过去三年营收占比提升较快，又有哪些业务毛利率水平较高。

在这一过程中我们的脑海里要不断思考一下这几个问题：

（1）营收占比较大的业务板块，这个板块的主要客户是谁？

（2）过去三年营收占比提升较快的业务板块，另外也体现在营收同比增速飞快，这个业务板块为什么能提升得这么快？是有了新的客户合作，还是行业景气度变好？

（3）为什么这块业务毛利率水平这么高，高于同行业的原因是什么？是因为技术壁垒、客户壁垒还是工艺做了改进？反之亦然。

（4）公司主要产品销量、平均单价变动情况是怎样的？一般来说单价越高如果成本不发生重大变化，毛利率水平自然就会变高，那么公司产品能不断提价的原因是什么？反之亦然。

（5）公司选取的可比公司的可比性如何？这个一般会有专门大段的描述，如果可比性较差，公司会作出描述但其中也能看出不得已的苦衷，因为没有业务完全相同的公司，只能选择营收结构差异较大的泛可比公司来做参照；或者有可比性，但是可比公司没有披露那个细分产品毛利率的数据，因此只能用公司的综合毛利率做代替。

（6）对于一些营收占比较低但代表行业发展方向的业务，公司未来是怎样打算的。

通过以上思考我们的脑海里就会对公司业务情况有一个大概的框架，并提炼出核心投资亮点或风险点。

盈利能力分析中最后会专门有非经常损益的分析，这个部分非常重要。首先来说说什么是非经常性损益？然后再说一下主要关注的点。

非经常性损益从字面理解就是不经常发生的收益，也就是说，这块收益亏损持续性没有保障。符合非经常性损益认定的监管层列出的 21 种情形，如果非专业会计人士我们自然无须每个都细抠，这里我们重点关注以下几项就可以：

（1）计入当期损益的政府补助——政府补助一般在 IPO 企业的非经常性损益占比较大，在净利润占比也较大，所以这是重点关注项。

（2）非流动性资产处置损益——就是公司上市前没有卖什么家当。

（3）股权变动收益——如果上市前有卖什么持有子公司的股权，往往在某年底会有一笔大的收益，进而会影响净利润的变动。

宁德时代上市前的 2017 年，非经常性损益就达 15.11 亿元，在净利润占比从 2016 年的 2.17% 大幅提升至 2017 年的 35.26%，主要是因为公司 2017 年 4 月将持有的普莱德（主要从事电池包业务）23% 股权转让给了东方精工，转让价 10.925 亿元，使得当年公司非流动性资产处置收益高达 9.6 亿元。

要知道普莱德来历可不简单，其背后可有北汽新能源"撑腰"。2010 年 4 月，北大先行科技产业、东莞新能德科技有限公司（ATL 子公司）、北京汽车工业控股有限责任公司、北汽福田汽车股份有限公司共同投资设立了北京普莱德。

普莱德新能源 2014、2015 年为宁德时代第三大客户，2016、2017 年跃升为第二大客户，过去三年营收占比分别达 11.51%、18.61%、11.51%。它主要从宁德时代采购电芯而非完整的电池包。

所以当 2018 年 7 月 12 日宁德时代发布第三季度业绩预告，净利润同比下降 51.2% ~ 48.19%；扣非净利同比增长 31.43% ~ 39.5% 也就不足为奇。

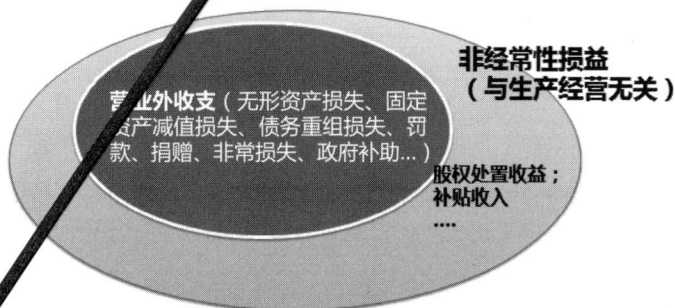

也正是因为有非经常性损益存在，因此，很多规则要看净利润与扣非净利润孰高孰低来作为标准，因此，我们在估值计算时更倾向于采取扣非净利润，这样才能更接近公司的真实业绩。

7.7.3　现金流分析

现金流分析可能是不少投资者最容易忽略的，首先来明确一下现金流量表的定义：其反映的是一定时期企业现金及现金等价物的增减变动情况，简单来说，就是企业按一定分类记录的现金流入和流出的流水账。因为现金流量表采用的是收付实现制，而另外资产负债表、利润表采用的是权责发生制，也正是因为如此，现金流量表能给我们提供一个另外的视野。

在这里解释两个专有名词：收付实现制和权责发生制，这也是会计核算的两个基础。

收付实现制：以款项是否已经收到或付出作为计算标准。

权责发生制又称"应收应付制"，不以现金流动为标准，而以业务发生的时间为准。凡是当期已经实现的收入和已经发生或应当负担的费用，无论款项是否收付，都应当作为当期的收入和费用确认；凡是不属于当期的收入和费用，即使款项已在当期收付，也不应当作为当期的收入和费用。

两种原则最大的不同主要在于非现金收入（如应收账款）、非付现成本（如折旧摊销、期权费用）、营运资金（预收、预付）差异，比如一批货物是上月销售出去的，本月才收到款项，那么在权责发生制下是计入上月，而收付实现制下则是计入本月。

与现金流有关的活动又进一步分为经营活动、投资活动、筹资活动。现金流量表就按照这三个类别的活动分别记录现金的流入和流出情况，每个部分里面又分成流入和流出，流入减去流出的净额叫作现金流量净额。利润表里的净利润甚至扣非净利润很容易通过虚假销售，提起确认营收，扩大赊销范围或关联交易调节利润，甚至还可以利用增加投资收益等非营业活动操纵利润，而现金流量只计算营业利润，且根据收付实现制确定，上述利润调节方法即可实现，因此现金流量指标可以弥补利润指标在反映公司真实盈利能力上的缺陷。对高收益低现金流的公司，特别要注意的是，有些公司的收益可能是通过一次性的方式取得的，而且只是通过会计科目的调整实现的，并没有收到现金，这样的公司很可能存在未来业绩急剧下滑的风险。

现金流量分析里我们要特别关注经营活动产生的现金流量净额的变动，之前一段时间经营活动现金流净额为负甚至成为 IPO 被否的一把"快刀"，可见其重要程度。

类型	解释	经营活动现金流净额	投资活动现金流净额	筹资活动现金流净额
"妖精"型	即将开展大规模对外、对内投资或者借上市公司圈钱，特别注意是否有大规模投资计划	正	正	正
"老母鸡"型	投资经营处于收获期，不再继续扩张，近似产生稳定现金的债权	正	正	负
"蛮牛"型	将经营活动和筹来的钱全部用于投资扩张，关注是否因借不到钱而低价出让股权，考虑债务期限数量等	正	负	正
"奶牛"型	重要考虑是否可持续，投资项目前景	正	负	负
"大出血"型	远离	负	负	负
"混吃等死"型	靠变卖家当、之前投资分红度日，关注现金及等价物净增加额是否为正	负	正	负
"骗吃骗喝"型		负	正	正

（1）将经营活动的现金流量净额与扣非净利润的同比增长做比较：如果经营活动现金流净额增速快于净利润肯定是好事，甚至你可能会发现故意隐

藏业绩的好公司，反之也不一定是坏事，这时就要仔细分析为什么经营现金流会大减，不少情况可能是因为开拓市场使得存货暴增，应收款项增多，届时需要具体问题具体分析，最关键还是看公司对此的解释。

（2）经营活动现金流量净额与净利润绝对值的差异在哪里？或者直接去看比值情况（经营现金流净额/净利润），大于1是好事，小于1就要找原因了。

（3）看自由现金流的变化，更确切说是股权自由现金流，这也是巴菲特特别喜欢的指标，关于自由现金流有很多计算方法，其中最简单的是经营活动现金流量净额 − 投资活动现金流出。

（4）现金流量比率：这个比率主要看其偿债能力如何。

7.8　探寻公司未来发展规划

炒股炒的是预期，那么我们在看公司的情况时最主要的还是要看公司的未来规划。公司现在的财务状况非常重要，但是不能被财务限定死。就像人无完人一样，没有哪家公司的财务业绩是完美无瑕的，即使对于新股也不例外。一般来说，任何一只新股上市之时我们几乎都可以看到各路媒体以吹毛求疵的眼光在进行上下打量，要不说是毛利率远高于同业、要不说是应收账款占比过高或者各种周转率异常等。单纯套用财务指标远远不够，因为财务指标毕竟反映的是现在的情况，而我们炒股炒的是未来。公司上市后未来有何打算，这块内容也容易被大多数人忽略。要看公司未来的打算，我们要结合盈利能力分析部分看这三块内容——"业务与技术"中最后一小节"本次发行摊薄即期回报的影响及公司采取的填补措施""业务发展目标"以及"募集资金运用"。

7.8.1　摊薄即期回报填补措施

在业务与技术这一大章里的倒数第二小节一般名字叫作"本次发行摊薄即期回报的影响及公司采取的填补措施"，看着真是拗口。这里先解释一下什么叫摊薄即期回报？一般只要融资不断，不管是 IPO 还是后面的定增都会涉及这个问题，就是公司要发行很多新的股份，那么原来老股东手里的股票每股收益就变少了，用专业话讲就是摊薄了，比如原来公司净利润 1 亿元，股本是 1 亿元，现在 IPO 要再发行 5000 万股，那么每股收益就从 1 元 / 股摊薄成了约 0.67 元 / 股。每股收益降低，股东权益就受到了损害，公司如何弥补这一损失呢？

公司就要描述 IPO 募集资金虽然短期使老股东利益受损，但是长期或者一般来说两三年后这笔资金现在的投入将新增 ×× 元营收、×× 元利润，届时你现在暂时降低的每股收益，未来将获得更大提升。那么如何实现未来收益的提升呢？一般招股书里会论述这次募投项目的前景以及未来公司的规划。

一般来说，在这一小节里，只是初步描述一下募投项目以及公司的技术储备、市场储备等，所以如果你时间有限，这一小节内容可以跳过，有精力再返回来看，做适当的补充。

7.8.2　业务发展目标

首先想说这一节不是所有上市公司的招股书都有的章节，如果有的话还是非常有必要一看，一般是紧随着"管理层讨论与分析"这节后为独立的一大章节。

通过这一章节我们能初步看出公司管理层的想法，并知道公司诸多业务体系里哪些是公司所看重的、公司未来市场开拓的计划是否有全球扩张的想法、公司上市后并购意愿的强弱、公司对培育自有品牌方面的想法以及公司未来将重点服务哪类客户等关键信息。虽然这一章节粗看上去会有不少套话，但是细看也能发现不少散落在各处的关键信息点。

比如科沃斯提出了"机器人化＋互联网化＋国家化"的战略思路，愿景为建立"机器人互联网生态圈"，此外还提出要发展商用机器人，并且要加大 TEK 品牌清洁类小家电产品的市场推广力度。甚至还提出了未来明确的经营目标，营收达到 60 亿元。

再比如，永新光学的品牌战略是国际市场以 OEM 为主，主要以 NE900

系列高端显微镜发展境外代理商的方式，培育并推广"NEXCOPE"商品品牌。国内市场稳步发展"江南"品牌，主打国内普教、高教、医疗、工业及网销的中低端市场，并重点培育并发展"NEXCOPE"商品品牌，让国内医疗、科研等市场的高端产品逐步向该品牌切换。

7.8.3　募集资金运用

这章的重要性不言而喻。作为投资人我们自然要非常关心公司把募集来的钱拿去做什么以及募投项目的合理性。这一章一般分为"概况""具体用途""必要性及可行性""项目具体情况""进展情况"等内容，其中"必要性及可行性""项目简介"为非常重要的两个小节。

"必要性及可行性"：一般阐释公司现有的技术、客户储备等各方面的实力，再阐释公司现有产能多么紧张，已经满负荷运转，可以说是对前面公司业务的一个重新概述。

"募投项目具体情况"：会逐个分项目去详细论述项目简介、项目的必要性、项目的可行性、项目市场前景、项目的建设内容以及项目效益分析等。这里面每个项目都值得我们仔细去看。

对于那些公司已有业务的再扩张，我们要结合之前的内容去分析这块业务是属于什么类型的，是传统优势业务还是近年来的暴增业务？这块业务的主要客户有谁？再仔细去看所处细分市场的行业增长及竞争情况如何？

对于那些公司现在还不产生营收或者营收极少，但此次募集资金要投入的，我们主要就看市场空间如何，以及公司在这块做了哪些准备？

永新光学 IPO 募投项目总投资 6 亿元，其中 2.2 亿元用于车载镜头生产项目。2017 年公司车载镜头销售量仅为 0.46 万片，营收占比极低，2018 年上半年销量已激增至 24.52 万片，可见公司对车载镜头的重视程度，而公司这次募投项目更是拿出三分之一的资金用于该项目。可以说车载镜头的发展也是大势所趋。

从行业来看，车载镜头从 2012 年开始进入快速增长期，2016 年全球车载镜头市场需求约为 2300 万台，预计 2020 年将达 8000 万台，中国车载镜头

2015—2020 年的复合增长也将超 30%，随着 ADAS 的逐渐渗透，车载镜头的需求大致为每辆汽车 9～22 个，未来市场有望呈现几何增长。

汽车摄像头需要连续工作时间较长，所处环境往往处于震动较大及受极端天气影响较大，承受温度范围在 -40℃ 到 80℃ 之间，还需要在复杂的运动过程中采集到稳定的数据，需要满足高动态、中低像素和广角等。因此对摄像头的镜头提出了很高的要求。

目前公司已与索尼、Quanergy Systems、OptoFlux 和均胜电子在车载镜头方面建立了合作关系：

索尼：2015—2017 年公司已通过第三方为 SONY 试制车载镜头前片，目前已下达了第一批 8 万个镜片和第二批 20 万个镜片的订单。

QuanergySystems：2015 年公司为其试制生产自动驾驶使用旋转测试的激光雷达镜头，2016 年试制固定式激光雷达镜头，2017 年取得小批量生产订单，2018 年获得了 2.5 万个激光测距镜头的订单。

OptoFlux（德国光学厂商）：已为其完成试制生产 60 套车锁镜头组，2018 年 2 月获得了 1000 套车锁镜头组的订单。

均胜电子（旗下 Key Safety Systems）：2016 年 9 月 12 日公司与其签署战略合作框架协议，共同设计、研发、制造用于汽车行业的车载镜头与相关零部件。其中第一批订单为 600 个车载镜头，2017 年已完成交货。

对于公司募集资金要涉及新的细分领域的，我们更要着重关注，并在上市后持续跟踪。

比如，康辰药业就因业务结构单一而备受市场诟病，注射用尖吻蝮蛇血凝酶（又名"苏灵"）为其唯一产生营收产品，对此公司当然也积极改变现状，并储备了多个在研产品，IPO 募投项目 9 亿元左右，其中 8 亿元也投向了创新药研发及靶向抗肿瘤药物创新平台建设项目，那么康辰药业在研产品有哪些，其目前进展及已经投入的研发投入是怎样的，此次募投项目又打算投入多少？这些关键信息需要我们在读了"募集资金运营"这一章节的基础上并结合"业务和技术"之后进行提炼和获取。并整理如下表：

产品名称	募投项目拟投资额（亿元）	适应征	所处阶段	未来进展	2015—2018上半年底研发投入总额（万元）
迪奥（注射用盐酸洛拉曲克）	1.76	头颈部鳞癌、鼻咽癌、肝癌、非小细胞肺癌	补充Ⅲ期临床试验阶段	预计 2020年生产上市	1794.39
CX1003	2.5	新型双靶点受体酪氨酸激酶抑制剂（晚期甲状腺髓样癌治疗药物）	Ⅰ期临床试验阶段	预计 2021年上市	2699.84
CX1026	2.6	肺癌、肝癌、肾癌、结直肠癌、皮肤T淋巴细胞癌	临床前研究阶段	2018 年底前同时申报美国和中国临床试验批件	1894.13
CX1409	2.45	肺癌、乳腺癌、胃癌		2019 年 6 月前申报临床批件	896.84
金草片	0.8	盆腔炎性疾病后遗症（筋骨草有效部位提取物）	Ⅰ期临床试验阶段	—	613.72
地拉罗司	—	慢性铁超负荷	已于 2016 年 7 月取得临床试验批件，处于 BE 试验阶段	2018 年底	795.33
艾曲泊帕	—	特发性血小板减少性紫癜	已于 2016 年 3 月取得临床试验批件，处于 BE 试验阶段	2019 年中	351.21

通过此表我们就可以很清楚地看到公司对抗肿瘤创新药研发的重视程度，并可以预计迪奥的上市年份最近——"迪奥"目前已经完成了治疗头颈部鳞癌（含鼻咽癌）的Ⅲ期临床试验，于 2014 年 8 月向国家食药总局申报新药证书，2016 年 4 月收到国家食药总局的《审批意见通知件》，要求公司补充相关临床研究。目前，公司正在进行治疗晚期鼻咽癌的补充Ⅲ期临床试验。预计 2020 年上市生产。未来很有可能成为下一个增长点。

当然也有一些不太作为的公司将大笔的募投资金仅仅用于补充流动资产，

甚至用于购置房产，对此我们应提高警惕。

贝通信：上市前一年半疯狂购置近亿元房产，募投项目竟然也是买房。

此次募投项目 6.8 亿元，其中 4.3 亿元（拟定使用募集资金 3.5 亿元）用于总部及分支机构服务建设项目，而这个项目 2.37 亿元用于在北京、广州、西安等 14 个城市进行办公室购置；1943.7 万元用于在上海、合肥等 7 个城市进行办公室租赁，此外办公室装修和办公设备的购置合计达 1.1 亿元。事实上过去几年公司买的房子也不少，房屋及建筑物截至 2016 年年底为 759.74 万元，到了 2018 年 6 月底达到了 1.12 亿元，固定资产占比超 66%，一年半时间疯狂购置了近亿元的房产。此外，在房价飙涨的 2015 年和 2016 年公司支出的预付购房款分别高达 3920.25 万元，9959.88 万元。对比同行业上市公司，截至 2017 年年底房屋及建筑物占固定资产比例，华星创业为 4%；超讯通信为 2.6%；宜通世纪为 47%。

关于募集资金运用，我们最后还要特别关心的就是信息，这个募投项目的建设周期有多长时间，达产后将新增多少营收、净利润。如果各位不想去招股书里找，那么在 F10 里我们也可以很容易找到相关信息。如同花顺"资本运作"下面就有专门的募投项目的列表，里面也清楚地列示了项目收益情况，具体如下表：

7.9 从招股书里寻找高送转预期股

在"管理层分析与讨论"这一大章节中最后有一小节"股利分配政策和实施股利分配情况",这部分极容易被大多数人忽略,而这里面的内容挖掘出的高送转预期股曾经走出了一波又一波的牛股行情。

1. 优博讯

2016 年 8 月 9 日上市,2017 年 4 月 12 日在发布 2016 年年报之时公司如期推出 10 转 25 派 1.5 的高送转预案,而事实上早在优博讯上市之初的 2016 年 9 月底到 11 月底就已提前拉升,涨幅超 80%,而之后已开始慢慢阴跌,等到真的高送转落地,股价只有 30% 左右的反弹力度。

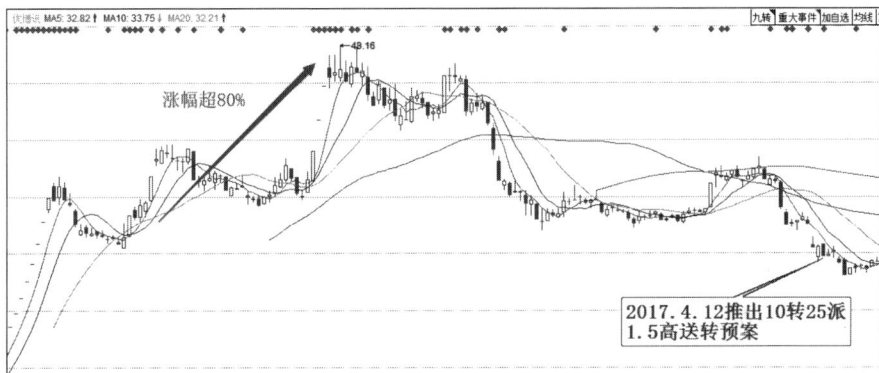

这一切都源于在优博讯招股说明书里就已明确了 2016 年年报高送转的预期。招股书原文提到若"累计未分配利润和盈余公积合计超过注册资本的 200% 以上,董事会应提出发放股票股利议案并提交股东大会审议。"注意这里的字眼是董事会"应提出",而不是"可以提出"。对此我们动手去查询核算,当时优博讯注册资本为 8000 万元,截至 2016 年年底三季度未分配利润 2.13 亿元,盈余公积 956.43 万元。未分配利润与盈余公积合计 2.22 亿元,为注册资本的 2.7 倍,远大于 2 倍的要求。

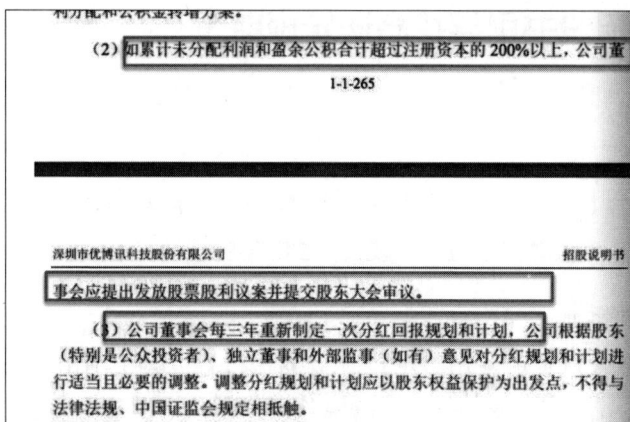

利分配和公积金转增方案：

(2) 如累计未分配利润和盈余公积合计超过注册资本的 200% 以上，公司董

1-1-265

深圳市优博讯科技股份有限公司　　　　　　　　　招股说明书

事会应提出发放股票股利议案并提交股东大会审议。

(2) 公司董事会每三年重新制定一次分红回报规划和计划，公司根据股东（特别是公众投资者）、独立董事和外部监事（如有）意见对分红规划和计划进行适当且必要的调整。调整分红规划和计划应以股东权益保护为出发点，不得与法律法规、中国证监会规定相抵触。

2. 陇神绒发

在发布高送转预案前作为高送转预期股已走出 5 连板，2017 年 3 月 23 日如期推出 10 转 23 送 3 的利润分配方案。

其在招股书原话为"2014—2016 公司每年以现金方式分配的利润不低于当年实现的可供股东分配利润的 20%，在完成现金股利分配后公司累计未分配利润达到或超过股本 100% 的情况下公司将另行增加一次股票股利分配。"其格式大致为"201×-201×+2 年，公司将另行增加至少一次股票股利分配"。

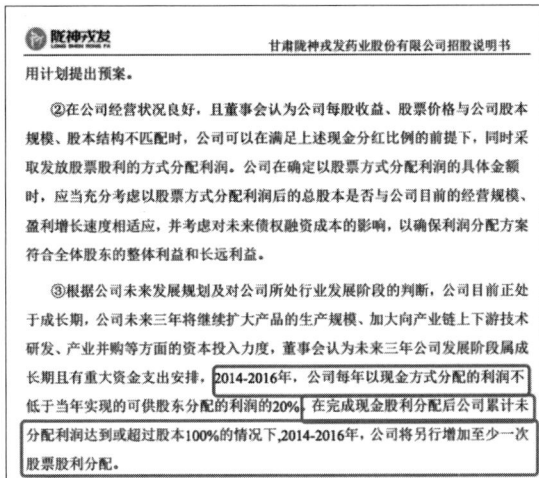

用计划提出预案。

②在公司经营状况良好，且董事会认为公司每股收益、股票价格与公司股本规模、股本结构不匹配时，公司可以在满足上述现金分红比例的前提下，同时采取发放股票股利的方式分配利润。公司在确定以股票方式分配利润的具体金额时，应当充分考虑以股票方式分配利润后的总股本是否与公司目前的经营规模、盈利增长速度相适应，并考虑对未来债权融资成本的影响，以确保利润分配方案符合全体股东的整体利益和长远利益。

③根据公司未来发展规划及对公司所处行业发展阶段的判断，公司目前正处于成长期，公司未来三年将继续扩大产品的生产规模、加大向产业链上下游技术研发、产业并购等方面的资本投入力度，董事会认为未来三年公司发展阶段属成长期且有重大资金支出安排，2014-2016年，公司每年以现金方式分配的利润不低于当年实现的可供股东分配的利润的20%。在完成现金股利分配后公司累计未分配利润达到或超过股本100%的情况下，2014-2016年，公司将另行增加至少一次股票股利分配。

3. 美芝股份

招股书原话为"累计未分配利润和盈余公积金，合计超过注册资本的200%以上，公司董事会应提出发放股票股利的议案并提交股东大会审议"，表述与优博迅类似。

截至 2017 年三季度：目前盈余公积金 2000 多万元，未分配利润 2 亿多元，加在一起约 2.2 亿元，是注册资本 1.01 亿元的 217%，已经达到送股条件。不过生不逢时遇上了高送转严查，2018 年 4 月 25 日仅推出了 10 转 2 的方案，股价也是提前反应，2018 年 2 月 2 日就开启了五个跌停板的暴跌模式。但是之前从 2017 年 9 月底到 2018 年 1 月底涨幅已超 76%。

第 8 章

次新大势研判

本章主要内容包括:

➤ 次新周期轮回——每年都有大行情

➤ 情绪判断之四大基础指标

➤ 情绪判断之四大升级版指标

➤ 次新股与IPO:一段相爱相杀史

➤ 做次新时刻保持风险意识

➤ 次新生命周期再认识,高抛低吸做波段

大多数人都知道顺势而为的道理，也深知没有人能将市场的行情从头吃到尾。因此市场上流传一句话叫"选时重于选股，周期重于题材"。这就类似于前面提到的好股也要有好价，股价的起飞需要天时地利人和，欠了天时没有东风助，纵然你如何煽风点火也不行。

次新股作为中小创板块的急先锋，很多人将次新作为市场上很好的情绪指标，甚至领先指标。但是作为玩次新的又该将什么作为情绪判断的指标呢？次新作为股市里博弈最为激烈、股性最为活跃的板块又如何去把握其看似毫无规律的跳动脉搏呢？

8.1　次新周期轮回——每年都有大行情

回顾过往，2014年至今次新几乎每年都有1～2次行情高潮：

2014年8月到12月，深次新股指涨幅30%。

2015年1月到6月，深次新股指涨幅达1.57倍。

2015年9月到11月，深次新股指在股灾后逆势反弹涨幅达70%。

2016年1月到7月，深次新股指涨幅达40%。

2017年1月到3月，深次新股指涨幅20%。

2017年8月到11月，深次新股指涨幅30%。

……

也因此，次新股周期轮回具有自己独特的特点，具体如下：

（1）轮动周期远快于别的板块：从近两三年的历史周期来看，次新每波涨跌的轮动都非常快。大多3个月完成一波上涨或下跌周期，但这中间也有例外，那就是2016年3月到11月以及2016年11月到2017年8月这波，上涨或下跌周期长达八九个月。

（2）起爆点较为隐秘（通常只是在极个别次新开始）。

（3）非牛市里板块涨幅仅为30%，并非齐涨齐跌，只有结构性行情（考验选股能力）。

（4）周期转折非常快，可能就在一两天之内。

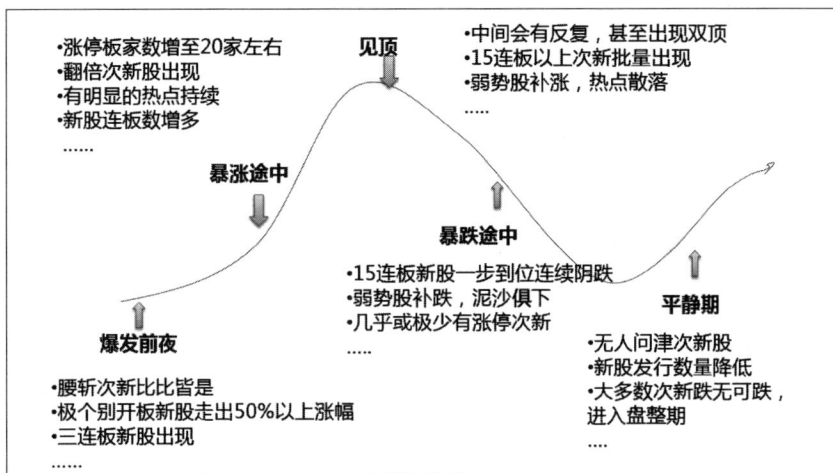

8.2 情绪判断之四大基础指标

次新情绪是有周期性的，就像个人情绪一样，不可能永远高潮。次新板块的起落伴随着市场情绪的波动，就如同一个人的起落也会伴随着个人情绪的波动。

股价的涨跌和情绪的波动是有相互作用的，而这种相互作用在次新板块被急剧放大。为何？因为次新板块盘子轻，机构持股较少，里面都是各种灵活作战的"部队"。

那么如何判断次新情绪？下面海豚介绍四大基础的情绪指标：

8.2.1 次新板块的自然涨跌停数

散户没时间复盘怎么办？很简单，看新闻，可以当作一个简略的中长线判断标准——媒体天天说次新跌停潮，那么就该勇于加仓；媒体天天说次新再现涨停潮，就该考虑减仓。

如果有时间进行详细复盘的，那么就认真统计一下每日次新自然涨停家数有多少只，再统计一下近端次新（上市三个月以内）的自然涨停家数有多少只。时间长了你会发现弱势和强势之间是会有个临界值的变化。具体这个临界值是多少还需要灵活把握。

8.2.2　开板新股开板后的涨跌幅

这个指标适合有空看盘的人，特别是短线高手。

第一：预计今天哪些新股会开板，以便提前做好操作准备；

第二：密切紧盯开板新股当日回封情况；

第三：最关键的是统计并判断开板新股开板后半个月的走势。

若在整体次新板块低迷的情况下，有个股出现开板后直接拉升超30%，则说明次新板块开始好转；有个股出现直接拉升超50%，说明次新板块有望进入高潮期。具体可以看弘信电子、三利谱、东尼电子的例子，它们属于这波行情的探路者。

若在整体次新板块高潮的情况下，有个股开板后直接下跌超30%，且批量出现，则说明次新板块非常危急。所以现在的节骨眼上新开板的创业黑马、中国出版的涨跌幅表现非常关键。没有条件看电脑的，起码每天看一下APP里新股开板提醒的个股当日的涨跌幅，有兴趣可以加入自选，随时保持关注。

8.2.3　新股的连板数：一二级市场自动平衡机制的显示器

次新有其自身的平衡机制，这一平衡机制实际是一二级市场博弈的结果，随着二级市场追捧热度的提高，一级市场打新投资者就会惜售，从而导致连板数居高不下，而次新在二级市场热度降低，一级市场打新者就会提前兑现，将更多利益让渡给二级市场。

这样反过来，我们就可以通过看连板数来测量次新"水温"的高低，是次新板块后台复杂运行机理的显示器，尤其是那些小市值的质优次新，如果上市以来出现连板数在5以内，那说明此时或许是投资机会。

平时没事就可以打开东财的新股申购去逛。既可以挖掘刚上市新股，也可以顺便看看连板数。迄今为止连板数最多的为乐凯新材、海天精工，其中暴风集团达 29 连板。连板数 20 个以上的有 50 多只，几乎都是次新高潮期诞生的产物。一般来说，批量出现 15 连板以上就应引起警觉，有 20 连板出现就应放弃博弈。反之，连板数出现了 5 板以下的则说明次新情绪已悲观到了极点。

8.2.4 题材热点的可持续性

去看次新板块是否有条主线在持续表现，这时我们的次新四大门派的划分就派上用场了。是题材派中某一细分类别还是高送转、还是次新冷门股、还是次新实力派？

一般来说，次新题材派下的 2 ~ 3 个细分类别，或次新实力派下的 1 ~ 2 个类别能持续表现，那么目前次新行情具有一定的可持续性。如果是次新冷门股在表现，那么其持续性一般就比较弱。次新高送转最好的角色是催化剂、助攻剂，最好不要成为唯一的主线，尤其是疯狂的只炒填权行情，这种情况一般是行情尾声，应该引起警觉。

说了这么多，最后请记住一句话，创业板行情看次新，次新行情看开板新股。如果开板新股里没有可持续性的龙头出现，那么请警觉。拉远端次新往往是一轮次新大周期的结束。

8.3 情绪判断之四大升级版指标

1. 媒体情绪指标

媒体是市场情绪的放大镜，不管次新涨还是跌，媒体都喜欢夸大。如果一段时间发现媒体或股票软件天天推送"次新板块暴涨"这样的新闻，那么请适当作好减仓，如果发现论坛里天天骂次新是"害人精"，媒体天天说次新暴跌了多少，那么恭喜你，你遇到了千载难逢的好机会，大概率可加仓。当然还有些时候次新被遗忘了，这个时候你就默默潜伏就好了。

当然大家也可以自己总结一下符合自身特性的媒体情绪指标。

2. 优股集中供应情况

次新股行情大起，需要大批真正的质优股支撑，否则只有次新"妖"股的演绎。比如 2016 年的张家港行、第一创业，再比如 2019 年的中国人保、中信建投，他们再怎么翻倍也不能对次新股整体表现有带动，背后只有纯资金的博弈。

而 2017 年 8 月到 11 月，2018 年 2 月到 5 月，每次波澜壮阔的行情里都涌现了不少真正质地优良且有"硬科技"的好股，如江丰电子、阿石创、弘信电子等。这些质优股的集中供应往往能极大地提升投资者对新股的信心。如果上市新股质地平平，不是做水表的，就是做涂料的，甚至还有高污染风险，那么投资者信心会极大地降低。当然如果直接新股供应减少，甚至暂停，那么随着次新板块成员的减少，其板块效应将会降低。像 2018 年下半年到 2019 年上半年就面临这样尴尬的处境，最后次新股只能做创业板指的"小跟班"，反弹来临之时实在没有可炒的就只能做次新大金融了。

3. 大盘股次新表现

众所周知，次新以小盘股为主，如果一段时间连大盘股次新（具体来说市值大于 100 亿元的次新股）都能有所表现，那么说明市场情绪回暖，市场不缺资金，比如 2017 年 8 月开板的华大基因 3 月涨了 1.6 倍，再比如 2017 年 1 月开板的吉比特，开板后 3 月大涨 60% 以上，最关键是吉比特还是超高价股，最高股价超 360 元，几乎创了一个新纪录。

而市场低迷或行业接近尾声时，大盘股往往几乎没有任何拉升，行业传统没有太大想象空间的超大盘股（市值 300 亿元以上）可能开板就持续杀跌，比如 2018 年 2 月开板的养元饮品上市一天就开板，此后一路暴跌，上市不到两月就破发。再比如 2018 年 6 月上市的工业富联，上市后四个月就破发。

4. 与创业板指共振情况

次新板块是创业板的孪生兄弟，只有次新板块独舞很难完成大行情的演绎，很多时候还需要创业板指的配合。比如，2017 年上半年波澜壮阔的大行情就先从中科系的炒作开始，科大讯飞、中科曙光等竞相爆炒，之后次新板块诞生了中科信息这一良好成交的中科系标的，从此相互共振，引领 2017 年上半年次新的整个大行情。

当然如果次新标的不能和主流题材很好地呼应，那么次新的板块效应就急剧下降。比如，2019 年年初的反弹行情创业板指暴涨，次新股就只能当"小弟"。为什么？因为次新股里除了大金融外，其他科技股供应标的大幅减少，而养鸡的立华股份、做风电整机的明阳智能市值偏大，限制了上涨空间，使得次新股缺乏龙头标的。

8.4 次新股与 IPO：一段相爱相杀史

众多周知，监管层 IPO 的政策既成就了次新股，也是次新的致使弱点，每次政策的变动都会对次新股产生极大的影响，且需要一段时间的消化。而消化的时间长短也要看具体政策转变的大小。总之，次新股与 IPO 就如同一对相爱相杀的恋人，矛盾不断，关系的和好程度也若即若离。

次新周期轮回与 IPO 募集金额关系具体如下表：

时间	时间周期	深次新股指	新股与次新股指	募集金额（亿元）	月均募集金额（亿元）	新股开板家数	开板新股平均募集金额（亿元）
2015.9.16－2015.12.24	3 个月左右	83.33%	102.92%				
2015.12.24－2016.3.9	3 个月左右	−36.36%	−24.46%	152.76	50.93	35	4.37
2016.3.9－2016.11.22	8 个月左右	42.86%	191.68%	1024.84	128.1	144	7.12
2016.11.23－2017.8.15	9 个月左右	−48.75%	−44.82%	1907.84	211.98	265	5.23
2017.8.15－2017.11.15	3 个月左右	30%	20.99%	458.93	152.98	90	5.1
2017.11.15－2018.2.6	3 个月左右	−34.85%	−34.35%	475.45	158.5	71	6.7
2018.2.6－2018.5.23	3 个月左右	36.14%	40.71%	348.73	116.2	32	10.9
2018.5.23－2019.2.1	8 个月左右	−40.24%	−42.87%	6189.82	773.72	71	11.9

可以看到，月均募集金额越高，调整周期越长。2018 年 5 月到 2019 年 2 月和 2016 年 11 月到 2017 年 8 月，募集金额较高，调整周期都在 8 个月以上，不过与 2019 年的这波调整不同在于，因募集金额过高，导致调整之后次新迟迟迎接不来像样的反弹，只能跟随创业板指小幅反弹。

1. IPO 第九次暂停，次新三月大涨 80%

2015 年 7 月，也就是股灾之后次新股指数能走出 70% 的涨幅与当初 IPO 的暂停不无关系。证监会于 2015 年 7 月 4 日晚间急忙暂停 IPO，原定发行的 28 只新股暂停发行，直到 2015 年 11 月 6 日，证监会才开始第九次 IPO 重启。就在一众专家、学者们还在批判这样做的合理性之际，次新行情早已提前爆发。9 月中旬到 12 月底次新板块整体涨幅 80%，近端次新涨幅甚至翻倍。

2. IPO 重启花了三月时间慢慢消化

2015 年 11 月底 IPO 重启，重启后第一只上市及开板的新股为凯龙股份。11 月 30 日上市，开板日为 12 月 30 日，巧合的是，也就在凯龙股份开板的前几个交易日，股市遇上了熔断，次新暴涨行情完成转折快速进入下跌状态。对于 IPO 重启这个大利空市场消化用了 3 个月的时间，好在那时节奏非常缓慢，一月一发，且募集金额非常小，这三个月只募集了 152 亿元，只相当于如今一个独角兽的规模。所以后来即使变成一月两发也并没有阻挡市场转牛的热情。

3. 2016 年 IPO 发行量与次新行情齐头并进，直到最后一刻崩溃了

2016 年 3 月开始，IPO 的加速发行与次新行情的高涨齐头并进，市场乐此不疲，小盘股那么多，让资金欣喜若狂，新股与次新股指数涨幅近 200%，即使扣除狂发新股连板数的影响，近端次新股翻倍的也比比皆是。这中间发行了上海银行（106.7 亿元）、江苏银行（72.38 亿元）、贵阳银行（42.45 亿元）、杭州银行（37.66 亿元）、江阴银行（9.7 亿元）、常熟银行（9.5 亿元）6 只银行股和一只券商股第一创业（23.3 亿元），然后还有三角轮胎、中国电影等这样的大盘股。而上海银行几乎成为压垮这波行情的最后一根稻草，11 月 2 日上市，11 月 18 日开板。除此之外，在这个阶段华安证券（51.28 亿元）、步长制药（39 亿元）也相继上市，而华安证券的上市日 11 月 23 日几乎和次

新行情的转折点发生在同一天。

股票简称	首发上市日	募集金额（亿元）
上海银行	2016-11-2	106.7
江苏银行	2016-7-20	72.38
华安证券	2016-11-23	51.28
三角轮胎	2016-8-30	44.14
贵阳银行	2016-8-4	42.45
中国电影	2016-7-28	41.66
步长制药	2016-11-8	39
杭州银行	2016-10-14	37.67
玲珑轮胎	2016-6-22	25.96
第一创业	2016-4-29	23.3
海兴电力	2016-10-31	22.06
顾家家居	2016-9-27	20.34
中国核建	2016-5-25	18.22

4. 至暗时刻！月均募集金额超 200 亿元，踏入 9 个月漫漫熊途

进入 2016 年下半年，IPO 节奏进入一个峰值，2016 年 11 月之后更是由之前的一月两发变为一周一发。此时次新股行情极度低迷，因为这个阶段正处于 IPO 的变奏期。与此同时，2016 年 11 月底到次年 8 月，一周一发已成定律，9 个月 IPO 募集资金超 1900 亿元，次新股家族庞大到四五百只，成为继创业板之后的第四大板块。因为 IPO 发得实在太多，而且长期萎靡不振，下跌幅度也创历史新高，深次新股指跌超 48%。而行情的转机在于次新爱好者苦中作乐，发现了一个利好的方面那就是小盘股特别多，期间除了中国银行（40.86 亿元）、浙商证券（28 亿元）、中原证券（28 亿元）等大盘股外，募集规模超 10 亿元的只有 10 只左右，平均募集规模只有 5.23 亿元。这其中"小、特、奇"成了市场追逐的热点，到了 2017 年 1 月底，有了白银有色等部分"妖"股出现，在之后中科信息踏着科技股的浪潮率先担起龙头大任，江丰电子、东尼电子等一波优质小盘股"揭竿而起"。

市场上小盘新股不断涌现，给了市场非常好的机会。正所谓塞翁失马，焉知非福，到了 2017 年 6 月底，核发数量与募集金额均创新低，IPO 核发政策日趋稳定，次新板块迎来了一波浩浩荡荡近半年的大行情。

5. 独角兽来了，大金融股再次混杂其中

2017 年 8 月之后，次新行情浩浩荡荡，监管层"呵护"有加，平均募集规模再创新低，但是发行节奏一点没停，尤其是独角兽概念开始风靡，行情遇到转折。

2018 年 2 月有波超跌反弹行情，但是独角兽隐忧一直未除，而独角兽的坏处就在于一方面传播效应太快；另外一方面挤占了优质小盘股的名额。另外，政策导向明显，一方面扶持金融股，一方面又倾斜一个长期具有影响力的巨无霸。粗略统计，2017 年 11 月至今金融股 + 独角兽募集规模近千亿元。

6. 2018 年大金融募集金额回升达 290 亿元，银行、保险密集上市

2018 年共有 10 只金融股上市，合计募集规模 290 亿元，占总募集规模的 21.4%。其中券商股 5 家，银行股 3 家，相比之下，2017 年上市的金融股只有 5 只，募集规模仅 145 亿元左右。分行业来看 2018 年中国人保上市，这是保险股时隔 7 年之后又有公司上市，且一上市就募集了 60 亿元。融资租赁业迎来江苏租赁，募集金额 40 亿元。银行股募集金额大幅攀升至 80 亿元左右，2019 年第一季度银行股募集金额再次达 52.68 亿元，创下小高峰。

近年来金融股IPO募集情况

	证券	银行	保险	租赁
2015	449.74			
2016	294.51 / 74.56			
2017	7.89 / 157.07			
2018	40 / 80.15 / 110.87			
2019Q1	52.68 / 9.77			

2015 年—2019 年 3 月底金融股上市明细

股票简称	上市日期	募集金额（亿元）	股票简称	上市日期	募集金额（亿元）
西安银行	2019/3/1	20.8	江阴银行	2016-09-02	9.72
青岛银行	2019/1/16	20.38	无锡银行	2016-09-23	8.26
紫金银行	2019/1/3	11.5	江苏银行	2016-08-02	72.38
华林证券	2019/1/17	9.77	杭州银行	2016-10-27	37.67
2019 第一季度合计		62.45	常熟银行	2016-09-30	9.51
中国人保	2018/11/16	60.12	上海银行	2016-11-16	106.7
华西证券	2018/2/5	49.67	贵阳银行	2016-08-16	42.45
江苏租赁	2018/3/1	40.00	吴江银行	2016-11-29	7.62
郑州银行	2018/9/19	27.54	第一创业	2016-05-11	23.3
长沙银行	2018/9/26	27.34	华安证券	2016-12-06	51.28
成都银行	2018/1/31	25.25	2016 年全年		368.89
中信建投	2018/6/20	21.68	申万宏源	2015-01-26	—
长城证券	2018/10/26	19.58	东方证券	2015-03-23	100.3
南京证券	2018/6/13	10.42	东兴证券	2015-02-26	45.9
天风证券	2018/10/19	9.27	国泰君安	2015-06-26	300.58
2018 年全年合计		290.87	2015 年全年合计		446.78
中国银河	2017/1/23	40.86			
财通证券	2017/10/24	40.85			
中原证券	2017/1/3	28			
浙商证券	2017/6/26	28.16			
张家港行	2017/1/24	7.89			
2017 年全年合计		145.76			

除去金融股独角兽们募集金额超 600 亿元，2017 年 11 月到 2019 年 3 月底独角兽募集金额超 20 亿元的巨无霸达 13 家，合计募集金额超 660 亿元，这里面还不包括中国人保，具体如下表。

股票名称	首发日期	行业	募集金额（亿元）
工业富联	2018-06-08	电子制造	271.20
迈瑞医疗	2018-10-16	医疗器械	59.34
宁德时代	2018-06-11	电源设备	54.62
华能水电	2017-12-15	电力	39.06

股票名称	首发日期	行业	募集金额（亿元）
鹏鼎控股	2018-09-18	元件	37.14
养元饮品	2018-02-12	饮料制造	33.89
美凯龙	2018-01-17	商业物业经营	32.22
山东出版	2017-11-22	文化传媒	27.12
华宝股份	2018-03-01	食品加工	23.77
药明康德	2018-05-08	医疗服务	22.51
青岛港	2019-01-21	港口	20.95
德赛西威	2017-12-26	计算机应用	20.42
长飞光纤	2018-07-20	通信设备	20.24

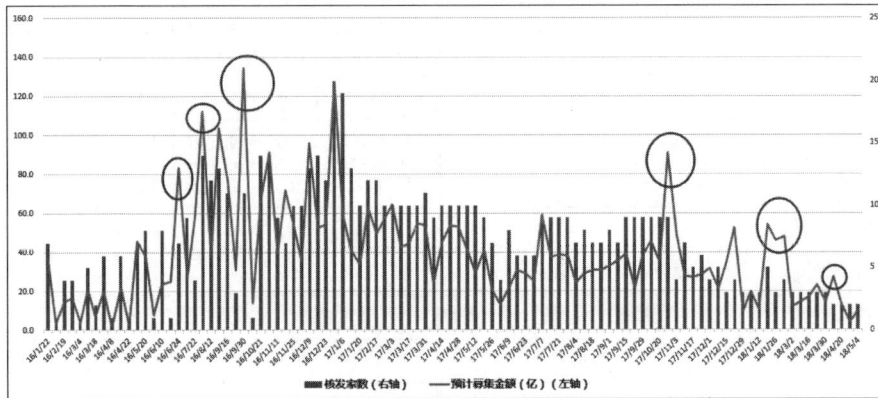

总体而言，关于 IPO 发行节奏对次新行情走势的影响可以简单概括如下：

（1）不怕发行，怕变奏

资本市场需要新鲜血液，就像一家公司需要不断招聘新员工是一样的道理。但是市场怕就怕 IPO 政策突然来个 180° 大转弯，就像公司招聘用人标准每半年甚至每季度发生了大的变化一样。

当然变奏也可以变慢，也可以变快。

变慢甚至暂停，短期来说对新股是好事，但是一定要做好预期那就是几个月后肯定还会恢复常态，就像呼吸一样可以强制性憋气但当憋到一定程度，肯定还是会大口大口呼吸的。

反之，变快也未尝不是好事，只要节奏平稳，能真正多发一些质优、未来成长性好的新股是利于次新行情发展的。毕竟时代在进步，很多新型公司成长起来之后，需要来到资本市场把自己发展壮大。

（2）不怕小盘股，怕超级大盘股

从上面图表可以看到，募集金额高于发行家数的尖点都是有超大盘股出没留下的痕迹，而它们的出没往往预示着一波行情的拐点。从 2015 年牛市时候的中国核电、国泰君安，到 2016 年次新行情顶点的江苏银行、中国电影。

股票简称	招股时间	募集金额	股票简称	招股时间	募集金额
东兴证券	2015-02-02	45.90	第一创业	2016-04-25	23.30
东方证券	2015-03-03	100.30	玲珑轮胎	2016-06-13	25.96
江苏有线	2015-04-03	32.66	**江苏银行**	**2016-06-20**	**72.38**
中国核电	**2015-05-25**	**131.90**	**中国电影**	**2016-07-20**	**41.66**
国泰君安	**2015-06-10**	**300.58**	贵阳银行	2016-07-27	42.45
			三角轮胎	2016-08-22	44.14
			杭州银行	2016-09-12	37.67
			顾家家居	2016-09-19	20.34
			上海银行	**2016-09-26**	**106.70**
			海兴电力	2016-10-21	22.06
			步长制药	2016-10-31	39.00
			华安证券	2016-11-15	51.28
			中原证券	2016-12-08	28.00
			中国银河	2016-12-26	40.86

再到 2017 年 10 月底的山东出版、华能水电。2018 年药明康德作为首只独角兽招股，幸好募集规模减半否则极有可能导致次新股行情的崩盘。

股票简称	招股时间	募集金额	股票简称	招股时间	募集金额
欧派家居	2017-03-07	20.79	华西证券	2018-01-16	49.67
新凤鸣	2017-03-27	20.62	养元饮品	2018-01-22	33.89
苏垦农发	2017-04-24	24.23	江苏租赁	2018-01-30	40.00
浙商证券	2017-05-16	28.17	华宝股份	2018-02-05	23.77
电连技术	2017-07-11	20.32	**药明康德**	**2018-04-16**	**22.51**
财通证券	2017-09-26	40.85			
山东出版	**2017-10-30**	**27.12**			
华能水电	**2017-11-06**	**39.06**			
德赛西威	2017-12-05	20.42			
成都银行	2017-12-19	25.25			
美凯龙	2017-12-25	32.22			

下面再来说说什么样的规模对次新股来说是个超大盘股，一般来讲，募集规模在 20 亿元以上就算大盘股，募集规模超 40 亿元就是超级大盘股，而超百亿元的算得上是一次重量级的考验，像国泰君安那样 300 亿元的募集规

模估计只有在牛市里才敢那么发行。

数据显示，2014 年 1 月到 2018 年 5 月之间，募集规模超百亿元的也就是国泰君安、中国核电、上海银行、东方证券 4 只，超 40 亿元的 16 只，超 20 亿元的上面两张表大多都列了，大概 37 只。大多数新股募集资金规模都在 2 亿 ~ 10 亿元之间，这个占比能超八成。1 亿元以下的袖珍盘太少，只有 2 只，分别是至纯科技、海天精工，碰到了就好好珍惜。

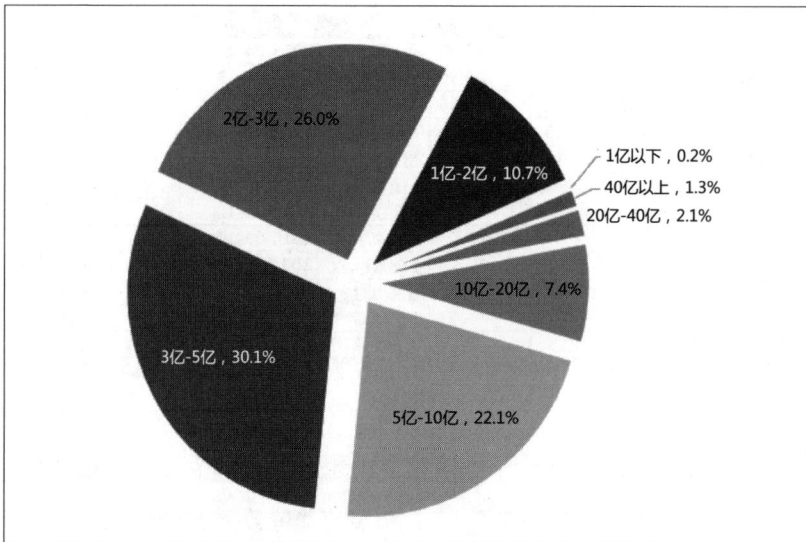

（3）不怕发行就怕股不够好

除了看新股发行的家数，募集金额，市值大小，当然最关键还要看发行的新股质地怎么样。2017 年上半年新股发行进入常态化，每周一发，但是以小盘股居多，更重要的是，其中不乏质地优良的成长股以及真正具有技术含量的新股，如江丰电子、艾德生物、透景生命、三超新材等，也正是因为如此，2017 年 8 月中旬之后才能有一波波次新股大行情，市场开始逐步摒弃传统炒低价股、炒高送转的逻辑，转而开始真正追求质优的次新股，而这些质优股在开板后确实给不少投资人带来不菲的收益。

所以说我们不怕新股发行，怕的是没有投资亮点的新股批量发行，尤其是那些业绩增长空间有限的传统企业。

8.5 做次新时刻保持风险意识

1. 将风险降到最低，提高确定性

监管层特停、IPO 发行加速、跌停家数增多、开板新股赚钱效应减弱、新股连板数增多等。关于次新股你可以列出一系列可参考的风险指标，当一个指标报警时你可以置之不理，但是当多个指标都报警时，千万不能再掩耳盗铃。

2. 未雨绸缪，只吃鱼身

千万不要指望你能买在最低点，卖在最高点。包括海豚也是，虽然海豚在这波次新股行情前后几乎精准地预感到了起爆点，但是我手里的仓位不少也是做左侧交易，经历了一些跌幅才享受到后面的收益。

不要相信有所谓的股神，能把华大从开板拿到 260 元，从头吃到尾。

再说说如何未雨绸缪，当感到风险偏高时，就开始分步减仓，正所谓现金在手，暴跌不慌。小账户不说了，可以全仓一把梭，但账户稍大点，就要动态管理了，真的不要指望在暴跌前一天一口气卖掉所有仓位，一定要留有底仓，而且把底仓腾挪到你觉得相对安全的次新股上。

3. 永不抄底只做估值判断

做次新股永远不要想着抄底，因为次新股的底永远不知在何处。次新跌起来的幅度，只有你想不到的凌厉，腰斩、腰斩再腰斩，每每看到这样的 K 线走势海豚都唏嘘不已。

8.6 次新生命周期再认识，高抛低吸做波段

次新股经历过 IPO 上市后，就相当于开启了资本市场的初步旅程，因为牌照的稀缺性和情绪的炒作影响，次新股在开板后往往会经历股价大开大合的阶段，再之后随着炒作资金热情的散去，其振幅会越来越小，甚至停止跳动。

8.6.1 次新开板的激动时刻

新股开板的那一刻，对每只股票都只有宝贵的一次。在聚光灯照射下，新股往往以它特有的方式叙述着自己的来历。

有些新股极受追捧，迟迟不开板，还未开板各种研报就满天飞，就像小米的饥饿营销，暴雪游戏的跳票，吊足了无数人的胃口。但是在股价的世界里只有高估和低估，当开板价过高时，买到的人会发现吃了大亏，就像淘宝的有些网红店、雕爷牛腩之类的，做足了营销，但是其质量是否名副其实大家心知肚明。典型的如华大基因开板的时候，就连创始人都跑出来弄各种噱头，追捧各种想象空间后续也是漫漫阴跌路，腰斩再腰斩等。

有些新股题材好、业绩好，意外提前开板，或者在合理估值范围内开板，而且开板后恰逢情绪好转，那什么都不说了，等的就是这种机会，如东尼电子、智动力、江丰电子。但是海豚清醒地知道，开板后即使拉升超50%甚至更多，后续还是会从哪里来，回哪里去，该止盈时则止盈。

有些新股备受冷落，没人关注没人爱，因为没什么题材，默默地开板后有的一路阴跌，有的则会被个别游资炒作，被打造成所有人都看不懂的"妖"股，而这些"妖"股有些特点，如股价超低、新疆股、西藏股、行业方面以传统行业居多（如建筑工程等）。

8.6.2 次新开板第一波

正所谓万事开头难，次新的第一波参与难度极大，为何？技术指标全部失效，唯一可以粗略估算的只有合理估值区间。如果有可比公司的还能毛估，如果没有可比公司那就是在做A股历史性的估算，难度可想而知。于是乎，大多数人在这个阶段都看不懂，那怎么办？只能凭情绪去博弈。再有就只能深挖题材，尽量寻找有业绩支撑的标的，这也是为什么海豚总是喜欢对各路次新的招股书"掘地三尺"的原因。

8.6.3 次新股的第二春

正所谓老树也能发新芽，老次新股里也有机会。如果初入股市的投资者受不了次新股第一波的心惊肉跳，那不妨尝试做次新股第二波。狙击目标可以分为三类：

1. 第一波的标杆股调整到位

股性会反复活跃，如若一只次新股在第一波被资金关注过，有过较大的波幅，那不妨等次新股情绪落潮，等其调整下来后参与第二波，最好的调整幅度是能到开板价附近，当然较开板价位置越低越安全。如曾经的全志科技，海豚第一波就没赶上，在后续的高送转预期刺激下走出了第二"春"。

2. 第一波开板后狂跌不止，腰斩甚至再腰斩的次新股

这种次新股的参与，要做到以下几点：

要建立在对其基本面的足够认识上，否则很难建立起持股信心。

要多对比可比次新。

要再跌再补仓，因为没有人知道底在哪里，也很难买到最低点。

要有足够的耐心，守株待兔，相信总会有风口吹到这里来。

典型的例子如当初的迈克生物，股市下跌时开板，并没有想到会有那么严重。因为极度看好 IVD，所以开板后无脑试仓买入，但是此后狂跌不已，在跌幅超 20% 左右，也就是开板后第四天忍痛卖出。再之后看 K 线走势有些回暖又试仓买入，不过次日坚决止损。直到跌幅腰斩的时候开始大仓位进入，并在接近底部大手笔补仓，此后迈克生物终于止住狂跌态势，开始有波段拉升，并在 2015 年下半年走出一波大行情。这中间虽煎熬但好过第一波剧烈下杀。

3. 寻找契合当下热点的老次新股

其实有第一波的次新股在那里当靶子，第二波次新就好找了。第一波次新中，苹果概念好，就找找有没有老的调整下来的次新；第一波芯片股不错，就找对应的。如华大基因在那里天天冲击涨停，那不妨看看透景、凯普，虽然慢点但安心。

8.6.4 谨记大多次新会一路阴跌

对于次新股第二春还需注意的是，通过复盘近三年内做过的近百只牛股次新，跌幅巨大让人唏嘘不已。基本只有如先导智能、赢合科技这样的锂电池次新走出了三年十倍甚至二十倍的慢牛行情。有 10% 的股票在上市三年内

股价一直在开板价左右震荡已算是很不错的走势，80% 以上的股票在上市后都一路阴跌，跌幅在 50% ～ 60% 不等，这一下跌在上市一年之后尤为加剧。总体结论如下：

（1）上市连板数在 20 板以上还有赚钱概率的微乎其微。

（2）第二波、第三波主升浪行情大多发生在上市半年以内，且多数是一浪低过一浪，一浪高过一浪的行情想必只有 2015 年牛市前后才发生过，如中文在线、万达院线等。

（3）能走出持续上涨独立行情的次新近三年几乎绝迹，除了先导和赢合，极个别有业绩支撑的个股。

上述几只股票只有个别次新能走出类似于先导、赢合那样的独立行情，前提是要有业绩，且两年后还能翻倍。

无数次新会阴跌，其前提无疑是败在了业绩上，毕竟为了冲刺 IPO，不少股票都过分透支了业绩。因此做次新要想长期活下去必须看估值、看业绩，千万不能想着只凭着技术指标就可以抄到底，底下还有底，腰斩再腰斩的比比皆是，望各位有空可以多复盘。

第 9 章
次新股估值

本章主要内容包括:

➤ 估值方法知多少

➤ 市盈率法实战快速应用

➤ 次新估值到底该溢价多少

9.1 估值方法知多少

估值看起来是一个既复杂又简单的事情。专业金融机构搞得各种估值模型显得神乎其神，各种参数公式让普通投资者望而却步，事实上估值又是那么简单，有时真不是公式计算出来的结果，而是市场各方谈判博弈出来的结果。

如很多初创企业的估值，在市场之前的每轮估值尤其是在没有稳定盈利之前，不少都是靠画蓝图撑起来的估值。尤其是互联网企业，表现得尤为突出，无法像传统企业那样知道产能、产量进而精确地知道未来的销量，甚至哪天用户会突然暴增，用户暴增后能变现多少、客单价能否提升这些计算未来估值的关键信息都未知。所以最终给企业多少估值只能凭感觉、看团队背景，甚至有时就单单是未来投这个赛道，每个小企业都下点小注，最终以小博大即可。

不过不管怎样，做投资还是要看估值，在投资的实践中也有无数估值方法诞生，目前已知的主要估值法如下图所示：

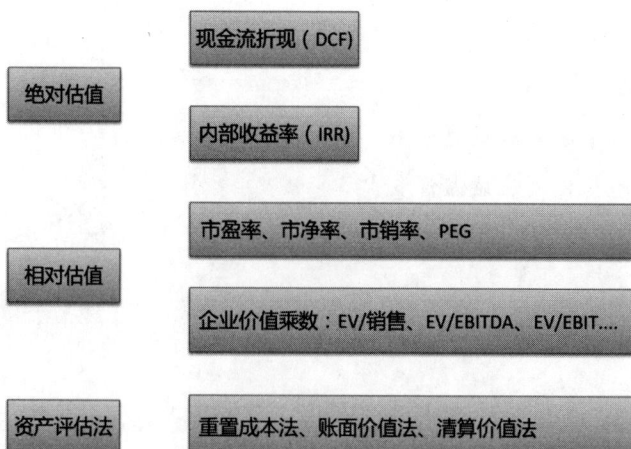

绝对估值	现金流折现（DCF）
	内部收益率（IRR）
相对估值	市盈率、市净率、市销率、PEG
	企业价值乘数：EV/销售、EV/EBITDA、EV/EBIT……
资产评估法	重置成本法、账面价值法、清算价值法

9.1.1　绝对估值法

　　这其实是项目管理中衍生出来的方法，其简单的道理就是假设把未来的现金流换算成今天的价值。举个简单的例子，今天我决定要买一只母鸡，这笔买卖划算不划算呢？

　　这时我在脑子里就会快速运算，首先母鸡可以下蛋，假如两天下一颗蛋，一个月 15 颗蛋，假设 1 斤鸡蛋 5 颗鸡蛋，15 颗也就是 3 斤。按照鸡蛋市价 1 斤 5 元左右去计算，1 个月卖鸡蛋可以产生 15 元，12 个月就有 15×12=180 元；再假设母鸡能下 2 年蛋，那么未来 2 年下蛋收益为 360 元，除此之外 2 年后我还可以卖掉获得 50 元左右的清算收入。

　　粗略估算总计收入 230 元，这里面还需扣掉我喂养母鸡的饲料成本，还有鸡舍固定资产的折旧成本等，此外这里面还有时间成本，我就开始贴现：收入的贴现为 $230/(1+5\%)^2=100$ 元左右。成本还需更多数据去支撑。

　　这样计算下来貌似合理或者已经很精确，但事实上里面有很多假设和变量我们很难估计准确：

　　（1）母鸡下蛋的频率，未来两年到底会下多少蛋？

　　（2）母鸡能下几年蛋？如果未来 2 年突然得病死掉了怎么办？

　　（3）鸡蛋的市场价格是会波动，而很难说一直是 1 斤 5 元。

　　（4）母鸡清算时候，鸡肉的价格和行情是怎么样的。

　　（5）这也是做估值最头疼的，就是资金贴现成本，贴现得越精确越困难。比如不排除我在卖鸡蛋的时候会有压货的风险，所以很难知道现金流入的精确时间点，再比如资金成本也是波动的，利息总在变化。

　　（6）成本支出会是多少？会不会有一些不可预测的成本？

　　总之，绝对估值法里的现金流折现（DCF）或者说是内部收益率法（IRR）虽然看似精确，但其实很多变量参数非常难以控制，未来股利、现金流、贴现率的确定大多较难，主观假设的因素对最终结果影响较大；且所需数据比较多，模型操作比较复杂，并不适合大多数的普通投资者，除非你能像做工程一样知道精确的数据及信息。

9.1.2 相对估值法

小时候上物理课时我们学过运动的相对性，物体是否在移动和所选的参照系有直接联系。比如，车上的人以汽车为参照系那么他觉得自己没动，但车外的人以路边的物体为参照系却看到的是汽车在快速移动。可以说选取的参照系不同得出的结论也是大相径庭。这个道理同样适用于投资领域的估值，而一家标的公司估值的高或低和所选的参照物（在这里我们叫可比公司）有直接的关系。所以在相对估值法的方法论中可比公司选取的准确或恰当与否直接关系着我们的成败。而这也是进行相对估值法非常关键的第一步。

第二步就非常简单了，就是确定估值使用的参数。

按照参数种类的不同，相对估值法又分为权益乘数法和企业价值成熟法，具体如下表：

权益乘数法			
指标名称	优点	缺点	适用范围
市盈率 PE	操作简单	不适用于市盈率收益为负的公司；忽略了摊销折旧资本开始等因素，易受债务杠杆影响	周期性弱，盈利稳定行业（公共服务、食品、道路运输业等）
市净利 PB	净资产通常为正，且相对每股收益更为稳定	不适于轻资产行业，不能反映出无形资产价值，不适用于商誉和知识产权较多的服务行业，以及固定资产较少的科技行业	金融行业，券商、保险、银行、房地产、投资公司等周期性强、有大量固定资产且账面价值比较稳定
市销率 PS	营收难以操控，且一般为正	未考虑成本变化，不能跨行业对比，若关联销售较多则会失真	周期性行业，盈利不稳定的公司但营收相对稳定
企业价值乘数法			
指标名称	优点	缺点	适用范围
企业价值/销售收入（EV/Sales）	能识别面临短期运营困难但有很强生命力的公司	不能跨行业对比，比较对象成本结构必须相似	早期高成长但盈利能力有限或亏损的企业
企业价值/息税折旧摊销前利润（EV/EBITDA）	可以比较不同财务结构的公司，剔除了折旧摊销对估值的影响	不适用于有高负债或大量现金的公司；负债市值通常只能用账面净值替代；没有考虑税收因素	准垄断或巨额商誉的公司；拥有大量固定资产和折旧摊销的制造业。盈利不稳定但毛利、EBITDA 为正

续表

企业价值 / 息税前利润（EV/EBIT）	便于在不同财务结构，不同项目公司之间比较	负债市值通常只能用账面净值替代	有盈利的服务型公司

在这里重点来说什么是企业价值，它比单纯的市值又好到了哪里？其计算公式具体如下：

企业价值（EV）= 权益市值 + 企业债务净额 = 权益市值 + 总负债 - 现金及现金等价物 + 少数股东权益 + 优先股。

看这一堆公式是不是很头晕，简单理解企业价值就是如果要购买一家持续经营的公司需要支付多少价钱，这笔钱不仅包括对公司盈利的估值，还包括需承担的公司负债。所以从收购交易的另外一端来考虑，企业价值也就是说普通股股东、优先股股东、少数股东、债权人等，除掉现金的主张与索求。

具体拆解如下图：

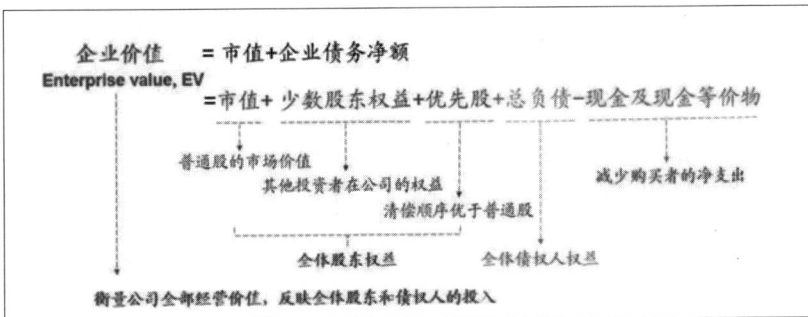

举个简单的例子：

假设市值 100 亿元，有 100 亿元负债，账面还有 80 亿元现金，你收购它需要花费：120 亿元（EV=100+100-80=120) 来购买。

当然 EV 也分很多种，如果全部加起来就是总 EV（total EV），减掉非营业资产就是营业 EV（operating EV），再减掉非核心资产就是核心 EV（core EV），所以根据分母的不同（比如现金流的不同），你应该使用不同的 EV。

企业价值乘数相比权益乘数的好处在于：

（1）全面，至少比权益型要全面，真正做到巴菲特提倡的把股票当成整个生意来看，而不仅仅是通过一个股东来看估值。

（2）受到杠杆扭曲的影响较小。

（3）受不同的会计规则扭曲的影响较小。

（4）受非核心业务扭曲的影响较小（如使用核心 EV 估值）。

1. EV/EBIT

PE 的一个进化版本是 EV/EBIT。

EBIT 有两种计算方法，既可以是 EBIT ＝净利润＋所得税＋利息，也可以是 EBIT ＝经营利润＋投资收益＋营业外收入－营业外支出＋以前年度损益调整。

EBIT 和净利润相比排除了税收、利息等政策性、资本结构性的因素影响，更加强调衡量企业的业务本身的价值。

2. EV/EBITDA

PE 的一个进化版本是 EV/EBITDA。

先说 EBITDA 税息折旧及摊销前利润，你虽然可能眼生但是 EBITDA 实在算不上高深，无非就是营业利润加上折旧和摊销的花费。

在这个完美主义的公式里用来替换 P/E 的分母 E。顾名思义，EBITDA＝净利润（E）＋利息（I）＋所得税（T）＋折旧（D）＋摊销（A）。它剔除了企业净利润（E）中资本结构的影响（I）和不同地区所得税影响（T），忽略了财务口径下本期应分摊沉没成本（D、A），把权责发生制的净利润（E）转换成收付实现制的现金流。因此，比起把 EBITDA 看作一种利润的变形，倒不如把它理解为一种理想的经营现金流的概念——在没有外债、没有税收的理想环境下，企业当期经营产生的现金利润究竟是多少。

可以说 EBITDA 排除了折旧与摊销对利润的影响，更多强调对企业的经营业绩进行评估。在工业企业中，折旧与摊销对利润的影响往往非常大，它们既是调节利润的手段，也是财务造假的工具。净利润加回折旧摊销和息税，就同样排除了资本结构差异的干扰。

此外，摊销中包含的是以前会计期间取得无形资产时支付的成本，而并非投资者更关注的当期的现金支出。而折旧本身是对过去资本支出的间接度量，将折旧从利润计算中剔除后，投资者能更方便地关注对于未来资本支出的估计，而非过去的沉没成本。

总之由于对种种可变因素的剔除，EV/EBITDA 的可比性变得更好。

9.1.3 重置成本估值法

重置成本是指现在一个新的、和目前企业的产能效率一样的企业需要花费的成本。这实际上才是真实的"PB"。

对科技股来讲，这一成本接近于无法计算，但是对能源、基建、零售等公司来讲，重置成本有重要的意义。

假设今天市场中存在着 100 个竞争对手。然后一个精明的商人想要进入这个市场，一般有两个方案：

（1）自己建立一个企业，与这 100 个对手竞争。

（2）从这 100 个竞争企业里收购一家企业，进入这个市场。

那么，在什么情况下，使用方案 1，什么情况下，使用方案 2 呢？其实非常简单：当目前市场中企业的市值小于重置成本时，精明的商人会选择收购。当目前市场中企业的市值大于重置成本时，商人会选择自己建立企业。

从行业角度来看，如果一个行业在周期性低估时，整体的价值小于其重置成本，这意味着这个行业很难再有新的进入者了。

在炼油厂行业，一座炼油厂是买贵了还是买便宜了的最重要核心指标之一就是重置成本。一座炼油厂的重置成本，实际上就是把这座炼油厂拆了，重建一座一模一样的需要支付的开支。

一般重建成本分为：绿地重建成本（GreenfieldReplacement Cost）和污染地重建成本（Brownfield Replacement Cost）。

绿地重建成本是指在没有污染过的土地上重建设备的成本。一般绿地重建成本会有昂贵的环保费用。污染地重建成本指的是在已经发生过污染的地方重建设备的成本。

9.1.4 估值的起点——商业模式

无论哪种估值方法，尤其是相对估值法，首先要确定的是估值的起点。

估值的起点是企业的商业模式。商业模式的划分从两个维度来看，资产的轻重与否、客户是 2C 还是 2B ？

1. 2C 的企业一般比 2B 的好

一是因为客户对企业产品的议价权很弱，使得企业有较强能力保持利润率并且没有太多应收账款，因此现金流好；二是 C 端的产品只要营销做得还行，很容易上量；2B 的企业反过来，第一，往往是 B 端客户会要求企业定期降价（典型是电子元器件，苹果每个季度都会要求供应商降价 5%~10%），并且往往容易形成大客户制，所以应收问题较大，导致现金流不好（比如主要客户是电信运营商、政府或医院的企业），第二，前期需要花很久的时间搞市场和资质认证，上量相对慢（典型的是汽车行业，资质认证需要 2~3 年）。

2. 轻资产一般比重资产好

重资产有两个很显著的问题，第一是机器设备有固定的折旧，无论企业赚钱不赚钱都要在利润表里扣出去，因此一旦企业的产能利用率有所降低，利润会马上下去；其次如果发生技术进步，之前投入的大量的设备资产价值会突然降低（莱宝高科非常典型）。

两个维度一交叉，自然是轻资产 +2C 的企业最好，应该给最高的估值起点；而重资产 +2B 的企业最差，应该给最低的估值起点。

互联网公司就是典型的轻资产 +2C，所以你看全世界资本市场互联网公司估值都容易给得高，经常能看到"市梦率"；而机械制造、电子元器件公司是典型的重资产 +2B，全世界都给最低，经常个位数 PE 估值。确定了起点，然后才是选择怎么估。

9.2 市盈率法实战快速应用

9.2.1 如何快速计算估值倍数

说起市盈率，市面上关于这一指标的诟病可以说非常多甚至还搞出很多笑话。但不管怎样，这都是在股市实战中最有效的方法。因为身为普通投资者的大多数人确实没有那个精力去建复杂的模型、去算各种企业价值，除非你要搞大的收购去举牌一家上市公司。

市盈率有两种计算方法：既可以用"股价／每股收益"，也可以用"总市值／净利润"。

第一种方法计算起来比第二种相对复杂，尤其是每股收益因分母股本数的计算不同而分为很多种：

（1）基本每股收益：分母为发行在外普通股加权平均数，其要义就是"加权"二次。

比如，2006 年年末的股本为 8000 万股，2007 年 2 月 8 日，以截至 2006 年总股本为基础，向全体股东每 10 送 10 股，总股本变为 16000 万股。2007 年 11 月 29 日再发行新股 6000 万股。

比分母是这么计算的：8000+8000*（10/10）+6000*（1/12）

对于报告期内新发的新股，债转股等股份增加数，要乘以（增加股份次月至期末累计月数／12 个月），对于回购减少的股份同理计算。

（2）稀释每股收益：影响稀释的普通股主要有可转债、认股权证、股票期权等。以可转债为例，可转债具有转换为股权的可能，那么股本数除了普通股还有加上可转债转化为普通股的股数，与此同时，净利润也要加上债券利息，因为可转债转为股权后就不需要支付利息了。

（3）全面摊薄每股收益：分母为扣非净利润，分子计算股份数时按期末数，而不用平均数。

对于做次新股来说，必然会遇到增发新股的问题，基本每只新股都会新发行股份，因此实战中更多按全面摊薄的方法去计算，股份数取发行后总股本数，分母去除扣非净利润，若实在没有扣非净利润再退而求其次用净利润。

第二种方法"总市值／净利润"的好处在于，不用考虑摊薄的影响，所以如果想快速计算一家公司的估值倍数，那么就去找总市值，还有最新年度的净利润（这里最好优选扣非净利润），如果出了最新年度的业绩预告或业绩快报就更好了，如果没有出就自己按照去年的净利润估算一个增长率。

9.2.2 静态、滚动、动态市盈率到底哪个好用

大家看股票软件看多了，经常发现 PE 后面有各种莫名其妙的英文简写，TTM、LYR 等，但到底有什么区别可能有些人还分不清楚。

静态市盈率（LYR），同花顺显示是市盈率（静态），计算净利润时采用的是最新年报里的净利润数据。假如现在是 2019 年 2 月，年报还没出，那么用的就是 2018 年的净利润数据，因此比较滞后。

滚动市盈率（TTM），计算净利润时采用的是最近 4 个季度的净利润总额，比如现在为 2019 年 9 月份出了 2019 年二季报，那么其计算公式为 18Q3+18Q4+19Q1+19Q2 的净利润总和[1]。这种方法的好处在于最大限度地利用了历史信息。

静态、滚动市盈率的好处就是精确，可以精准计算，坏处就是对于高成长性的成长股来说适应度较低，这样计算出的市盈率普遍偏高。

动态市盈率又分为动态年化市盈率、预期市盈率：

动态年化市盈率 = 当前总市值 / 当前报告期年化净利润。年化净利润如何折算？量化指标当然简单粗暴，如果只披露一季报，一季报的净利润乘以 4；披露中报，就给中报的净利润乘以 2。

数字是可以精准计算了，但是非常不适用于一些季节波动性较大的企业，比如以政府客户为主的大多集中到三四季度确认订单。

预期市盈率 = 当前总市值 / 当年预测净利润动态市盈率。预测市盈率用的是最新年度的预计净利润，假如现在是 2019 年 8 月，预计一下 2019 年净利润会是多少？这种方法海豚认为是最可取，但是如何预计确实是个难题。

一般每年 10 月到次年 3 月这个区间预计可取性最大，因为会有一部分公司在这一期间提前在三季报里预计全年净利润，到了次年 1 月底前基本所有的公司都要出业绩预告，且只剩下最后一个季度，使我们预测的难度大大降低。

海豚一般采用如下方法预计：

（1）有年度业绩预告的，用业绩预告的净利润上限及下限分别计算，若业绩预告里也预告了非经常性损益的数额，那么减去后用扣非净利润的上下

---

1 18Q1 为 2018 年第一季度，18Q2 为 2018 年第二季度。

限计算。

（2）有业绩快报的，直接用业绩快报里的净利润计算。

（3）没有预告，也没有业绩快报的，用三季度的业绩增速去预计全年的业绩增速，并适当打折扣，当然如果行业处于高度景气时除外，如果行业较为传统则折扣打得要更多一些。

如 2018 年三季度预计增长 100% 以上，那么全年扣非净利润一般能到 60% 左右就很不错了。打得折扣会多一些。

如 2018 年三季度预计增长 50% 以上，那么全年扣非净利润一般到 30% 左右。

以此类推，要结合公司本身质地和行业在心中打一个分值。

（4）没有预告，也没有业绩快报的，也可以用另外一个办法去预计全年的业绩增速。那就是只预测四季度的增长，参考上一年同期四季度的同比增长及三季度的环比增长去给予一个适当的增长数值的估算。

9.2.3 找可比公司估值做参考

要想估值估得好，除了尽量精确地去预计公司本身的估值水平，还要找好可比公司。海豚将可比公司按照可比性分为三类：

（1）泛可比公司：可比性最低，只和公司属于一个大类或者一个产业链上，但是细分领域完全不沾边。比如，药石科技作为药石砌块第一股，A 股没有完全可比公司，但是从行业大类上均属于医药研发服务商，与凯莱英、昭衍新药这样的 CRO、CMO 公司属于一个产业链上，因此估值上可以参考。但是因为药石科技作为第一股本身享受一定的稀缺性溢价，且行业进入门槛高，技术壁垒明显，因此药石科技的估值水平要高于凯莱英。

（2）部分可比公司：第一种情况是 A 公司主营 90% 以上都是做这个行业的，但是 B 公司为全产业链龙头，其营收可能只有 10% 甚至更低，这种情况下可比性就会大大降低。比如，光威复材为纯正碳纤维第一股，但康得新等仅涉猎了一点且远远没有盈利，这种情况下的可比性几乎为零。

第二种情况是 A 公司主营 60% 做这个行业，B 公司主营 30% 做这个行业，两者营收占比相差并不悬殊，这种情况下可比性就会比第一种情况好很多。

（3）多细分领域可比公司：若一家公司产品单一，行业明确，寻找可比公司非常简单。但事实上很多一般上市公司会涉足多个领域，这种情况下我们尽量选择营收额占比较高的两三个领域的对标公司去做估值参考。比如，璞泰来通过收购快速布局了锂电行业的负极材料、隔膜涂覆、铝塑膜、涂布机四大领域，并且市场占有率均为全国前列。但我们仔细去看其营收结构，负极材料营收占比达六成左右，那么找负极材料的对标公司的参考性更大。

（4）直接可比公司：这种适用于产品单一的公司，且细分领域明显。当然细分这个词要做到多细比较好呢？海豚的观点是只要能找到直接可比公司，且可比公司数量降到七八家以下就可以。比如，做体外诊断的上市公司，如果拉名单可能会有好几十家，这种意义就不大，还需要进一步细分，比如有做化学发光的安图生物、新产业等，有主打肿瘤诊断的艾德生物，有做基因检测的华大、贝瑞等。但是比如说POCT行业总共就三只，明德、基蛋、万孚，这个时候就没有必要再去细分哪家是以妊娠诊断为主，哪家以心血管诊断为主了。

9.3 次新估值到底该溢价多少

从一级到二级之后，最大的好处就是流动性变化，因此天然享有估值溢价，而次新股板块作为二级市场中最活跃的板块，其估值溢价也必然高于老股。新股上市发行市盈率基本都在23倍左右，基本翻倍后市盈率都在40倍以上。当然次新相较老股到底该溢价多少？这个除了和次新股大势相关外，具体到个股也许要根据经验来判断，而经验判断的前提就是我们前面所做的一系列看似枯燥乏味的基本面剖析。

实战中总结如下规律：

（1）一般情况下会较老股溢价10%左右；

（2）如果为行业内第一股，且技术含量高，行业进入门槛较高，80倍以上也有可能，但一般来说，百倍市盈率绝对是一个风险阈值，要引起足够警惕；

（3）如果公司为绩优股，赶上了行业爆发期过去，业绩翻番的涨，那么其也享有较高的估值溢价，比如 2018 年年底光伏设备行业的捷佳、迈为，开板后不断创出新高。再比如 2015 年的先导智能也是赶上了新能源行业的大发展浪潮；

（4）如果公司为小盘股、低价股，可比公司为曾经的龙头股，也会享有较高的溢价；

（5）对于大市值股票要给予一定的估值折价，要想让一个千亿市值的新股估值百倍，基本面再好也比较困难，能有 60 倍以上的估值就很不错了。

以上为经验总结，仅供参考，不作为买卖建议。

第 10 章

建好投资清单

本章主要内容包括：
- ➤ 投资中会犯的错误
- ➤ 建立初步覆盖清单
- ➤ 做好上市公司业绩跟踪
- ➤ 主力动向跟踪
- ➤ 并购重组

美国的一位外科医生葛文德从其专业视角写过一本书叫《清单革命》，不得不说我们人人都会犯错，人的脑子可以说是有限的，有句老话说得好——好记性不如烂笔头，清单不只适用于外科手术、建筑、飞机操作，更适用于异常复杂的投资活动中。

外科手术一旦出错就会酿造成一场重大医疗事故；飞行员遗漏某个细节就会造成重大空难；一个投资上的错误决策将会使资产快速缩水，不过在投资的过程中我们往往是身在其中常常找不到失误的根源在哪里。这种情况下大多数人将其归为运气不佳，最终使得投资成为一场赌博。

所以我们更需列清楚清单，这样才能按图索骥不断纠正我们的错误，然后不断成长。据相关统计数据显示：一张手术清单，让原本经常发生的手术感染比例从 11% 下降到 0；一张建筑清单，让每年建筑事故的发生率不到万分之二；一张投资清单，让一个投资组合的市值竟然增长了 160%。

所以正如做一级投资时我们要有尽调清单等一大堆的文件，做二级投资尤其是次新股投资的我们也需要三份清单，做到从公司上市起就能紧密跟踪从而了然于胸：个股的初步覆盖清单、个股的动态跟踪清单、市场形势的动态跟踪清单。

10.1 投资中会犯的错误

人非圣贤，孰能无过。人经常会犯两类错误，一类是无知之错，就是没有掌握相关知识而犯的错误；一类是无能之错，就是没有把知识运用正确。对于无知之错很容易去弥补，比如多看几本书或者去网上搜索，知识都非常容易获得。但是人与人之间的差距最主要是体现在无能之错上，怎样把知识运用正确才是其中关键。《清单革命》中清单也主要规避的是无能之错。

《清单革命》又进一步将无能之错分为简单问题（简单明确好解决）、复杂问题（专业性强技术复杂）、不确定性的极端复杂问题（结果非常不确定，比如养育子女），其对应了三份清单——执行清单、核查清单、沟通清单。

那么股票投资这个事情属于哪类问题呢？可以说其既简单又复杂，简单就是没有门槛一买一卖即可完成，复杂就是其深层次还具有较强的专业性，需要经过一系列学习，最后投资更可以说是一项不确定性的极端复杂问题，因为即使我们非常努力，进行细致的基本面、技术面的剖析，但就是没有取得超额收益。

也正是因为股票投资既简单又复杂的双重属性，使得我们在投资中经常会犯下如下错误。

10.1.1　没搞清楚公司到底是做什么的

在 A 股因为炒概念、炒题材风过盛，所以不少人连买入公司是做什么的也没搞清楚，就凭着别人的推荐、网络的荐股，甚至一个概念就盲目买入。最后错将题材票当中长线票长拿，甚至变成温水煮青蛙式的痛苦。

不得不说人的天性大多是懒的，光看代码然后买入，然后直接看股价走势，可以说是二级市场最简单的投资方法。但是如果这样，我建议还不如每天抓阄决定，因为在牛市中已有无数的实验表明无脑选择可以跑赢大多数的基金经理。但是我想作为投资者收获的除了超额收益外，我们通过投研还可以收获其他更多的东西——比如对行业的把握、一种更高的眼光，而这些将会给工作和生活带来更多无形的东西。

所以如果打算投资还请从搞清楚公司是干什么的做起，全面了解公司业务，起码看看股票软件 F10 里的公司简介和产品信息，而这反过来也有助于对题材概念的把握。比如锋龙股份，很多人就知道其开板涨得好，尤其赶上了贸易战风口，其出口占比较高成为股价的催化因素之一。再后来股价屡屡有表现，很多人就不能理解，就是一个做园林机械的，除了盘子小找不出其他原因，其实这就是没做完基本面挖掘造成的对消息刺激的后知后觉，因为锋龙是两块业务，除了园林机械，其还有一块汽车零部件业务，因占比较小而被大多数人忽略，也正是因为有了这一题材，所以每次汽车零部件有利好出来锋龙都会一马当先。

10.1.2　对持股过度看好

　　投资的过程也是一个盲人摸象的过程，我们往往身在其中而不能看清全貌。尤其是大多数人也往往容易对持股过度看好，对于自己的持股往往只见亮点却忽视风险。这种情况对投资次新股是危险的，因为大多数新股上市前的业绩都有包装粉饰的可能。

　　所以新股在上市之后出现业绩增速放缓，甚至净利同比增速下降的可能性是非常大的，如果我们在投资次新股时只看到了各种题材亮点，而在持股过程中忽略了各种风险，往往会造成不必要的损失。比如，海豚遇到的卫光生物开板后就遇上了华兰生物业绩预告下修，行业整体形势低迷；精研科技上市后业绩不是增速放缓，而是净利同比大幅下降，2018 年一季度扣非净利同比大降 98.96%，之后二、三季度降幅有增无减，谨慎的可能在 2017 年年报出来时就会果断抛弃，但意志不坚定的也应该在 2018 年一季报出来后果断止损；再比如华大基因一波爆炒后不断曝出的"举报门"事件等。作为持股者我们大多数人都容易过于乐观，而对一而再、再而三的各种风险事件充耳不闻，最后只能站在高高的山岗上。

10.1.3　搞不清楚仓位的轻重

　　众所周知，我们做事情的时候都要有一个优先级，因为一堆的任务不可能同时进行。在股票投资时一个最大的难点就是仓位管理，一只个股上涨多少并不直接决定你的收益，而是要看你的持仓情况，尤其是重仓股的表现。

　　但往往对于持仓的个股大多数人都是同等对待，不同类别给予不同的操作手法，至于持股占比的多少几乎就是随机决定，甚至将一只连续阴跌的个股不断加仓加成了自己的重仓股。

　　这时候我们需要给自己的持仓股打个分，哪些是题材票，做短线，哪些是业绩票，做中长线。并结合基本面、题材面、消息面等给予综合的评分，这样该重仓哪个轻仓哪个就了然于胸。

10.2 建立初步覆盖清单

初步覆盖清单主要是为了搞清楚公司是做什么的这一问题。可能很多人觉得我脑子灵光，过目不忘，能记清楚。但是上市公司股票有近四千只，近三年上市的新股达七八百只，随着时间的推移真的难以保证我们不会遗漏一些中间的细节。这个就相当于是一个简单的问题，我们要列出一个执行清单能解决容易出现的错误。因为毕竟现在信息这么发达，要了解一家公司是做什么的并不困难，难的是你能否记清楚自选十几家甚至几十家、上百家公司是做什么的，彼此又有什么关联，哪些又同属一个板块，他们的股价联动性如何等。

10.2.1 一句话说清楚公司业务

做一级投资看项目时，往往要求被投资公司在做路演时一句话说清楚你的业务、产品、商业模式、竞争优势等。因为大家的时间都很宝贵，每天投资人需要看好多项目。那么对一家在 IPO 之前已经做过多轮融资的上市公司来说，其对于公司业务必然有一套非常严谨的说法，否则也融不到钱。那么我们在做初步覆盖时要做的就是从公司的描述中提炼核心要点，越简练越好，最好字数不超 30 字，因为长了也记不住。

举个例子：

罗博特科官网里的公司简介描述如下：

罗博特科是专业的智能制造系统提供商。自主研发、设计满足客户需求的高精度、高效率的智能制造解决方案。专注于清洁能源、电子及半导体、汽车精密零部件和食品药品领域的智能制造系统解决方案，包括智能生产设备、智能仓储设备、智能物料转运系统及智能制造执行系统。

罗博特科在招股书里的公司业务介绍描述如下：

公司是一家研制高端自动化装备和基于工业互联网技术的智能制造执行

系统软件（MES）的高新技术企业。公司拥有完整的研发、设计、装配、测试、销售和服务体系，为光伏电池、电子及半导体、汽车精密零部件、食品药品等领域提供柔性、智能、高效的高端自动化装备及制造 MES 执行系统软件。目前公司产品主要应用于光伏电池及汽车精密部件装配测试领域，不仅为国内客户实现了进口装备的替代同时还实现了对外出口。

公司高端自动化装备主要应用于工业生产过程，具体产品包括智能自动化设备、智能检测设备、智能仓储及物料转运系统，通过上述装备可以帮助客户提高生产效率，降低人力成本，为未来整厂智能化系统打下硬件基础。以公司所产扩散自动化上下料设备为例，该设备产能可达 20000 片 / 小时，碎片率低至 0.02%，产品性能要优于国内外同类型设备 8000 片 / 小时的产能和 0.03% 的碎片率，确立了公司产品高技术、高品质的市场地位，公司先后与阿特斯、乐叶光伏、天合光能、通威太阳能、晶澳太阳能、爱旭科技、REC Solar 等国内外知名的光伏厂商建立业务合作关系。

同时，公司提供的智能制造 MES 执行系统软件是整厂智能化系统的核心软件，通过上接 ERP 系统下接生产设备实现生产任务分配、实时生产数据采集与分析、全过程品质监控与追溯、生产工艺（配方）实时闭环监控以及生产设备健康管理等功能，有效帮助用户实现柔性制造的同时提高设备利用率、提高产品良率、降低损耗、减少人为干预，从而提高客户竞争力。公司于 2018 年上半年在爱旭科技义乌工厂实现了单体车间 2.4 万平方米世界首个电池片智能工厂投产验收，使客户生产效率和行业竞争力大幅提升，在业内具有重大标志性意义。公司已逐步发展成为既有高端自动化装备又有制造执行系统软件完整的智能制造技术提供商。

估计大多数人看了上面一大堆话又要崩溃了，很容易抓不到重点，这时候我们只需要思考三个问题，一是从公司营收结构中去看公司主要业务产品是什么？二是公司客户是什么？三是公司行业排名或者有什么独特理念。

最终海豚提炼为就几个字"光伏自动化设备股＋工业互联网概念"，因为公司超九成营收来自光伏领域，至于食品、电子半导体等占比极低，只能说贴个概念标签，最后工业互联网是最大亮点，因为其他的光伏设备股只卖设备，而公司有一套 MES 系统软件，其智能工厂项目已经落地。

10.2.2 投资亮点及风险点提炼

这个可能不同的人会有不同的看法，最好你有自己的投资建议提炼，并标注好是一般关注、重点关注还是不关注，是题材票、业绩票还是题材与业绩齐飞？

这里最关键的是要标注清楚公司的行业竞争情况、技术壁垒是什么样子？是外资为主？公司打破了国外垄断，进口题材潜力巨大？还是市场竞争激烈，市占率不高？

风险方面是否有关联交易？财务指标是否有异常？之前媒体的负面报道关注点主要是什么？

总之，将你能想到都尽量列清楚，尤其是自己打算买入的个股。

10.2.3 产品、细分领域、可比公司

公司处于什么样的细分行业？虽然股票软件也会初步标出，但是往往不够细致。比如，股票软件并没有标出 POCT 是哪几家？也没有标出做溅射靶材的有哪些？而我们在做细分领域时自然是越细分越好，笼统的半导体、集成电路、体外诊断等并不适合我们后面的动态跟踪。而这又涉及更重要的可比公司的选取。

细分领域如何算细分，而且收放要有尺寸。这点如果公司产品单一是好定义的，比如卫光生物做血制品，全市场上也就那么七八家，很好对标。

再比如光伏设备领域就涉及各种产品了，从硅片生产设备到电池片生产设备，还有各个环节的自动化设备，一家上市公司又会涉猎多个环节的设备。如先导甚至从做光伏设备起家后来涉猎了锂电池设备。如果精准对标可能都找不到可比的上市公司，比如做丝网印刷的可能就迈为股份一家。这个时候我们就需要根据营收结构情况做进一步细分，哪些是直接可比公司？哪些是泛可比公司？

```
材料生产加工设备  ────────→  晶胜机电、精功科技、天龙光电

                    ┌─ 制绒、刻蚀 ──────→  捷佳伟创

                    ├─ 扩散炉、PECVD ───→  北方华创、捷佳伟创

  电池制造设备 ──────┤  自动化（制绒刻         先导智能
                    │  蚀扩散PECVD等  ──→   罗博特科
                    │    工艺）              捷佳伟创

                    └─ 印刷 ──────────→  迈为科技


                    ┌─    串焊    ──────→  罗博特科、奥特维
                    │                       博硕光电、金辰股份
                    │                          先导智能

  组件制造设备 ──────┤   层压、排板 ──────→  奥特维、博硕光电、
                    │                          金辰股份

                    └─ 自动化生产线 ────→  博硕光电、金辰股份
```

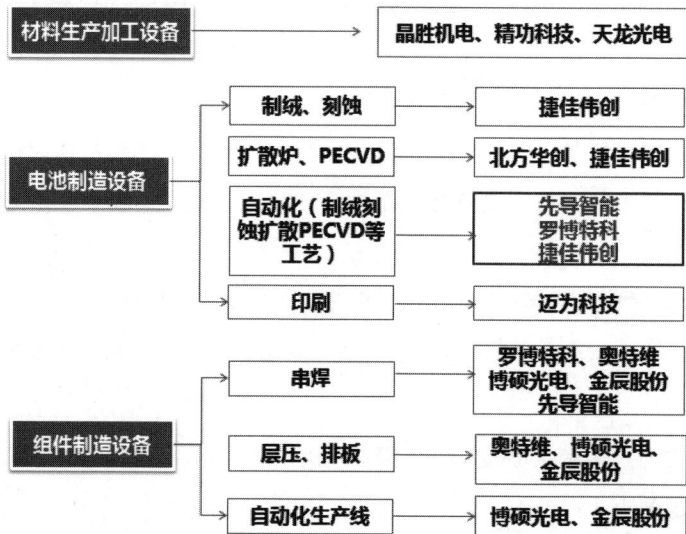

对罗博特科来说，先导智能和捷佳伟创就是直接可比公司、迈为等就是泛可比公司。但是因为迈为、罗博科特上市时间接近也会形成联动效应，那么这个时候我们就可以把细分领域放得宽一点，就是光伏设备股，没有必要再进一步细分到最后搞不清楚。以下是海豚之前做的部分初步覆盖清单，仅供参考，大家自己可以在 Excel 里自由发挥。

公司名称	细分业务板块	业务简介	直接竞争对手	竞争对手简介	其他可比公司
泰瑞机器	注塑机	注塑机，营收占比98%，其中大型注塑机占比40%～50%	海天塑机【海天国际（1882.HK）子公司】		力劲科技
			震雄集团（00057.HK）	主营注塑机、还有压铸机、橡胶机	金明精机
合盛硅业	有机硅；工业硅	我国最大的工业硅生产企业。产业链完善，有机硅（新疆），同时生产工业硅（浙江）及多晶硅	伊之密		三友化工
			中国蓝星【中国化工集团公司下属公司】	主营化工新材料及动物营养；有机硅和蛋氨酸业务均居全球前三	
			新安股份	主营农用化学品，有机硅材料的工业硅的下游客户	兴发集团
			东岳有机硅材料【东岳硅业下属公司】	合盛硅业成有机硅的下游客户	/
			浙江恒业成有机硅【浙江中成控股的战略新兴产业】		
庄园牧场	乳制品	甘肃最大的乳制品企业。有"庄园牧场""永道布"系列七大类60多个品种，主要市场为青海（市场占有率10.31%），甘肃（市场占有率15.20%）	伊利股份、光明乳业、三元股份、蒙牛乳业、科迪油乳业、燕塘乳业、皇氏集团		/
阿科力	聚醚胺；光学级聚合物材料	主要产品为聚醚胺、光学级聚合物材料用树脂、特种环氧树脂等化工新材料。继宇斯科、巴斯夫之后的连续化规模化生产聚醚胺的企业	晨化股份	主要产品包括烯丙基聚醚、端氨基聚醚、烷基糖苷、阻燃剂、硅橡胶等。其中端氨基聚醚具备年产5000吨的设计产能	神剑股份
					宏昌电子

10.2.4 市场份额、客户类型

请大家记住，市场份额是比较宝贵的数据，市场份额的大小也从侧面反映出公司在行业里的地位。大多上市公司并不披露市场占有率数据，原因很简单，一般是因为市场占有率小的都难以估计。有的会粗略估算，有的在估算了占有率的同时还会披露排名情况。如果公司涉猎多个细分领域，那么可能有多个市场占有率情况。总之相关的数据都记录下来，请一定记好，并记好年份。我相信没有多少人靠脑子就能记清楚的。

最后就是客户类型，有的公司产品名称非常难以理解，比如阿科力是做聚醚胺的，搞不懂什么化学材料，没关系你就记住瀚森化工（全球主要的风电叶片材料制造商）、兰科化工（原陶氏化学）为公司前两大客户就可以了，下游主要应用领域如下图所示：

风电发电叶片	**风电叶片中环氧树脂的固化剂**，用于生产高强度、高韧性的复合材料，尤其适用于碳纤维复合材料及大型玻璃纤维复合材料（兆瓦级风力发电叶片）的制造。未来4年我国每年至少新增风电装机容量约1525万千瓦
页岩气及海洋油气开采（抑制剂）	**页岩抑制剂，也是海上油气开采中最环保的抑制剂。**我国力争2020年实现页岩气产量300亿立方米、2030年实现产量800亿~1000亿立方米
环保涂料（固化剂）	**环氧地坪涂料**水性电泳漆：汽车和高端装备表面涂层的新型环保涂料，力争2020年环保涂料占比提升至57%
胶黏剂	**人造大理石**饰品胶
添加剂	**成品汽油：燃油剂（燃油宝）**纺织助剂

以下是海豚之前做的部分初步覆盖清单，仅供参考，可以看到市场份额数据很多公司都是没有的。

...

...

...

公司名称	细分行业	客户类型	可比公司	市场份额
秦安股份	汽车发动机零部件	整车(机)制造企业	广东鸿图、天润曲轴、中原内配、登云股份、鸿特精密、渤海活塞	气缸体、气缸盖、曲轴 2016 年市场占有率分别为 2.1%、2.49%、2.31%
正海生物	生物再生材料	医院客户(口腔科、神经外科、骨科、心外科等科室)、诊所客户、医学整形美容机构、经销商(买断式、代理式)	冠昊生物、我武生物、安科生物、舒泰神、康弘药业	/
雷迪克	汽车轴承	主机厂家配套(OEM 市场)企业、汽车维修商或服务企业的售后服务市场(AM 市场)服务企业。公司产品 85% 左右销往 AM 市场	光洋股份、龙溪股份、万向钱潮、南方轴承	/
展鹏科技	电梯行业	各大电梯整机厂商	汇川技术、新时达、英威腾	公司门机产品的市场占有率为 7.8% 左右
香山股份	衡器、健康运动信息测量	经销商、KA 卖场、电商客户、自营网店、自营实体专卖店、改企客户、国际贸易商、国际 KA 卖场	乐心医疗	/
金溢科技	智能交通射频识别与电子支付	高速公路运营商、ETF 系统集成商、银行	万集科技、聚利科技、新大陆、捷顺科技、中海集成、银江股份	在 ETC 市场占有率为 35% ~ 40%
苏垦农发	农业种植	商超客户、大型食品企业或酒类企业等工业用粮客户	北大荒、海南橡胶、亚盛集团、香梨股份、巴口香、亚夫农业、穗源科技、农望股份	/
金牌厨柜	整体厨柜	经销商、专卖店	索菲亚、好莱客、宜华生活、曲美家居、皮阿诺、欧派、志邦	/

续表

公司名称	细分行业	客户类型	可比公司	市场份额
伟隆股份	排水阀门	城镇给排水系统、消防给水系统、空调暖通系统及污水处理系统等	纽威股份、中核科技、江苏神通、铜都流体、大禹阀门	/
金能科技	煤化工与精细化工（焦炭、炭黑、白炭黑、山梨酸及山梨酸钾、对甲基苯酚等）	钢铁、轮胎、硅橡胶、牙膏、饲料、食品、饮料、烟草、农药、化妆品、宠物家禽饲料、树脂、香料和橡胶工业、农业、医药、塑料等	陕西黑猫、黑猫股份、龙星化工、宝泰隆、美锦能源、山西焦化	2015 年炭黑产品销售收入排名第五
先达股份	农药（除草剂为主）	国内外农药生产企业（大包装）；国内农业种植户（小包装）	诺普信、辉丰股份、长青股份、蓝丰生化、利尔化学、扬农化工	烯草酮、烯酰吗啉原药的产量位居全国第一；异恶草松、咪草烟原药的产量位居全国第二

10.3 做好上市公司业绩跟踪

说起上市公司业绩，千万别天真地以为看一下上市公司的一季报、中报、三季报、年报就好了，除了这些定期的报告之外，还有四大类型的临时公告——预告、快报、修正、更正，而这些临时公告作用非常重要，其披露次序具体如下图所示：

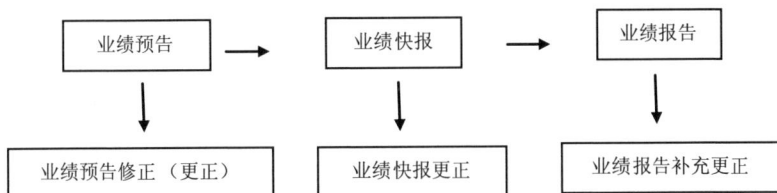

```
┌──────────┐      ┌──────────┐      ┌──────────┐
│ 业绩预告  │ ───► │ 业绩快报  │ ───► │ 业绩报告  │
└──────────┘      └──────────┘      └──────────┘
     │                 │                 │
     ▼                 ▼                 ▼
┌────────────────┐ ┌──────────────┐ ┌──────────────────┐
│ 业绩预告修正（更正）│ │ 业绩快报更正  │ │ 业绩报告补充更正   │
└────────────────┘ └──────────────┘ └──────────────────┘
```

整体来说就是从业绩预告到快报，再到正式业绩报告三个阶段，可能会有修正或更正，甚至发了正式的业绩报告之后还会有补充更正，当然这种情况不多。更正的原因一般是因为计提减值准备、非经常性损益的变动等导致的更正。

一般上市公司发的最多的要数业绩预告、业绩预告修正、业绩快报、业绩报告这四大类。

10.3.1 业绩预告及修正不可不知的常识

首先我们要做好业绩的跟踪，而业绩跟踪的前提就是做好业绩预告的跟踪。道理很简单，就是在正式的业绩报告之前公布，我们要掌握最新的业绩情况。

1. 什么情况下会披露业绩预告（修正）

当然业绩预告并不是所有的公司都会披露，这里我们参考监管层信息披露指引可以窥见一二，了解基本的披露常识还是非常有利于我们做好关键时间节点的投资把握的。

监管层对不同板块的披露要求也是不一样的，具体如下表，简单理解就是创业板要求最为苛刻，业绩预告所有报告期都会披露；中小板年报无要求，

读懂次新股

其他报告期要求强制披露；沪市主板要求最为宽松，只有年报出现亏损、扭亏为盈、变动大于 50% 才会披露业绩预告，而深市主板要求略高于沪市主板，不仅在沪市主板所列的三种情形中新增了净资产为负、营收小于 1000 万元两种情况，还要求所有报告期出现这 5 种情形都应披露。

业绩预告及修正披露要求一览表

	创业板	中小板	沪市主板	深市主板
一季报 中报 三季报	强制披露（定期报告/临时报告）	强制披露；在定期报告中披露下期	无强制要求	（1）可能出现亏损； （2）扭亏为盈； （3）净利润较上年增长或下降 50% 以上（基数过小的除外）； （4）期末净资产为负； （5）营收小于 1000 万元
年报		可不披露	（1）可能出现亏损； （2）扭亏为盈 （3）净利润较上年增长或下降 50% 以上（基数过小的除外）	

此外，在 2018 年 11 月新的高送转指引出台后，上交所、深交所要求所有上市公司披露高送转方案时，尚未披露本期业绩预告或业绩快报的，应当同时披露业绩预告或业绩快报。也就是说，要推出高送转方案的上市公司一定要发布业绩预告（高送转认定标准，主板 10 转 5 及以上、中小板 10 转 8 及以上、创业板 10 转 10 及以上）。

2. 业绩预告（修正）的变动范围要求

主板、中小板：业绩同比变动幅度的上下限区间最大不得超过 50%，鼓励不超过 30%，以上下 20% 为宜；

创业板：业绩同比变动幅度的上下限区间最大不得超过 30%；预计亏损或者与实现扭亏为盈的，应当在业绩预告中盈亏金额上下限幅度不超过 500 万元。

3. 什么情况下需要披露业绩修正公告

除了业绩预告，上市公司还会发布一类叫作业绩预告修正的公告。那么什么情况下会发布业绩预告修正公告呢？

首先通用标准是：业绩预告方向不一致，总共有四个方向：亏损、扭亏为盈、盈利且同比上升、盈利且同比下降，对深交所主板还新增了两个方向：原预计净资产为负，最新预计大于等于 0；原预计年营收低于 1000 万元，最新预计大于等于 1000 万元。

其他非通用标准如下：

（1）创业板：

方向一致，但变动幅度或者盈亏金额超出原先预计范围的 20% 及以上；预计盈亏变化等。

差异如何计算？

上市公司实际业绩超出预计上限：按照实际业绩超出预计业绩上限的金额除以实际业绩计算。

上市公司实际业绩低于预计下限：实际业绩低于预计业绩下限的金额除以实际业绩计算。

也就是说，若原预计范围为 A 至 B（A<B），现实际数据为 C。

若 C<A，则差异率 = | （C － A）/C |；

若 C>B，则差异率 = | （C － B）/C |。

以浙江向日葵为例子，其差异计算公式如下：

（2370.20 － 1800）÷2370.20= 24.06%

关于对浙江向日葵光能科技股份有限公司的监管函

创业板监管函【2018】第56号

浙江向日葵光能科技股份有限公司董事会：

2018年1月30日，你公司披露《2017年度业绩预告》，预计归属于上市公司股东的净利润（以下简称为"净利润"）为1,000万元至1,800万元。2月27日，你公司披露《2017年度业绩快报》，预计净利润为1,595.45万元。4月26日，你公司披露《2017年年度报告》，净利润为2,370.20万元。你公司业绩预告中净利润区间上限、业绩快报中预计的净利润与2017年实际数据差异绝对值分别为570.20万元、774.75万元，差异率绝对值为24.06%、32.69%，且未在规定期限内及时修正。

你公司的上述行为违反了《深圳证券交易所创业板股票上市规则（2014年修订）》第2.1条、第2.4条、第11.3.4条和第11.3.8条的规定。请你公司董事会充分重视上述问题，吸取教训，及时整改，杜绝上述问题的再次发生。

公司此前预计的业绩如下：

一、本期业绩预计情况

1．业绩预告期间：2017年1月1日—2017年12月31日

2．预计的业绩：□亏损 □扭亏为盈 □同向上升 ■同向下

项　目	本报告期
归属于上市公司股东的净利润	比上年同期下降：67.37% ～ 41.26%
	盈利：1000 万元～1800 万元

（2）中小板：

与已披露的业绩预告一致，且变动幅度或盈亏金额与原先预计的范围差异较大。

（3）主板：

一是与原预告变动范围的上限或下限相比差异达到 ±50% 以上。

原预告业绩为大幅上升 50% ～ 100%，最新预计业绩为大幅上升仅为 45%，因（100%-45%）＞ 50%，需要修正。

二是预计盈亏金额比此前预告盈亏金额同向变动达到 50% 以上。

原预告业绩盈利约 3000 万元，预计业绩为盈利 4600 万元，因 [（4600-3000）/3000] ＞ 50%，需要修正，适用于业绩预计为具体数值的类型。

4. 业绩预告（修正）披露要求的时间节点

这个真的非常重要，把握好这个节点你也就能把握好一个初步的节奏。

报告期	关键时间点	板块	具体要求
年报	1 月 31 日	主板、创业板	业绩预告及其修正披露截止日期
一季报	3 月 31 日	创业板	预约 3 月 31 日前披露年报的应和年报一起披露一季度业绩预告
	4 月 10 日		预约 4 月披露年报的最晚此日期前披露一季度业绩预告
	4 月 15 日	中小板、主板	年报业绩预告及其修正披露截止日
半年报	7 月 15 日	深市主板、中小板、创业板	半年报业绩预告及其修正披露截止日
三季度	10 月 15 日		三季度业绩预告及其修正披露截止日

这里面所有的时间节点最重要的是 1 月 31 日，一方面，因为年报爆"雷"会比较多，再者因为是年报，所以再也没有季节性变动这一块"遮羞布"，还会涉及资产减值等诸多会计处理；另一方面，沪市主板公司也就是以 600 开头的其他定期报告都可以不披露业绩预告，只有年报才会因为财务异常披露，而 600 公司在 A 股占比较高，占了 A 股数量几乎一半，且其中不少是壳子股，因此爆"雷"概率大幅提升，很多公司动不动就会搞出亏几个亿甚至十几个亿的大"雷"。

比如，2018 年 1 月 30 日、2018 年 1 月 31 日两天业绩预告处于密集发布期，结果随着业绩预告的披露，盘面跌停股不断，各种花式业绩炸弹陆续爆出。

2019 年 1 月 29 日、1 月 30 日、1 月 31 日三天业绩预告雷更是"天雷滚滚"，上演连环爆"雷"。多数是由于巨额商誉减值造成的业绩变脸，甚至有上市公司通过大幅商誉减值进行"业绩洗澡"，为来年业绩的高速增长打下基础。最后造成的结局发现是市值都不够亏的。

天神娱乐预亏 78 亿，市值 44 亿；

华业资本预亏 50 亿，市值 32 亿；

利源精制预亏 48 亿，市值 32 亿；

金龙机电预亏 23 亿，市值 23 亿；

*ST 华信预亏 36 亿，市值 24 亿；

天山生物预亏 19 亿，市值 16 亿；

华映科技预亏 55 亿，市值 50 亿。

更奇葩的是雏鹰农牧因为没钱买饲料喂猪，猪饿死了，业绩预告亏损 29 亿 ~ 33 亿。如果饿死的每头猪是 100 公斤，就要饿死近 4000 万头，如果饿死的是每头 50 公斤，就要饿死近 8000 万头。这是一个多么庞大的数字？用漫山遍野可能都形容不过来。

业绩预告的"雷"不少，所以在这个时间节点前后要注意，因为业绩披露是有事先的预约披露时间表的，但是业绩预告具体是截止日期前哪天披露，完全是随机的，只能说大多数上市公司就像参加考试的学生一样，都喜欢临时抱佛脚，赶着截止日期前最后几天密集发布。所以相对来说，那些敢于提前发布业绩预告，甚至敢把业绩报告预约披露时间排在前面的，市场都喜欢把其当作好学生。虽然业绩怎么样还不知道，但就像老师喜欢那些听课时敢于往前坐的学生一样，这里面好学生的概率可以说相对大一些。

10.3.2 业绩快报的披露要求

发完业绩预告及其修正，接下来就会发一种叫作业绩快报的公告。业绩快报不能代替业绩预告，就是说关键节点该发业绩预告还是会发，业绩快报也是。

总体来说对，于业绩快报的披露要求并不高，主板公司基本无要求，只有中小板（002 开头的）、创业板（300 开头的）公司有强制要求，概括来说就是 3 月 1 日之后才发年报的公司必须要 2 月底之前披露业绩快报。也就是说，2 月 28 日或者 2 月 29 日是最后的期限。

	主板	中小板	创业板
一季度	只做鼓励要求，不做强制披露	无强制要求	无强制要求
半年度		鼓励半年报预约披露时间在 8 月份，7 月底之前披露业绩快报	
三季度		无强制要求	
年度		年报预约披露在 3 ~ 4 月份的，2 月底前披露业绩快报	

业绩快报的披露要求会计科目变化 30% 以上应该披露原因，并且里面会有进一步经营情况、财务状况等的描述。

10.3.3 业绩预告中的"预期差"

好在次新股的业绩"雷"不会那么恐怖，这也是投资次新股的好处之一。起码没有新股刚上市一两年就动不动计提好多亿的资产减值，更不用说一上来就亏好几亿。但是在次新板块里很容易出现业绩增长不及预期，这个预期不只是不亏损就好了，还期待着能不断地增长，甚至加速增长。光年度同比还不行，还要看季度环比。没办法，次新股作为成长股的摇篮，A 股潜力新兴诞生的集中地，市场对其的眼光变得越发挑剔起来。所以一到业绩披露季，次新股经常会发生业绩增速好于预期也会跌，业绩增速低于预期更会跌。

1. 与同业相比没有估值优势

岱勒新材 2017 年年报预告后大幅下跌超 30%。

2018 年 1 月 28 日晚间金刚线三剑客之一岱勒新材公布业绩预告净利润业绩预计为 1.08 亿~1.148 亿，同比增长 174.81%~192.11%，其中，非经常性损益约为 230 万，将近两倍的净利增速没有换来市场的狂欢，而是迎来暴跌，1 月 29 日大跌 5.29%，1 月 30 日直接跌停，此后八个交易日调整幅度超 34%。

之所以会如此暴跌，最主要在于四季度业绩增速不及预期，岱勒 2017 年前三季度扣非为 6698.89 万，2017 年全年扣非最高预计只有 1.08 亿，也就是说 2017 年四季度为 4101.11 万，估值在 50 倍左右；而相比之下三超新材的估值只有 40 倍左右。所以大家去看走势，2018 年 2 月之后三超新材走势明显好于岱勒新材。

2. 股价上涨透支了业绩增长，业绩落地变成利好出尽

寒锐钴业：半年上涨不停，预增 5 倍以上也透支？

寒锐钴业，两市第二高价股，牛气程度仅次于贵州茅台，受益于钴价上涨，开板后最高涨幅超 3 倍，2017 年 6 月次新行情启动之后，寒锐钴业的上涨就没停过。数据显示，2017 年电解钴的价格一路上涨，年初价格仅为 26.8 万元一吨，而 12 月末电解钴价格已达到 53 万元一吨，累计涨幅达 197%。

2018 年 1 月 28 日晚间，寒锐钴业业绩预告预计 2017 年净利同比增长 5.55~5.85 倍，公布后 1 月 30 日直接跌停，这么高的增长还是跟不上市场的期望，主要是寒锐钴业第一季度净利 4972 万元，第二季度 8622 万元，第三季度 1.76 亿元，第四季度预计为 1.24 亿元至 1.44 亿元。可以说到了第四季度，净利增长有一种戛然而止的感觉，而公司前期过度上涨已提前透支了公司的业绩增长，事实上随着年报的披露，寒锐钴业的股价上涨也走到了尽头。

3. 不光看报告期，还要看季度，不光看同比，还要看环比

锐科激光：2018 年四季度同比大降 27%，次日跳空低开 5 个点。

2019 年 1 月 21 日，锐科激光公布业绩预告，预计利润 4 亿~4.6 亿元，同比增长 44.31%~65.96%，相对于大多数股票都还不错，但是作为次新板块里的好孩子，市场对其期望很高。对其考核不仅看全年还看单季，不仅看同比更要看环比。

锐科激光 2017 年扣非净利润增长了 2 倍以上，但上市后增速逐季放缓，2018 年 Q1、Q2、Q3 净利润分别同比增长 101%、83%、69%，三季度增速就有放缓迹象，按理来说，四季度是公司业绩的集中释放期，但是 2018 年四季度利润只有 7400 万，相比 2017 年四季度的 1.02 亿，季度扣非净利同比大降 27% 左右。

所以出了业绩预告次日后，股价直接跳空低开 5 个点。但作为机构重仓票，机构们可坐不住了，集中调研、询问情况、根据调研情况表来看，公司主要产品用在下游激光焊接和 3D 打印，但受"贸易战"和市场竞争激烈影响，基本上产品在持续降价，并且年终也会有返点政策，目前只有通过工艺改进、规模生产等方法降低成本，维持一定的毛利率。营收增长肯定是没有问题的，高功率产品持续放量，最主要还是市场竞争和降价压力。

4. 高增长戛然而止，进入持续杀估值阶段

深信服 2018 年年报预告次日后跌停。

深信服头顶云计算第一股光环，也是信息安全领域中隐形的独角兽。最关键是不仅题材好，而且业绩也增长稳健. 但是 2019 年 1 月 23 日公布了 2018 年业绩预告，预计净利润同比微增 0% ~ 10%。扣除 5100 万的非经常性损益，扣非净利润可能也最高增长 10%，显然低于 2017 年的 37% 以上的增长。这对于其成长性的预期大幅落空，进入持续杀估值阶段。

10.3.4　业绩预告修正中的黑天鹅

每年业绩预告修正的上市公司不少，这其中包含不少"大雷"。

不光看本公司的，还要看同行业的。

2017 年 7 月 5 日，血制品龙头华兰生物发布 2017 年半年报业绩预告修正，由原来的净利增速 20% ~ 35% 下修业绩为 0% ~ 15%。华兰生物一季度净利同比增长超三成，这也意味着二季度净利同比下降近三成，之后两日合计市值蒸发达 39 亿元，近 7.26 亿元的主力资金流出。

公告里原文表述非常含糊，就是说受市场影响，销售不及预期。

> 三、业绩修正原因说明
>
> 1. 公司报告期血液制品中部分产品 受市场等因素影响 销售不及预期;
>
> 2. 上年同期营业外收入中政府补助5,304.5万元,而本报告期收到政府补助813.5万元,故对本报告期归属于上市公司股东净利润的增幅有所影响。

而具体深层次的原因只有进一步搜集资料才能发现,主要是因为:一、两票制实施后需要重构销售渠道;二、2015 年 6 月起,血制品最高零售价限价放开,血制品价格持续涨价,导致进口血制品(主要是人血白蛋白)价格优势显现,国内血制品销售受到一定冲击。对此,从华兰生物投资者互动平台上的回复也可以窥见一二。

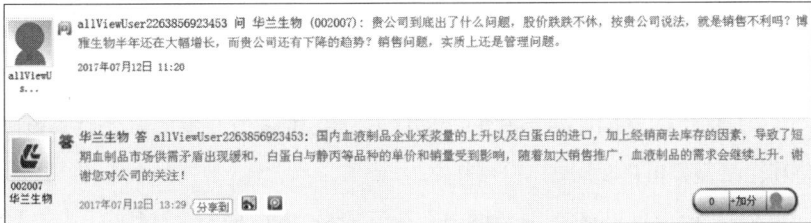

作为行业龙头华兰生物出现如此情况,且下修原因还是市场整体的问题,那么其他血制品企业自然不能幸免于难。彼时卫光生物作为血制品领域新成员(各细分基本能排前八)刚开板没多久,面对行业老大的增速放缓,卫光也一路大幅杀跌,且后面的业绩发布后,卫光生物各期的业绩也不容乐观。

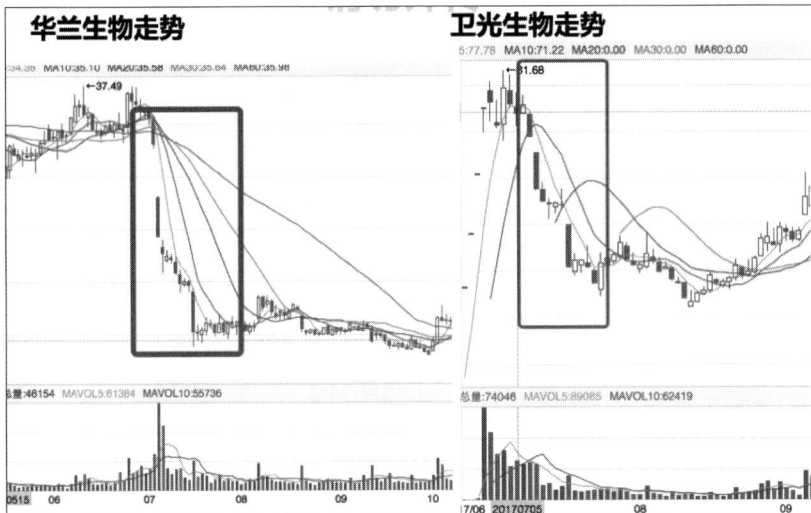

10.3.5 如何读业绩预告、修正及快报

这几种临时报告的阅读可能比读正式的业绩报告更重要，因为其具有预见性。其次业绩预告、修正及快报这类公告本身篇幅也不长，大概也就几页纸，所以里面的任何信息都不要放过。最关键要看的信息，除了净利润及同比增长等。还需要看如下几点：

（1）非经常性损益的数值是多少？主要是什么导致非经常性损益的？是因为政府补助、资产减值、非流动资产处置损益，还是汇率波动导致的汇兑损益，还是长期股权投资产生的大额投资收益等。

（2）重点看扣非净利润的波动，如果没有直接披露那么就勤快些，拿净利润减去非经常损益算出扣非净利润，然后再拿去年同期的扣非数据计算出扣非同比增长的区间。

（3）除了计算扣非净利润的变动区间，还可以进一步计算下当季度的扣非净利，以及季度的同比、环比增长。

（4）仔细阅读业绩变动的理由，每个字都不要放过。

进一步判断是公司业务本身的真实增长还是国家行业政策变化，还是市场大势所趋，还是因为成本降低，还是合并子公司导致，还是因为上期基数过小，还是客户变化？

此外，个别可能还会遇到会计政策或会计差错的变更。

10.3.6 如何读业绩报告

上市公司一年会发布四个定期报告，其中年报信息量最全，半年报次之。年报和半年报都会有"经营情况讨论与分析"这一核心章节，这也是我们绝对不能错过的信息。通过此章节，结合之前的招股书，以及往期业绩报告对公司各个业务开展情况做进一步的了解非常有必要，也是我们做动态跟踪时除了财务数据这种带有滞后性且有人为调节空间的信息外非常重要的非财信息。这一部分内容，不同公司的文字风格及管理层思路也有很大不同，有详有略，有官方笼统也有清晰明了，其中差异只能自己体会。

除了"经营情况讨论与分析"之外，我们最主要的就是看公司各块业务营收、毛利率的变动情况及原因等，这个信息可能也只有年报或半年报有，

个别公司只有年报才有。

除此之外，年报和半年报中的"公司业务概要""核心竞争力分析"两大块如果公司业务没有发生重大变动基本内容也没有太大变化，甚至是直接复制过来的，但是如果公司业务发生了调整，或者行业环境发生了变动这两块内容也是值得一读的。

一季报和三季报基本都是财务数据居多，如果时间有限可以直接看F10，如果想深挖可以打开看看里面不多的文字描述，主要是会有一些风险提示之类的。

若看原始公告最主要就看数据变化的原因及公司对此的解释是什么？还有公司新产品有什么进展？又有什么研发储备？

业绩变化需要重点关注的几个核心点：

（1）主要看扣非净利润的变化，不要被净利润的变化弄晕了头脑。

比如宁德时代上市后于 2018 年 10 月 12 日发布的业绩预告，光看净利润增速要吓晕，作为独角兽，一上市 2018 年前三季度净利润就同比下降了 5.74 ～ 9.16%%，真是让人唏嘘不已。事实上扣非净利同比暴增了 87.52% ～ 99.12%，之所以会有如此大的差异主要是因为 2017 年非经常性损益在净利润的占比高达 35.26%，而非经常损益主要来自公司在 2017 年 4 月将持有的普莱德（主要从事电池包业务）的 23% 的股权转让给了东方精工，转让价为 10.925 亿，使得当年公司非流动性资产处置收益高达 9.6 亿。

所以去看宁德时代 2017 年三季度报、2017 年年报净利都是处于下降状态。

（2）不要盲目看业绩增速情况，小心基数过小。对于扭亏为盈或者由盈利变亏损的情况，看同比增长几乎没有意义。

（3）考虑季度性因素，有的行业业绩集中在下半年爆发，所以上半年季度业绩不理想也不应该过于悲观。

（4）收入增速与扣非净利增速对比，如果扣非净利增速低于收入增速就要考虑原因是什么了，是毛利率下降了？还是因为三费[1]增长过多？

以下为御家汇 2018 年三季度报告内容，公司 2018 年前三季度营收同比大增 57.78%，但扣非净利却同比下滑 5.64%，加权平均净资产收益率更是同比下滑了 13.69 个百分点，主要原因还是在于公司销售费用和管理费用的增加，其中销售费用同比大增 81.96%。

> 1.营业收入年初至报告期末1,606,097,237.72较上年同期数1,057,036,077.82增长51.94%，主要系公司业务保持增长所致；营业成本年初至报告期末754,442,906.75较上年同期数493,366,758.21增长52.92%，与收入增长基本保持一致。
> 2.销售费用年初至报告期末605,567,129.76较上年同期数332,808,568.01增长81.96%，主要系加大市场投入所致。
> 3.管理费用年初至报告期末72,420,135.25较上年同期数54,609,695.34增长32.61%，主要系公司业务规模扩大所致。
> 4.投资收益年初至报告期末14,729,297.73较上年同期数617,746.63增长2284.36%，主要系理财产品收益增加。
> 5.资产处置收益年初至报告期末-367,851.46较上年同期数-184,739.31增长99.12%，主要系本期非流动资产处置增加。
> 6.汇兑收益年初至报告期末-25,262.23较上年同期数139,395.88减少118.12%，主要系汇率变化的影响。
> 7.营业外收入年初至报告期末1,347,713.49较上年同期数3,422,668.10减少60.62%，主要系政府补助的减少。
> 8.营业外支出年初至报告期末425,304.38较上年同期数4,558,557.95减少90.67%，主要系上年同期存货报废金额较大。

（5）关注营收结构的变化。营收结构表可能只有年报和半年报里有，一定要好好利用。一般有分产品、分地区、分用途的表格，因公司而异，除了列出各产品的营收占比、营收变化外，最主要还有毛利率的变化情况。

（6）关注募投项目进展情况，这点对新股尤其重要，因为每只新股都会在上市的时候有首发募投项目，在上市一年左右，大多募投项目才会开始释放产能。

坤彩科技为亚洲第一大全球第二大珠光材料生产商，2019 年随着募投项目（募集资金 5.5 亿）产能释放，公司珠光材料产能从 2018 年的 2 万吨提升至 2019 年的 3 万吨。人工合成云母产能从 1000 吨提升至 1 万吨，并将成为全球规模最大的珠光材料生产企业。

子公司富仕新材料年产 20 万吨二氯氧钛项目建设将于 2019 年 3 月试生产。随着产能释放 2018 年公司营收同比增长 35.07%，扣非净利润为 1.67 亿，同比大增 54.69%，出现业绩拐点。

更值得一提的是，除了募投项目，2018 年底公司还拟大手笔投资 18 亿（银

---

1 三费指的是管理费用、财务费用、销售费用

行贷款9亿，现金流9亿）用于年产10万吨化妆品级、汽车级二氧化钛及12万吨氧化铁项目。高纯度二氧化钛用于汽车可提高遮盖力、消色力、防腐蚀性、耐光、耐候性，增强漆膜的机械强度和附着力，防止裂纹，防止紫外线和水分的透过，从而推迟老化，延长漆膜寿命。高纯度二氧化铁生产技术、生产工艺复杂，国内大量依赖进口，价格长期居高不下，是普通钛白粉的3～4倍。此项目预计建设期为30个月，项目建成后将新增年营收33.4亿，年利润总额15.9亿。

（7）关注公司过去是否有子公司并表，子公司业绩是否达到了收购时的业绩承诺。

最后想说对于财报也不可全信，有时公司会故意把业绩做差，有时会有所粉饰，上市公司在制度范围内做必要的盈余管理调节也是非常正常的事情，比如固定资产折旧方式变化了，再比如营收确认方式变了等，在专业领域的词叫会计政策、会计估值发生了变化等。因此财报只是参考维度之一。

10.4 主力动向跟踪

10.4.1 关注流通股东变动情况

年报或季报出炉，关注新进股东情况，是否有大机构新进？如果一只新股上市很久且在底部横盘很久，一直得不到机构的关注，那么这个时候在持股的过程中就要小心了。

10.4.2 关注投资者关系活动记录表

上市公司公告会定期或不定期的发布投资者关系活动记录表，里面详细记录了有哪几家机构什么时间来调研以及问了什么问题。一般对于有机构调研的股票可能会在短期内来一波拉升。对于有机构密集调研的新股我们也可以初步推测这是一只典型的机构票。

迈瑞医疗上市以来备受机构关注，投资者关系活动不断，基本上每个月都有 3～4 次，且每次机构规模都在几十家左右，也正因如此，迈瑞作为千亿市值级别的超级大盘股开板后在医药带量采购及招聘风波的负面事件下仍能不断创新高。

迈瑞医疗上市后投资者活动关系表公告时间标注图：

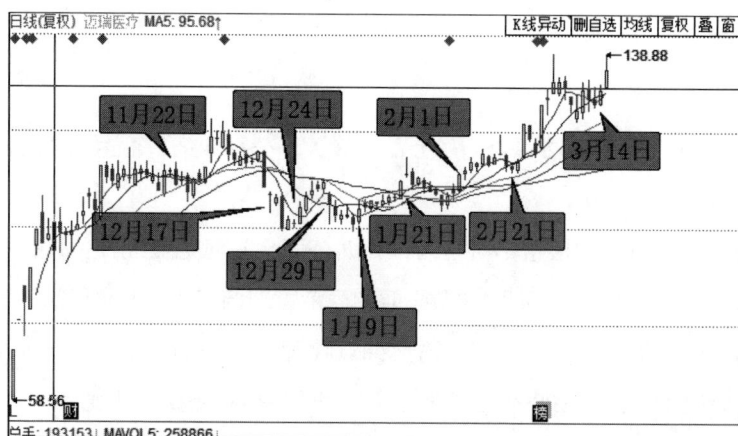

迈瑞 1 月 21 日发布的投资者关系活动表显示有 79 家机构参加。

	Management、Cathay Site、Capital International Investors、China International Fund Management、Manulife Asset Management、CI Investment、Haitong International、ICBC Asset Management、E Fund Management 等 79 家机构 107 名参与人员。
时间	2019 年 1 月 11 日 9:00 –16:30 2019 年 1 月 14 日-18 日 9:00–16:00

迈瑞 2 月 1 日发布的投资者关系活动表显示有 19 家机构参加。

参与单位名称及人员姓名	凯基证券投资信托股份有限公司、天津市海河产业基金管理有限公司、海通证券股份有限公司、宝盈基金管理有限公司、景泰利丰投资发展有限公司、中国人寿资产管理有限公司、红土创新基金管理有限公司、中融基金管理有限公司、AIHC Capital Management Limited、雲栖资本有限公司、大成基金管理有限公司、东方阿尔法基金管理有限公司、广发基金管理有限公司、国海证券股份有限公司、富国基金管理有限公司等 19 家机构 41 名参与人员。
时间	2019 年 1 月 28 日 10:00 –11:00 2019 年 1 月 30 日 9:30-16:30 2019 年 2 月 1 日 10:00–11:00

2 月 21 日发布的投资者关系活动表显示有 83 家机构参加。

	管理有限公司、英国施罗德集团上海代表处、禹洲金融控股(香港)有限公司、云栖资本、云映资产管理有限公司、长信基金管理有限责任公司、招商局资本管理有限责任公司、招商证券股份有限公司、中国国际金融股份有限公司、中国守正基金管理(香港)有限公司、中国信托商业银行股份有限公司、中海基金管理有限公司、中银基金管理有限公司、朱雀基金管理有限公司等83 家机构 112 名参与人员。
时间	2019 年 2 月 14 日 10:00~17:00 2019 年 2 月 15 日 9:00-17:30 2019 年 2 月 18 日 10:40~17:00 2019 年 2 月 19 日 9:00~11:00

迈瑞 3 月 14 日发布的投资者关系活动表显示有 49 家机构参加。

	Kong Limited、Janchor、美国骏利、阿布扎比集团有限公司、展博投资管理有限公司、大成基金管理有限公司、东方基金管理有限责任公司、法国巴黎资产管理亚洲有限公司、工银瑞信基金管理有限公司、光大永明资产管理股份有限公司、华乐资本有限公司、华泰证券股份有限公司、华夏基金管理有限公司、汇丰环球投资管理(香港)有限公司、加拿大养老基金亚洲投资公司、嘉实基金管理有限公司、建信基金管理有限责任公司、景林资产管理有限公司、顺长城基金管理有限公司、南方基金管理股份有限公司、鹏华基金管理有限公司、平安证券股份有限公司、前海人寿保险股份有限公司、深圳前海博普资产管理有限公司、深圳市明达资产管理有限公司、深圳市裕晋投资有限公司、深圳鑫大通资本有限公司、太平洋资产管理有限责任公司、泰康资产管理有限责任公司、野村投资管理香港有限公司、银华基金管理股份有限公司、长城环亚控股有限公司、招商基金管理有限公司、招商证券股份有限公司、中国人寿养老保险股份有限公司、中国人寿资产管理有限公司、中信建投证券股份有限公司、中意资产管理有限责任公司、中再资产管理股份有限公司等49 家机构 121 名参与人员。
时间	2019 年 3 月 4 日 9:30~17:30 2019 年 3 月 6 日 9:30~17:00 2019 年 3 月 7 日 15:30~16:30

深圳迈瑞生物医疗电子股份有限公司	投资者关系活动记录表
时间	2019 年 3 月 8 日 15:30~17:30 2019 年 3 月 11 日 9:00~17:45
地点	投资人办公室 深圳市南山区高新技术成产业园区科技南十二路迈瑞大厦

从机构参与的名单来看基本上内外资都覆盖了，成为名副其实主力极其看好的优质股。

10.4.3　龙虎榜机构席位与券商研报发布情况

龙虎榜数据相比机构调研更为及时。次新股股性活跃必然是龙虎榜上的常客。如果经常能看到有机构席位出没，那么就是典型的机构票，后续走势会相对稳健。如果是游资的一些著名席位，那么根据每种席位特点，大家可以自行把握操作方法。对于机构席位进驻较多的股票可以关注券商研报发布的时间节点，深度是只针对这只新股出的好几十页的深度公司研报。

迈为股份 2018 年 11 月 15 日开板，开板后没多久，在 11 月 26 日、11 月 27 日机构席位连续两天暴力扫货，分别买了 1.18 亿、7104.99 万，而当时整个流通盘也才只有 14 亿左右，2 天买了 1.8 亿左右，接近流通盘的 12% 左右。此后迈为暴力上涨。

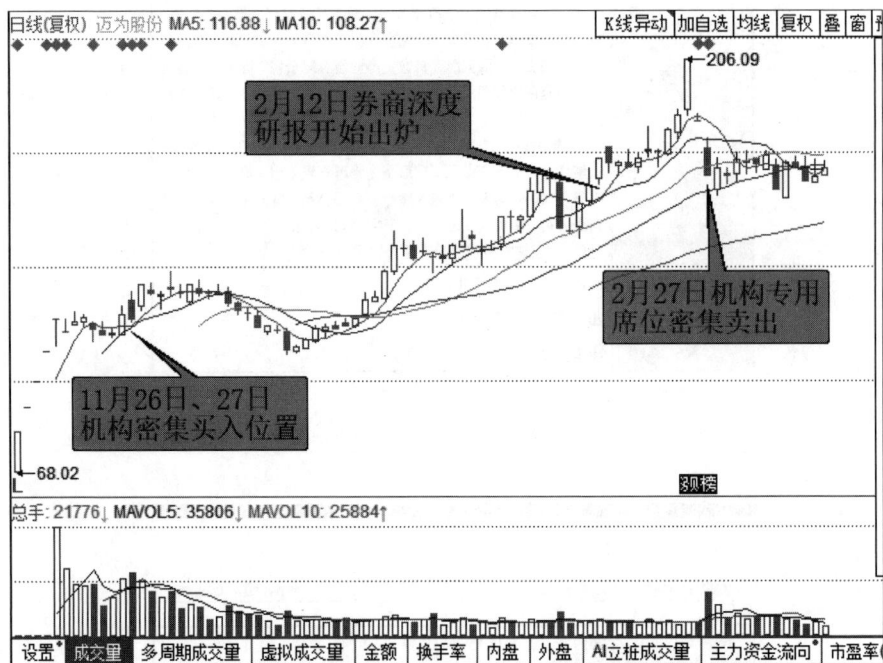

11 月 26 日龙虎榜：

上榜类型1：日换手率达20%的证券				前往数据中心 >>
排序	营业部名称	买入金额（万）	卖出金额（万）	净额（万）
买入金额最大的前5名　买入总计 13228.91 万元，占总成交比例 **27.45%**				
1	机构专用	8905.26	0.00	8905.26
2	机构专用	2343.07	0.00	2343.07
3	东海证券股份有限公司杭州紫霞街证券营业部	1050.47	1.16	1049.31
4	机构专用	580.57	0.00	580.57
5	西藏东方财富证券股份有限公司拉萨团结路第二证券营业部	327.17	445.34	-118.17
卖出金额最大的前5名　卖出总计 1738.73 万元，占总成交比例 **3.61%**				
1	西藏东方财富证券股份有限公司拉萨团结路第二证券营业部	327.17	445.34	-118.17
2	广发证券股份有限公司上海控江路证券营业部	7.30	430.73	-423.43
3	海通证券股份有限公司广州宝岗大道证券营业部	0.00	320.27	-320.27
4	华西证券股份有限公司成都西玉龙街证券营业部	3.59	278.35	-274.76
5	华龙证券股份有限公司北京三元桥证券营业部	11.49	262.87	-251.38
买卖净差：11490.19				

　　到了 2 月 12 日～2 月 14 日之间，券商动辄好几十页的深度研报密集出炉，事实上迈为在券商研报出炉不久也就是 2 月 25 日就迅速赶顶，2 月 25 日盘后业绩预告出炉，2 月 27 日五机构抛售了 1.75 亿。

序号	日期	报告类型	相关品种	标题	机构	作者	页数	大小	附件
1	2019-02-28	年报点评	迈为股份(300751.SZ)	18年业绩符合预期，丝网印刷龙头稳固	安信证券	李鹏，王书伟	5	312K	
2	2019-02-27	公司分析	迈为股份(300751.SZ)	丝网印刷龙头地位强化	华泰证券	章诚，肖群稀	5	506K	
3	2019-02-26	其他公告点评	迈为股份(300751.SZ)	业绩符合预期，看好专用设备领域拓展	东吴证券	陈显帆，周尔双	7	625K	
4	2019-02-14	公司分析	迈为股份(300751.SZ)	打破进口垄断格局，电池片丝印刷设备的接收者	太平洋	张文臣，刘晶敏	6	589K	
5	2019-02-14	公司分析	迈为股份(300751.SZ)	丝网印刷设备龙头，专用设备延伸可期	东吴证券	陈显帆，周尔双	40	3.3M	
6	2019-02-12	深度调研	迈为股份(300751.SZ)	丝网印刷设备冠军，竞争优势显著	华泰证券	章诚，肖群稀	21	1.3M	
7	2019-02-12	公司快报	迈为股份(300751.SZ)	光伏丝印龙头厂商，订单饱满保障业绩增长	安信证券	李鹏，王书伟	4	466K	
8	2018-11-22	动态点评	迈为股份(300751.SZ)	动态研究：光伏电池片丝印刷龙头，业绩有望持续增长	国海证券	冯胜，王可	5	483K	

2 月 27 日迈为股份龙虎榜：

上榜类型1：日跌幅偏离值达7%的证券				前往数据中心 >>
排序	营业部名称	买入金额（万）	卖出金额（万）	净额（万）
买入金额最大的前5名　买入总计 7953.50 万元，占总成交比例 **15.58%**				
1	机构专用	3145.98	0.00	3145.98
2	机构专用	1849.64	0.00	1849.64
3	首创证券有限责任公司烟台南大街证券营业部	1056.00	0.00	1056.00
4	机构专用	977.10	0.00	977.10
5	广发证券股份有限公司邢台公园东街证券营业部	924.79	0.00	924.79
卖出金额最大的前5名　卖出总计 17535.97 万元，占总成交比例 **34.34%**				
1	机构专用	0.00	5448.65	-5448.65
2	机构专用	0.00	3360.79	-3360.79
3	机构专用	0.00	3267.02	-3267.02
4	机构专用	0.00	3117.79	-3117.79
5	机构专用	0.00	2341.72	-2341.72
买卖净差：-9582.47				

10.5　并购重组

一般来说，新股做资本运作的动力实足，上市三年内每年进行并购的概率是三成左右。当然并购重组的频率也和重组政策大环境有很大关系，2014年是并购重组元年，市场上一股并购重组浪潮袭来，随着牛市的到来，在2015年达到峰值。2016年开始监管趋严，先是叫停了互联网金融、游戏、影视、VR 四个行业的跨界定增，之后又发布被誉为史上"最严借壳标准"，并购重组市场持续下行。不过进入 2018 年三季度以来并购重组再度松绑，尤其是 IPO 被否后的上市间隔从之前的 3 年缩短至 6 个月，市场重组热度再度回升。

2014 年 5 月	创业板再融资放开，推出"小额快速"创新机制，新"国九条"鼓励市场化并购重组
2015 年 4 月	配套融资比例由 25% 上调至 100%
2015 年 8 月	四部委联合发文支持上市公司兼并重组
2015 年 6 月	史上"最严借壳标准"发布，严打类借壳式并购严控影视、游戏、互金、VR 四大方向并购
2017 年 2 月	再融资新政，从定价方式、融资规模、融资间隔多方面限制再融资
2017 年 5 月	减持新规，多角度、全方位的加严和规范了上市公司大股东、特定股东和董事、监事、高级管理人员的减持
2018 年 2 月	IPO 被否企业至少运营 3 年才可筹划重组上市
2018 年 9 月	定价双向调整机制
2018 年 10 月	（1）"小额快速"并购审核机制募集配套资金放松； （2）新增快速 / 豁免通道产业类型； （3）IPO 被否后 6 个月可重组上市
2018 年 11 月	（1）试点可转债并购； （2）简化并购重组信息披露； （3）再融资资金用途和间隔放松

10.5.1　重大资产重组与借壳上市

重大资产重组认定标准：

收购标的资产总额、交易金额熟高≥上市公司资产总额 *50%；

收购标的最近一期营收≥上市公司最近一期营收 *50%；

收购标的资产净额、交易金额≥上市公司资产净额 *50%，且超过 5000 万。

借壳上市认定标准：

（1）上市公司的控制权发生变更；

（2）收购标的资产总额≥上市公司资产总额 *100%；

2016 年 6 月 17 日证监会出重拳完善认定标准：

（1）控制权认定：持股 50% 以上；股份表决权超过 30%；能决定公司董事会半数以上成员选任；足以对股东大会的决议产生重大影响。

（2）由原先的购买资产总额指标扩充为资产总额、营业收入、净利润、资产净额、新增发新股五个指标，只要其中任何一个达到 100%，就认定符合交易条件；除量化指标外，还增设了主营业务根本变化的特殊指标。

为什么要借壳上市？

原本借壳上市是可以让不符合 IPO 标准的企业通过这条道路快速上市，相当于走了条捷径。2011 年规定借壳上市审核标准等同于 IPO 审核。

2015 年为借壳上市"巅峰"时期，披露公司的总数高达 20 家。在监管层表态借壳标准对标 IPO 后，2016 年借壳交易数量开始下滑，2017 年进一步下降，回归到 2013 年至 2014 年的水平。

10.5.2 重大资产重组流程

重大资产重组一般周期很长，短的半年，长的 2 ~ 3 年，流程环节非常多，尤其是涉及发行股份及有配套融资的。这其中涉及的各方也很多，期间会不断停牌或发布各种类型的公告。

按照发布公告的时间节点来看，大体流程为重组停牌，之后要每过 5 个交易日出一个停牌进展，大多没有实质内容，直到某一次停牌进展会披露具体标的名称，当然快的也可以直接进入预案阶段，有的情况下也可以跳过预案，直接发草案。预案和草案的区别在于草案里有对收购标的详细的资产评估数据，且内容上也会十分丰富，反复论证收购的可行性。草案之后会有相关主管部门的审批，然后是交易所问询回复，每次反馈回复都会有一个新的修订版。到最后证监会问询，反馈回复多次，最后上会停牌，到证监会审核意见。

读懂次新股

无条件通过的即可等着拿核准批文，有条件通过的就是资料上还有问题，修改之后也可以拿到批文。一个重大资产重组是否成功，最关键的还不是证监会审核结果是否通过，最关键的还是要拿到核准批文。就类似于 IPO 的时候，只是过了会还不行，最主要还是要拿到 IPO 批文。

这个漫长的过程公司可以自己终止，也可以中止。终止就是彻底终结了，而中止则还可以重启。再有证监会受理后公司也可以根据自身情况终止审查或中止审查，同样的道理，中止审查后还可以向证监会申请恢复审查。

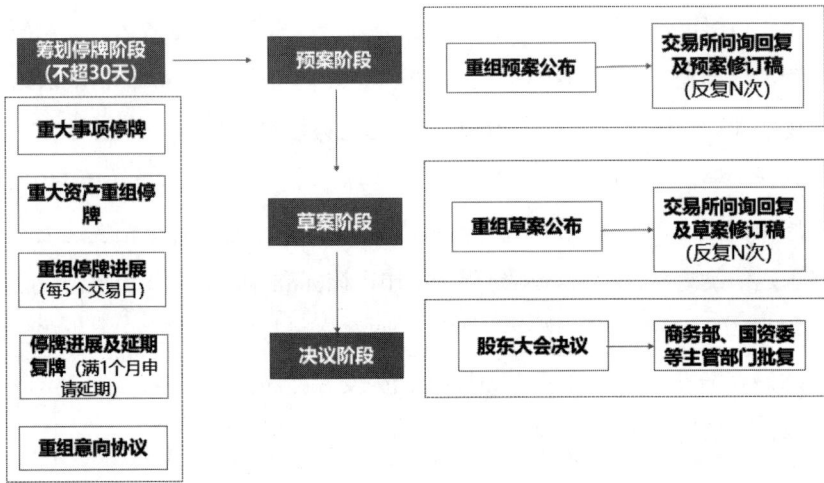

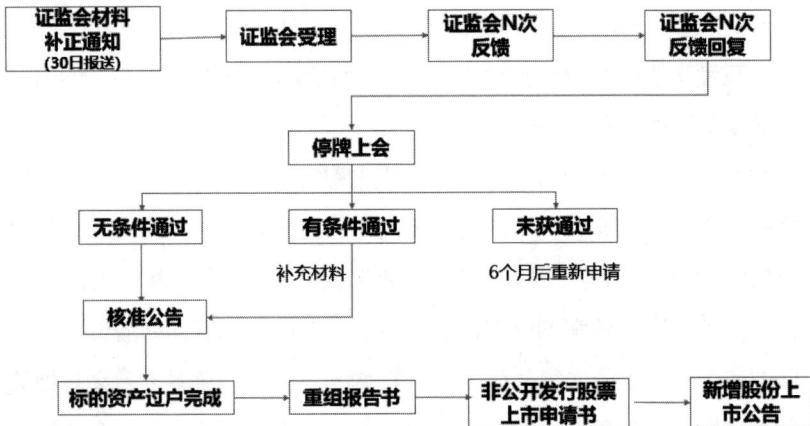

10.5.3 终止重大资产重组是好事还是坏事

重大资产重组的终止在这个漫长的过程中是可以随时终止的。就像谈恋爱的两个人，可以只认识、介绍，吃几次饭就不再联系了，就类似于只是发布了重大资产重组停牌公告，甚至连标的的名称都不知道，这时候终止伤害最小，市场反应也不会太大。

而当谈恋爱的两个人见了双方朋友、父母后关系就更进一步，类似于重大资产重组把标的名称、股权状况都进行详细披露，最后两人闹掰了，这时候有一定伤害，但还是不大。

当谈恋爱的两个人都开始准备婚礼了，这个时候就类似于重大资产重组进入了预案、草案阶段，这个阶段家长们也会跑过来反复询问，就类似于证监会、交易所的询问和反馈回复，最后家长满意、放心了才可能重组成功，但在这个阶段很容易出现问题，有的是自己发现不合适，有的是家长不同意也会影响自己的决断，不过在 A 股要是证监会审核不通过。那么重组也会闹掰。总之这时候终止双方都很受伤害，对股价影响也较大。

终止重大资产重组是好事还是坏事？不一定。如果停牌期间市场大涨那么股票复牌后就会补涨，甚至连续一字涨停。如果停牌期间市场大跌或者震荡，那么复牌后也会大跌甚至连续一字跌停。

1. 新股开板遇上收购——韦尔股份复牌后快速补涨，两月涨幅翻倍

韦尔股份上市 20 个交易日就重组，基本上是上市一开板就开始筹划并购重组，2017 年 5 月 18 日开板，2017 年 6 月 5 日起就因重大事项停牌，这一停牌就是 4 个月，到 2017 年 9 月 27 日才复牌，但是四个多月等待并没带来好消息而是终止重大资产重组。

2017 年 6 月 17 日公司转为重大资产重组事项停牌，与之一起的还实施了股权激励计划；

2017 年 7 月 5 日披露收购标的为计算机、通信和其他电子设备制造业；

2017 年 8 月 22 日披露收购标的北京豪威，且金额巨大；

2017 年 8 月 26 日举行重大资产重组说明会；

2017 年 9 月 5 日签署了重大资产重组协议，拟以发行股份的方式购买北

京豪威 86.48% 的股权;

2017 年 9 月 26 日没有一点点防备,终止了对北京豪威的收购,并在 9 月 27 日复牌。

北京豪威是谁?纳斯达克原上市公司,一度排名世界第一的图像传感器芯片厂商。自 2016 年被中国财团以 19 亿美元私有化成为北京豪威全资子公司后,便成为国内集成电路设计领域的"香饽饽"。北京君正、韦尔股份、闻泰科技曾先后试图对北京豪威"下手",不过最终谁也没有成功。韦尔股份收购失败的原因在于,北京豪威持股 11.79% 的最大单一股东珠海融锋投出了反对票。

但是失败归失败,韦尔股份复牌后如同脱缰野马,直接走出连续六连板,其中 9 月 29 日、9 月 30 日还连续两日被特停。在短期调整后又再创新高,11 月 11 日又被特停了一次,短短两个月实现翻倍涨幅。为何能涨势如此凶猛?就在于韦尔股份在停牌的四个月间,芯片股已经涨疯了,江丰电子已成"江疯电子",2017 年 7 月到 2017 年 11 月四月涨幅超 2.5 倍,国科微 2017 年 8 月到 11 月三月涨幅超 1.8 倍。韦尔股份虽然不是纯正芯片股,其只是 IC 分销商,但是市场对芯片股的追捧已达极致,复牌后快速补涨并上演了翻倍行情。

2. 新股开板遇上收购二——兆易创新收购北京矽成

在半导体领域不只韦尔股份有一颗追求海外先进技术的心，作为芯片龙头股兆易创新也一样。作为稀缺的芯片股兆易创新 2016 年 8 月 18 日上市后连续 18 个涨停板，成为当年最赚钱的新股之一，可是谁承想公司一开板刚交易了两个交易日就进入重大资产重组停牌模式，5 个月后也就是 2017 年 2 月 14 日公司抛出了一份 65 亿元的巨额收购方案。

2017 年 3 月 14 日复牌后股价继续连拉了三个涨停。但是谁承想到了 2018 年 8 月份风向直转，筹划了 1 年的收购案竟突然终止，既不是因为监管层原因，也不是双方定价的原因，而是芯成半导体某主要供应商反对。可以说一家供应商的意见就能左右一项巨额收购的深层次原因就是这家供应商的地位无法替代。据公告显示，2016 年力晶科技和南亚科技是北京矽成前两大供应商，采购金额占当期金额的 32.45% 和 27.54%。而最终导致收购失败的原因有可能是南亚科技。

不过失败没关系，虽败犹荣，韦尔股份都能拉板，兆易创新虽然刚开始吃了一个跌停，但后续半年时间里走出了翻倍涨幅。

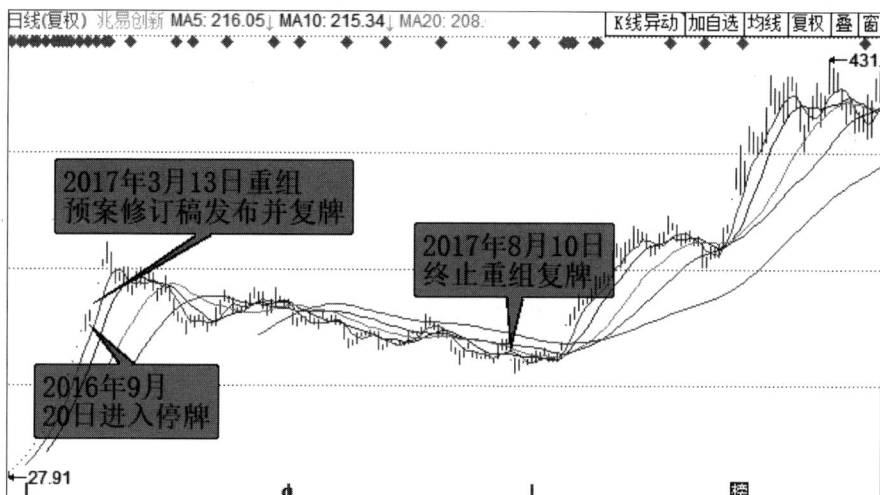

2016 年 9 月 20 日重大事项停牌；

2016 年 10 月 1 日转入重大资产重组停牌；

2016 年 11 月 19 日披露收购标的为北京闪胜，北京闪胜及其下属子公司的主营业务为集成电路存储芯片的研发、设计支持和销售，以 DRAM 和 SRAM 等易失性存储芯片为主，其产品广泛应用于汽车电子、工业制造、医疗设备、通信设备等领域，其子公司 ISSI(US) 原在纳斯达克上市，2015 年底刚完成私有化。公司 2016 年 SRAM 产品营收位居全球第二，DRAM 产品也位居全球第八。

2016 年 12 月 17 日签署股权收购意向协议，收购标的名为北京矽成，之前叫北京闪胜；

2017 年 2 月 14 日发布收购预案，拟 65 亿元收购北京矽成 100% 股权，其中现金支付 19.5 亿元，股份支付 45.5 亿元。2015 年北京矽成净利润为 5720.34 万元，并承诺 2017—2019 年扣非净润分别为 2.99 亿元、4.42 亿元、5.72 亿元；

2017 年 2 月 28 日又对预案细节做了小幅度修整；

2017 年 3 月 11 日交易所问询回复，并在 3 月 13 日复牌；

2017 年 4 月 18 日又做了交易所第一二次问询回复；

2017 年 6 月 10 日证监会给出了反馈意见；

2017 年 8 月 9 日终止重大资产重组，并于 8 月 10 日复牌。终止的原因竟然是 ISSI 某主要供应商认为兆易创新与 ISSI 重组后将成为其潜在的有力竞争对手，要求 ISSI 与其签署补充协议，约定在本次交易完成时其有权终止相关供应合同。

3. 御家汇收购"阿芙"品牌惹争议，终止后阴跌不断

御家汇就是知名的淘品牌面膜，一度被市场当作独角兽炒作，2018 年 5 月底甚至还上演了二连板，但是自从御家汇抛出了要收购阿芙之后，市场质疑声不断，高溢价 + 现金负债收购令人生疑，最终在监管的问询下公司放弃了收购，加之后来公司业绩增长乏力，小非减持不断，以及大势萎靡，股价一路阴跌。

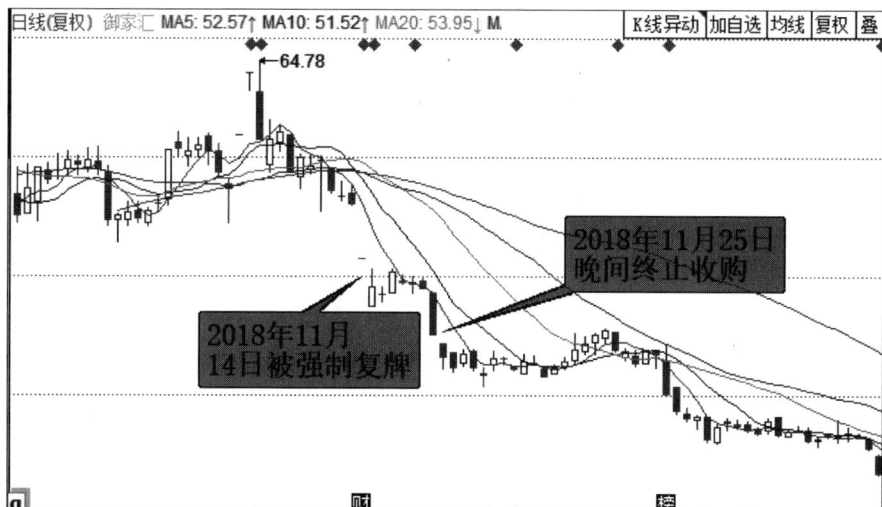

2018 年 6 月 19 日御家汇开始重大事项停牌，并披露收购标的属于化学原料和化学制品制造业。

2018 年 7 月 3 日转为重大资产重组停牌程序，并披露收购标的为北京茂思，拟收购 55% 股权。北京茂思是谁？就是大家常常看到的阿芙精油，除了阿芙，还有"KACH"等品牌。

2018 年 9 月 18 日出台了重大资产重组草案，拟以现金 10.2 亿元收购北京茂思 60% 的股权，收购溢价超 7 倍。当然人们最关心的还是 10 亿元巨资从哪里来，因为截至 2018 年上半年，御家汇账面上的货币资金仅有 3.3 亿元，这也就意味着公司要举债近 7 亿元。为此，御家汇宣布拟向银行申请金额不超过人民币 6 亿元贷款，用于此次收购，该贷款以其持有标的公司 60% 的股权质押担保。

2018 年 10 月 8 日及 11 月 7 日，御家汇收到深交所对其重组两度问询，涉及标的资产的经营、财务、估值等问题进行了详细问询。

2018 年 11 月 14 日御家汇延迟回复问询并被强制复牌。为什么会被强制复牌？因为 2018 年 11 月 7 日证监会发布了史上最严的停复牌新规，其针对的一类重点就是缩短重组停牌期限。而御家汇被视为 A 股的停牌钉子户。自此御家汇停牌近五个月复牌，但是复牌首日就一字跌停。

2018 年 12 月 26 日正式宣布终止收购，股价继续阴跌。

10.5.4　并购重组哪些类型值得关注

1. 横向并购可增厚业绩

在上市公司相关业务范畴之内，并购后可快速增厚业绩。但也要警惕并购后遗症——商誉大幅增长的风险，某个年度一个商誉减值可以说是随时都可能爆掉的业绩"雷"。

但是对于重大重组式的收购可能短期并不会出现对股价的巨大影响，反倒是收购并表后才可能显现出来。

帝欧家居：蛇吞象成功并购欧神诺，业绩增厚并改名。

帝欧家居，原来是做亚克力马桶的，2016 年 5 月上市，上市半年就开始筹划重大资产重组收购，且也是蛇吞象，近 20 亿元巨资收购了新三板公司欧神诺瓷砖（欧神诺一度想在 A 股 IPO）。

收购过程前后历时近 2 年，并由帝欧洁具改名为帝欧家居，因为之前只做洁具，现在也做瓷砖了。收购后在 2018 年并表后公司业绩增长立竿见影，从股价表现来看，前期并购过程中表现一般，但是在并购完成后，首个财报并表披露季，2018 年 10 月 29 日发布 2018 年年度业绩预告，当时预计净利润同比增长 5.3 ~ 5.8 倍，2019 年 1 月 19 日公司发布业绩上修公告，净利润同比大增 5.6 ~ 6.1 倍。2019 年 2 月 14 日发布业绩快报，净利润同比大增 6.01 倍，接近此前业绩增长上限。公司股价在 2019 年 1 月 19 日发布业绩上修公告后 2 个月内快速反弹了 74% 以上。

之前重大资产重组公告时间节点如下：

2016 年 11 月 2 日重大资产重组停牌。

2016 年 12 月 28 日披露交易标的为佛山欧神诺陶瓷。

2016 年 12 月 30 日发布重组预案，拟以 20 亿元收购欧神诺 100% 的股权，其中 90% 为发行股份制度，10% 为现金支付，收购价格为 13.52 元 / 股。欧神诺曾于 2014 年 4 月挂牌新三板，2016 年 6 月入围新三板创新层，2016 年 11 月 3 日暂停转让。2016 年度，欧神诺承诺 2017—2019 年扣非净利润分别为 1.68 亿元、3.63 亿元、5.83 亿元。欧神诺陶瓷 2015 年实现营业收入 15.85 亿元，同比减少 1.31%，实现净利润 1.31 亿元，同比增加 20.06%。相比之下，2015 年帝王洁具的营收仅为 3.87 亿元，净利润为 5342.19 万元。无论是营业收入还是净利润，欧神诺陶瓷远超帝王洁具。

2017 年 1 月 17 日交易所问询回复后复牌，至此停牌时间近 2 个月，复牌后进入补跌状态连续 2 个跌停，调整幅度近 30%。所以并购重组后的表现真的和是否成功没有太大关系，而是看停牌期间市场的表现如何。

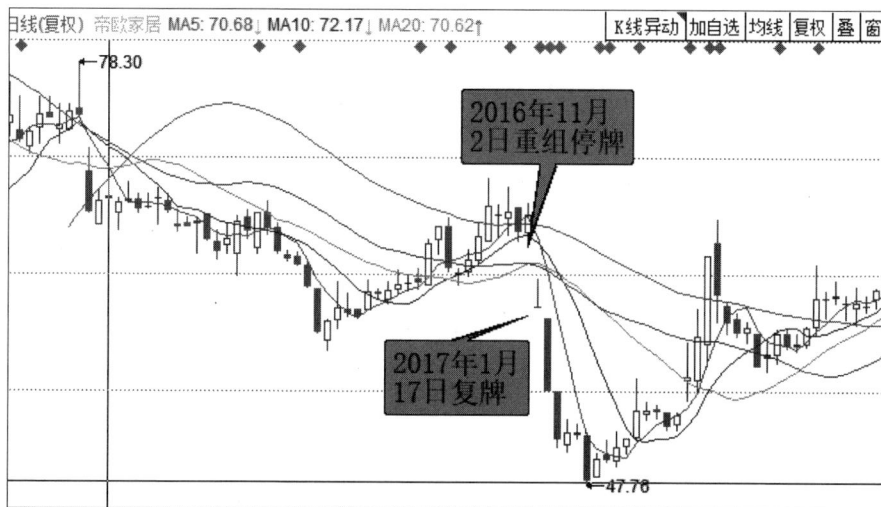

2017 年 2 月 28 日收购方案调整为 19.68 亿元收购欧神诺 98.39% 的股权，其中现金支付 2.23 亿元。

2017 年 9 月 30 日获得证监会批复。

2018 年 1 月 6 日过户完成。

2. 并购方式创新，首个尝螃蟹的新股

市场不光喜欢新股，对于并购方式创新的并购个股也是给予很大支持，看惯了发行股份购买资产，突然政策风向支持定型可转债，对于第一个吃螃蟹的市场给予很大的支持和反应，甚至连续一字板也不在话下。

2018 年 11 月 1 日，证监会发布消息表示要积极推进以定向可转债作为并购重组交易支付工具的试点，支持包括民营控股上市公司在内的各类企业通过并购股重组做优、做强。

2018 年 11 月 2 日赛腾股份发布拟发行定向可转债及股份购买资产并配套融资的停牌公告，相应速度可谓"神速"。

读懂次新股

2018 年 11 月 9 日，赛腾股份预案火速出炉，拟发行可转换债券、股份及支付现金的方式收购菱欧科技（新三板挂牌）100% 的股权，交易总价为2.1 亿元，成为首单定向可转债的公司。具体交易方案为发行可转债支付 1.26亿元（初始转股价为 19.30 元 / 股），发行股份支付 2100 万元，现金支付6300 万元。预案披露次新股价一字涨停。

菱欧科技 2017 年营收为 1.03 亿元，净利润为 675.89 万元，公司主要产品为自动化设备，主要应用于汽车、电子、医疗等，主要客户有日本电产、索尼（村田制作所），其中日本电产为第一大客户，2016、2017 年营收占比分别为 53.48%、34.73%。

赛腾原本主业为消费电子（手机、计算机、可穿戴智能设备等）自动化组装、检测设备的研发、生产和销售，苹果为其最大客户。

2018 年 11 月 16 日交易所问询；

2018 年 11 月 17 日问询回复；

2018 年 11 月 20 日草案出炉；

2019 年 1 月 3 日收到证监会一次反馈；

2019 年 1 月 14 日一次反馈回复；

2019 年 1 月 23 日获证监会无条件通过；

2019 年 3 月 2 日获得证监会核准批文。

第 11 章

行业面面观

本章主要内容包括：

➤ 大数据：第四次工业革命新电力

➤ 信息安全：已上升至国家战略高度

➤ 直接面向消费者的软件股

➤ 手机产业链：产品快速更新换代

➤ 次新半导体：国家技术之核心所在

➤ 次新军工股

➤ 汽车零部件

➤ 医药研发服务（CRO/CMO）

因为上市新股可能来自各行各业，之前经常有人跑来问海豚，你是怎么做到能够看懂那么多行业的新股的？就连券商分析师也只能覆盖一两个行业，甚至更细分的小行业。虽然巴菲特说只投资自己看得懂的行业，只投资自己能力圈范围内的行业，但是面对新股来自各行各业，且不少是行业内第一股，这也就意味着，这是一个市场接触的完全全新的行业，如果故步自封就是不看，那么海豚认为有点可惜，毕竟社会是在不断进步，很多行业可能会随着时代的发展而落寞甚至消失，而很多新兴行业会不断崛起。这个时候只有不断拥抱新事物，发现新的机会，我们才能获得超额收益。

本章尽量覆盖多个行业，并介绍部分优质成长股的经历及所处行业的发展现状。也许对于有些专业性强的行业来说理解起来确实困难，比如医药、化工、半导体等，但是如果真的看的行业多了你会发现，越到后面看起来越轻松，海豚想这也是为什么做投资越老越吃香的原因。举个例子，第一次海豚看体外诊断时感觉好难，什么化学发光、分子诊断之类的完全不能理解，但是当看了一家体外诊断新股后再看后面的体外诊断新股几乎不费吹灰之力，因为我在看上家时都已提到了竞争对手就是那家即将上市的新股，反而可以相互印证。

如何快速覆盖多个行业？那么真的没有办法，只能慢慢积累，就像医生看病一样，多积累案例就好了。

11.1 大数据：第四次工业革命新电力

现如今大数据的触角已延伸至各个领域，更是被科学家誉为驱动第四次工业革命的"新电力"。据统计，全球数据量大约每两年翻一番，预计到2020年，全球总共拥有的数据量将比2010年增长近30倍；同时全球IT部门存储数据的服务器数量将增加10倍（虚拟的和物理的），有待管理的数据量将增加50倍。

与此同时，过去八年中国数据中心服务市场规模增长了 9.6 倍，年复合增长率超过 40%，2016 年我国数据中心产业同比增长近 40.4%，市场总规模预计达 728.7 亿元，近五年来规模翻了近 5 倍。未来三年将保持近 40% 的增速，预计到 2018 年市场规模达 1390.4 亿元。

我国持有 IDC 经营许可证的企业达到 1011 家，其中持有工信部颁发的跨地区经营许可证的企业仅有 327 家。政策上，2014 年 1 月国务院取消基础电信和跨地区增值电信业务经营许可证备案核准，使得 IDC 服务准入门槛进一步降低。

目前，数据中心市场已经形成了由中国电信、中国联通、中国移动三大运营商所组成的基础电信运营商以及众多的网络中立的数据中心服务商共同提供数据中心服务的市场格局。其中电信运营商占比超 65%，互联网行业是数据中心需求的第一客户，营收占比达 45%，移动平台、直播等业务的发展成为促进数据中心发展的主要驱动力。

IDC 领域历来也是牛股丛生，网宿科技、光环新网等在股市的历史上都留下了浓墨重彩的一笔，新股里数据港、奥飞等迎头赶上。

11.1.1 英维克：阿里腾讯供应商！温控节能

公司为精密温控节能设备提供商，致力于为云计算数据中心、通信网络、物联网的基础架构及各种专业环境控制领域提供解决方案。

以通信行业为突破口，并逐渐向互联网、新能源车等行业延伸，拥有户外机柜温控节能、机房温控节能、新能源车用空调三大产品线共计约 40 类产品。可以说公司做的是温控节能设备，主打的是绿色节能，其最大的一块业务来源是运营商的基站建设需求，随着 5G 的不断上马，该块业务仍有望持续增长，与此同时，公司也入围了腾讯和阿里巴巴的微模块数据中心供应商，此外还扩展到轨道交通（青藏铁路）、智能电网、新能源汽车（比亚迪）等领域，应用领域十分广泛。

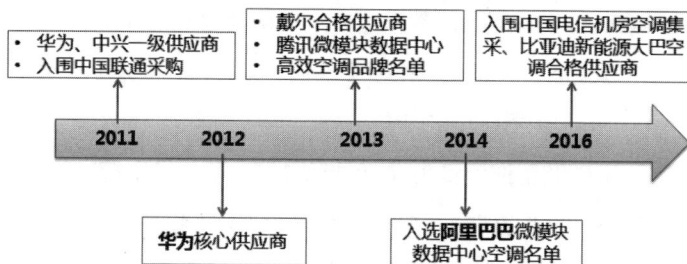

11.1.2 数据港：背靠 BAT、上海国资委等，一度为大数据龙头

数据港主要做的是 IDC 服务，与网宿业务有些类似，不过数据港多为自建。与此同时还是国内少数同时服务于阿里巴巴、腾讯、百度国内三大互联网公司的数据中心服务商。截至 2016 年上半年，公司服务于 BAT 的服务器数量达到 72595 台，占公司管理服务器整体规模的 93.82%。

股东方面，公司控股股东为市北集团，发行前持股比例为 52.39%，发行后持股比例为 36.79%，实际控制人为静安区国资委。

关于张北数据中心，早在 2015 年 10 月公司就以终端客户直销模式与阿里巴巴签署了《张北 IDC 二期第一批机房项目的合作备忘录》，合同规模为 2000 个机柜，与此同时阿里云的第一个数据中心 536 项目到期后未续约。2017 年 3 月 8 日公告签订了《张北小二台一期数据中心项目合作协议》，协议金额达 12.75 亿元，因为张北数据中心这一特殊的地理位置，使得公司具有京津冀雄安题材。

也正是因为如此，公司 2017 年 3 月开板后，在整个次新大势整体低迷的情况下还能逆势走出几近翻倍涨幅，2017 年 3 月 8 日被特停，领了"妖股证"。3 月 10 日复牌后继续一路上行，不过后来监管层特停不断，最终在 3 月 17 日结束了开板后的第一波炒作。此后该股反复炒作，每每大数据有消息上的异动，数据港都会成为龙头率先涨停。

11.1.3 海量数据：客户以金融、制造业为主

海量数据，名字与数据港类似，但业务不尽相同，其提供的是数据中心

解决方案，以系统集成业务为主，其主要客户多为金融（平安集团、安邦保险、新华人寿、银华基金等）、制造业客户（北京新能源汽车、联合汽车、南京依维柯、比亚迪股份、江苏协鑫等）。因涉及硬件销售及外购软件，毛利较另外两家大数据次新股偏低，仅为 20%。相比数据港题材方面自然没有那么亮眼，因此开板后表现平平，但随着价值回归，以及国家大数据战略这一重磅消息出来，海量数据上演了二连板，且在此后 9 个交易日内涨幅近 50%，一时间扮演了龙头角色。

11.1.4 奥飞数据：立足广东，拥有自治域，有 BGP 接入产品

奥飞数据，公司业务与数据港类似，数据港主要以上海、浙江地区为主，而奥飞数据则是立足广东，其也是广州地区少数几家能够提供 BGP 接入的 IDC 服务商，拥有自治域，同时为中国互联网络信息中心 IP 地址分配联盟成员，拥有 IPv4 和 IPv6 地址段。公司 2015 年 7 月 15 日开始挂牌新三板，2014 年扭亏为盈。IDC 服务为公司主要收入来源，营收占比超八成。目前赚钱的业务就是带宽租用，核心优势产品就是 BGP 接入产品，但在自建机房方面略显逊色。

公司客户主要为视频网站运营商、网络游戏运营商、门户网站运营商、CDN 服务商、云服务商等终端客户，如 UC（优视）、YY（欢聚时代）、搜狐、风行在线、三七互娱、完美世界、网易等，营收占比超九成。开板后碰上 2018 年次新大势一片大好的情况，涨幅不逊于"前辈"们，开板后最大涨幅近 60%，但此后一路阴跌。

11.2 信息安全：已上升至国家战略高度

2016 年我国信息安全市场规模为 32.1 亿美元，同比增长 19.71%，预计到 2020 年将达 68.41 亿美元，2015—2020 年复合增长率达 20.6%。2015 年我国安全硬件占比达 54.2%，软件和服务市场占比分为 20.8%、25%。

安全硬件市场由防火墙、入侵检测与防御、统一威胁管理、安全内容管理、

VPN 等市场构成，其中防火墙硬件市场占比达 38%，VPN 和安全内容管理市场占比分别为 6%、13%。

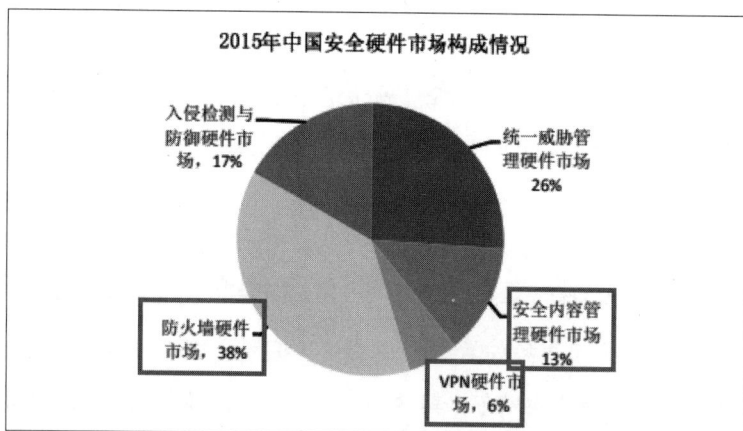

政策上，从 2013 年 11 月国家安全委员会成立，到 2016 年 12 月国家互联网信息办公室发布了《国家网络空间安全战略》。信息安全已经上升到与政治安全、经济安全、领土安全等并驾齐驱的战略高度。从消息面上从 2013 年的"棱镜门事件"到近来"病毒事件"不断。

如 2017 年 5 月 14 日周一一轮勒索病毒在全球肆虐，仅仅在十几个小时里，全球已有 74 个国家和地区的至少 4.5 万台电脑受到网络病毒攻击，而且还在蔓延。波及范围包括美国、英国、中国、俄罗斯、西班牙、意大利等。典型的例子如 5 月 12 日 22:30 左右，因全球比特币勒索病毒爆发，部分加油站正常运行受到波及。病毒导致加油站加油卡、银行卡、第三方支付等网络支付功能无法使用。

该事件也直接催化了蓝盾股份、美亚柏科、拓尔思、任子行、启明星辰、绿盟科技等超 10 只网络安全个股涨停。

11.2.1 中新赛克：脱胎中兴系，背靠深创投等，以软件为主

公司专注于网络可视化基础架构产品及其在信息安全领域的应用，在网络可视化市场占有率为 1.98%。100G 宽带网产品、2G/3G/4G/5G 等制式移动网产品处于国内市场领先地位，目前正在对超 100G 宽带网产品、下一代网络内容安全产品和大数据核心处理引擎等方面超前预研。其亮点主要有：

（1）轻资产运营，以软件为主，80% 以上的毛利率傲视群雄；

（2）脱胎中兴系，投奔深创投，实控人是深圳国资委，背后还站着任子行、美亚伯科等；

（3）题材王：信息安全、5G、大数据、软件股、人工智能等各个领域都是长期风口。

2017 年上市后公司业绩表现不断超出预期，2017 年扣非净利润同比暴增 41.02%，2018 年 Q1\Q2\Q3 分别同比大增 119.27%、92.46%、72.33%。题材上其已不只是单纯的信息安全股，更是 5G 概念的直接受益者，还兼具大数据、人工智能等叠加题材，可谓业绩与题材齐飞，上市后一年内不断创出新高，走出难得的三波主升浪走势。

1. 专注于网络可视化基础架构产品及其在信息安全领域的应用，在网络可视化市场占有率为 1.98%

100G 宽带网产品、2G/3G/4G/5G 等制式移动网产品处于国内市场领先地位，目前正在对超 100G 宽带网产品、下一代网络内容安全产品和大数据核心处理引擎等方面超前预研。

主要产品如下图所示：

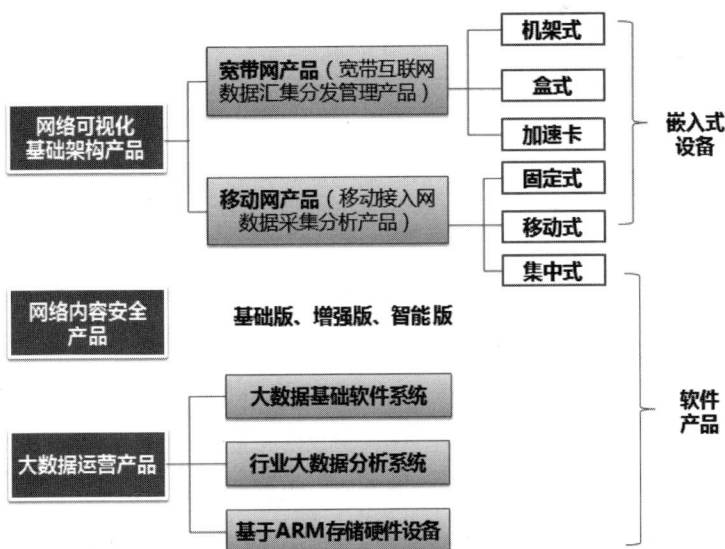

2. 网络可视化基础构架产品：公司第一大产品，毛利率达 80% 左右

公司网络可视化基础架构产品下游主要应用领域为信息安全行业，包括宽带网产品、移动网产品两大类。为公司主要业务收入，2014—2017 年营收占比分别为 88.79%、95.63%、79.3%、88.48%。毛利率水平较高，基本保持在 80% 左右。

业绩增长波动较大，2014、2015、2016 年网络可视化基础架构产品营收同比增速分别为 28.12%、19.01%、−2.51%。好在合同额增长出现逐年递增态势：2014、2015、2016 年同比增速分别为 18.78%、45.81%、56.26%。随着合同验收结束，2017 年网络可视化基础架构产品收入同比大增 62.36%。

其中宽带网产品营收占比在六成左右，为公司第一大产品；移动网产品在三成左右。受益于 2014 年 4G 制式升级，公安等行政执法部门对移动网络信息安全设施持续投入，移动网产品 2014—2016 年营收复合增长率达 14.63%。

3. 中国移动为公司最大金主与其签订的订单达 1.2 亿

销售模式上，公司以直销为主，营收占比在七成左右。直销客户主要为集成商（系统集成商和应用集成商）、建设单位（信息系统建设项目的业主单位），还有极少数通过淘宝等线上平台下单的零售客户。

公司产品最终客户主要为政府机构、电信运营商和企事业单位，用户需求季节性波动大，在当年 12 月及次年 1 月交付量较大，导致公司业绩主要集中在下半年尤其是第四季度实现。过去三年公司四季度营收在全年占比分别为 54.82%、63.06%、46.67%。

此外，由于行业特性，公司客户集中度较高，前五大客户营收占比在 60% 左右。中国移动为公司主要金主，2015 年、2016 年连续两年最大客户，营收占比分别为 35.67%、25.55%，向其销售的产品全部为宽带网产品，截至 2017 年年末，与中国移动仍在执行但未验收合同金额为 1.2 亿元。

肯尼亚政府为公司在海外的主要客户，也是公司的重要金主。肯尼亚政府 2014—2016 年向公司采购移动网产品移动式设备，并在 2015 年签署了价值 850 万美元的网络内容安全软件及服务采购协议，而该项目在 2016 年实施

完成并验收，在 2016 年当年确认营收达 6143.88 万，营收占比达 17.89%，为公司当年的第二大客户，此外非关联方客户还有国家互联网应急中心、重庆公安局等。

4. 轻资产运营，软件占比近六成

公司属于软件企业，产品主要是嵌入式设备和纯软件产品。2014—2016 年嵌入式软件和纯软件营收占比分别为 34.18%、47.55%、58.94%，生产模式上也以外协为主（将包括贴片、焊接等硬件制造环节交给外协厂商，公司只负责部分产品的组装、硬件调测、软件烧录、高温老化、生产测试及质检环节）。

人员方面，生产人员仅 28 人，在总员工占比仅为 6% 左右，近半数为销售人员。

5. 脱胎于中兴通讯，深创投为公司控股股东

脱胎于中兴通讯网络事业部，前身为深圳中兴特种设备，2003 年由中兴通讯、金岑实业和几名中兴通讯骨干人员发起设立，其中中兴通讯出资 54 万元，持股 54%。

2012 年 9 月中兴通讯先是以 2200 万价格受让了创码科技 14% 股权，后又以 5.28 亿元将持有的 68% 股份转让给深创投等 10 家机构和个人，此次发行前深创投直接和间接持有 47.02%（直接持股 35.57%），为公司控股股东。

中兴通讯的说法是为了聚焦主业，除了中兴特种，在这一年还相继转让了长飞投资、中兴力维等非核心业务控股子公司。

此外，2015 年 6 月，美亚柏科、任子行分别以 4898.13 万价格认购了 4.1% 的股份。

与中兴通讯业务仍有千丝万缕的联系：核心成员大多来自中兴；中兴通讯为公司主要供应商——公司 2014—2016 年向中兴通讯及其关联企业的采购占比分别达 20.17%、23.85%、30.40%，且向中兴国通、中兴高达采购模块及其他元器件的金额逐步提高；向中兴通讯及中兴康讯销售网络内容安全软件：不过营收占比不高，基本在 2% 左右，甚至有逐年降低态势。

11.2.2　深信服：信息安全领域的独角兽＋云计算第一股

深信服在信息安全方面深耕 18 年，多个细分领域连续多年蝉联第一，业绩增长亮眼，安全产品毛利率超过 88%，可谓老牌劲旅；更关键的其还头顶"云计算第一股"的光环，用了 2 年时间云计算业务就翻了七倍以上并做到 5 亿规模，活脱脱就是一个"小华为"，一个未被大多数人关注的隐形独角兽。

产品布局上，公司 2002 年推出自主开发的 IPSec VPN 产品正式涉足网络安全产业，而后陆续推出 IPSec/SSL 二合一 VPN 网关（2004）、上网行为管理（2005）、广域网优化（2007）、应用交付（2009）、下一代防火墙产品（2011），每一个产品均很快做到行业前列。2012 年又陆续推出云计算、企业级无线相关产品和解决方案。可以说从原来卖 VPN 上网行为管理的边缘产品，到下一代防火墙强势"杀入"网络安全领域，到现在企业云和公有云服务的开拓，产品线日益丰富。2016 年 11 月公司发布"智安全"＋"云IT"两大子品牌，信息安全和云计算两大领域齐头并进。 目前公司聚焦信息安全、云计算、企业级无线三大类业务。

公司作为云计算第一股，早在 2010 年就开始了云业务的布局，2011 年相继推出桌面云、服务器虚拟化、网络虚拟化等产品。真正的发力点在 2015 年，深信服发布了基于超融合架构的企业级云产品，市场开拓迅猛，根据 IDC 口

径数据，2017 年公司在中国超融合市场份额为 19%，仅次于华为和新华三，且差距在不断拉近。所以虽说信息安全领域竞争激烈，相关标的非常多，但是能成功在云计算领域打出一片天地，快速占领市场实则不易。

11.3 直接面向消费者的软件股

11.3.1 万兴科技：卖软件 9 连板引爆全场

开板后一度 16 天走出 12 连板，更一度走出破纪录的 9 连板，引爆全场，成为名副其实的"新妖王"。其作为稀缺的软件消费股，再叠加独角兽风口尽享溢价。其稀缺就在于能把软件卖给普通消费者，且打开了海外市场，给了投资者极大的想象空间。

公司自主开发并在售的软件产品达超 100 多款，主要包括多媒体类、跨端数据管理类和数字文档类三种，大多数产品具有英、法、日、德、意、西、葡等八种语言，可广泛应用于个人电脑、平板电脑、智能手机等不同应用终端，适用 Windows、Mac OS、iOS、Android 等主要操作系统。

目前公司营收几乎全部来自境外，业务已拓展至 200 余个国家和地区。其中超四成营收来自美国，一成左右来自日本，澳大利亚、英国、德国、加拿大等国家，营收占比均在 5% 左右。

其中 Filmora 被称为视频剪辑界的美图秀秀，网红必备神器，为公司第一大收入来源，也是增速最快的业务，营收占比从 2014 年的 7% 大幅增至 2017 年上半年的 31.5%。2015 年、2016 年营收增速分别达 1.33 倍、2.36 倍。这其中主要得益于与 YouTube 视频红人的深度合作，与该产品相关的广告在 YouTube 播放次数 2015 年达 400 万、2016 年破千万次，2017 年上半年突破 3600 万次。该产品业务过去三年量价提升，销量从 2014 年的 9.16 万套增至 2016 年的 32.17 万套，销售均价从 2014 年的 172.23 元 / 套大幅提升至 2017 年上半年的 312.56 元 / 套。

这也是一家神奇的公司，2003 年成立以来一直在开发产品，产品种类达 100 多种，开发周期 6 ~ 8 个月就迅速迭代上线，公司起步靠着谷歌搜索引擎广告狂做推广，虽然不及 360 有知名度，但在海外市场也是有一定的影响力。也是 A 股为数不多直接面向终端消费者的软件股。

11.3.2　掌阅科技：正宗互联网企业，坐拥过亿活跃用户

公司成立于 2008 年，抓住智能手机爆发的风口，2011 年推出一个安卓版 APP。推出数字阅读 APP"掌阅"、"掌阅听书"等产品以及自主研发了电子书阅读器硬件产品"iReader 电子书阅读器"，致力于向用户打造"随身携带的图书馆"服务。渠道推广上公司主要依靠分成模式与各大手机厂商合作，通过预装 APP 推广，其渠道成本在营业成本占比从 2015 年的 43.78% 激增至 2017 年一季度的 53.39%。

公司在数字阅读领域仅次于腾讯旗下的阅文集团，是名副其实的二巨头：

（1）2016、2017 年各个季度阅读类应用中，"掌阅"覆盖率和活跃率均排名第一；

（2）强大的用户规模：注册用户 6 亿、月活跃用户 1 亿；

（3）巨大的用户黏性：日均阅读时长达 42 分钟；

（4）知识付费风口：付费用户超 2000 万。

也因此掌阅科技上市后取得了 24 连板，连板涨幅超 13 倍，这是什么概念？翻看其上市前的新股表现，历史上 29 连板的三只（海天精工、暴风科技、乐凯新材）、26 连板的两只、25 连板的三只，且大多数都为上轮牛市诞生的

"妖股"。所以这一连板成绩估计连数字出版第一股——中文在线（只有 14 连板），也自叹不如。

但是题材股都无法摆脱被打回原形的命运，掌阅也不例外，中间趁着独角兽的风口小有表现，但大趋势一路阴跌，最大跌幅超 70%，逐渐回归合理估值水平。

11.4 手机产业链：产品快速更新换代

之前次新股手机派几乎是苹果概念股一枝独秀，但是随着国内厂牌的崛起，市场上对于华为等国产概念股的追捧也开始热情高涨，但不管怎样，手机产业链仍以苹果手机为风向标。每年 9 月份苹果新品的发布会前后都有可能成为引爆行情的导火索。

自 2007 年乔布斯推出初代 iPhone 惊艳世界，苹果公司 2007—2018 年累计推出 18 款手机，这其中产品迭代周期仅为一年，且在产品更新过程中产生大量新的技术和工艺突破，例如，苹果率先把高清摄像头、金属机身、指纹识别等技术运用到智能手机上，新的技术和工艺带动上游 CNC 机床、平面显示模组、SMT 生产线等机械设备的迅速普及。在苹果的影响下，3D 玻璃、无线充电、OLED、双摄等都成为未来工艺新趋势。

11.4.1 舜宇光学：十年百倍大牛股

舜宇光学的前身为成立于 1984 年的余姚市第二光学仪器厂，产品包括光学零件（玻璃 / 塑料镜片、平面镜、棱镜及各种镜头）、光电产品（手机相机模组及其他光电模组）和光学仪器（显微镜、测量仪器及分析仪器）。公司 2003 年进入手机镜头模组行业，2004 年进入车载镜头行业，于 2007 年 6 月在香港主板上市。

2008—2017 年这几年间，舜宇营收及净利润年均复合增速分别为 37.54% 及 49.46%。2017 年，公司营收为 224.11 亿元，净利润为 29.02 亿元。2009 年年初至 2018 年上半年，舜宇光学科技复权股价涨幅超过百倍，总市值从 5 亿港元增加至目前的 1400 多亿港元。

11.4.2 中石科技 VS 碳元科技：能否进入苹果产业链，命运天壤之别

中石科技主要产品包括：屏蔽材料、热管理材料和电源滤波器，同时为客户提供 EMC/EMP 服务。产品应用领域也从最初的军工、通信领域拓展到智能消费电子、汽车电子、医疗设备及高端制造等领域。

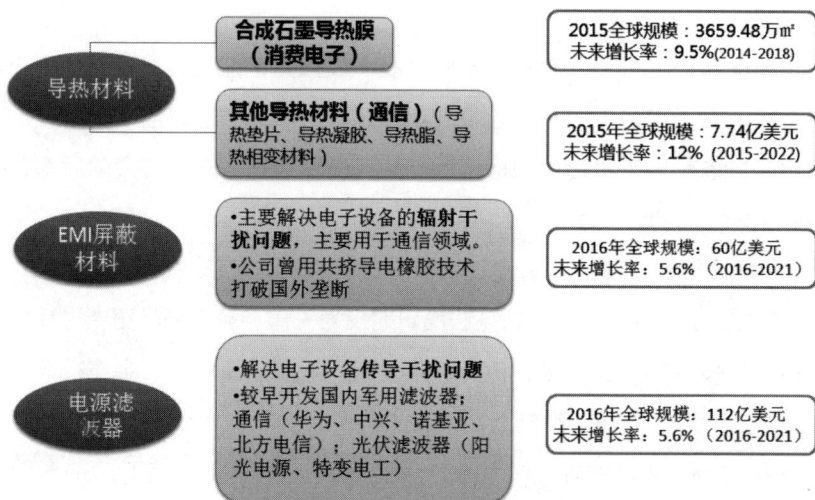

公司历史悠久，成立于 1997 年，前身为北京导能，以电磁兼容服务起家，先后自主研发成功多种导电橡胶屏蔽材料、合成石墨导热材料、导热相变材料、吸波材料等产品。

最初做的是电磁兼容服务公司，电源滤波器为最初产品，且搭上了华为和中兴快车，之后公司再接再厉，2000—2005 年又开拓了诺基亚、北方电信等新客户，并且开始进入屏蔽材料领域。2014 年之前爱立信一直为公司第一大客户，营收占比一直在 30% 左右，近年来有所下滑，2015、2016 年营收占比分别为 23.56%、11.58%，2017 年前三季度跌出前五大客户排名。

对中石科技来说，一切的转折都发生在 2011 年，那年开始引进德国弗卢瑟根公司在人工石墨导热膜的产业化技术，2012 年在德国和中国同时实现了人工石墨导热膜的稳定大批量生产，打破了日本 Panasonic 公司对人工石墨

导热膜生产和销售在全球性的垄断，填补了我国人工石墨导热膜领域的产业化空白。

自此之后，中石科技的合成石墨材料营收占比逐年提升，2014 年量产之时已占据公司当年营收的半壁江山，到 2017 年三季度，营收占比更是高达 73.31%。

人工石墨膜又称合成石墨，在碳元科技的招股书里叫高导热石墨膜。是近年来兴起的一种新型导热材料，具有高导热系数、各向异性、低密度和小体积的特点。

随着消费电子轻薄化发展，传统导热散热手段已无法满足市场需求，合成石墨作为新型关键材料需求旺盛。2009 年苹果手机创新性的应用高导热石墨膜后，之后其他品牌手机纷纷跟随。目前，高端客户市场主要由日本 Panasonic、中石伟业（也就是中石科技）和碳元科技支撑。

成立于 2010 年的碳元科技，其高导热石墨膜在 2009 年开始批量应用于消费电子产品，2011 年开始量产并接到少量订单，2012 年进入三星供应商体系，之后三星一直为公司第一大客户，营收占比在 30% 左右。

相比于碳元科技，中石科技则起步较晚，2012 年，中石科技材成功研制通信用人工合成石墨材料并投入市场，初期主要应用于通信基站制造。

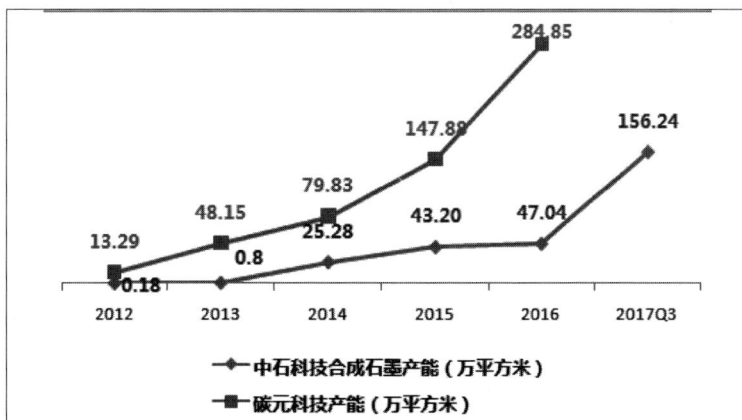

	2012	2013	2014	2015	2016	2017Q3
中石科技合成石墨产能（万平方米）	0.18	0.8	25.28	43.20	47.04	156.24
碳元科技产能（万平方米）	13.29	48.15	79.83	147.89	284.85	

2014 年，中石科技公司研制成功了应用于消费电子行业的合成石墨，并成为苹果正式认证的石墨材料供应商，并向苹果指定模切供应商迈锐供应产品，从此中石科技的合成石墨由新品上市阶段进入到批量生产阶段。当年营

收同比大增 6.35 倍，迈锐更是跃居公司第一大客户，营收占比达 26.63%。除此之外，2014 年公司也成为三星供应商（客户为 DIC Co.,Ltd.、Interflex Co.,Ltd.）。

2016 年中石科技取得苹果的模切供应商资格，可同时交付合成石墨模切产品给组装厂，与苹果公司的合作由手机项目扩大至手机、笔记本电脑和平板电脑等多个项目，按照苹果公司指定交付的厂商也由迈锐扩大至迈锐、鸿富锦、昌硕、领胜、佳值、宝德、安洁科技等多家。

总之，有了苹果这个大客户后，碳元和中石的境地可谓天上地下（碳元主要客户为三星、华为、VIVO、OPPO，但就是没有苹果），上市之后中石业绩表现亮眼，业绩增速多次在次新板块夺冠，2017 年营收 5.7 亿元，同比增长 1.87 倍，2018 年一季度、上半年分别同比增长 2.71 倍、1.36 倍。

股价表现上中石科技也是次新里的业绩大牛股，开板后最大涨幅达 1.7 倍左右，5 月底到 8 月底更是在逆势中涨幅超 50%。2018 年中报出来之后更是一字板，股价再创新高，其上扬态势在 2018 年出了 10 转 8 的高送转分红方案才跟随大势变化发生逆转。而碳元因业绩持续下滑表现不佳，开板后在次新大势一切大好的情况下，2017 年 6 到 9 月快速拉升了 80%，但之后的一年里进入漫漫阴跌路，跌超 60%。

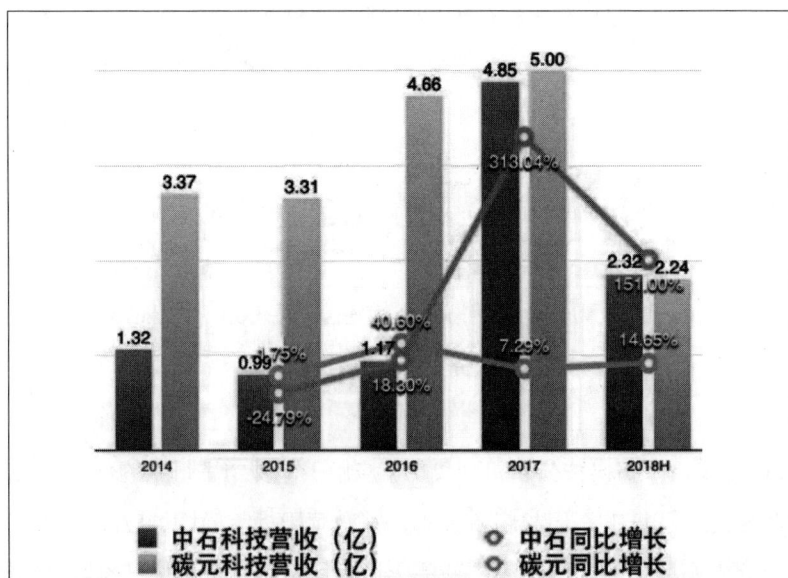

11.4.3 赛腾股份：卖设备给苹果公司

赛隆股份主要产品有自动化设备（检测设备、组装设备）和冶具类产品。其中自动化设备为主导产品，公司 2011 年通过苹果合格供应商认证，从 2012 年开始与苹果合作，2014、2015、2016 及 2017 年前三季度公司应用于苹果产品生产所实现营收占比分别为 90.92%、92.57%、90.57% 及 94.75%。且公司提前介入苹果新产品设计研发阶段，与苹果形成较强黏性，目前已由 2014、2015 年的手表类设备全面拓展至手机、无线耳机、笔记本、电视、平板、智能音箱等几乎全部终端产品。

2014、2015 年公司苹果手表的气密性检测设备营收分别高达 1.92 亿元、2.45 亿元，在自动化设备的营收占比达 60% 左右。众所周知，苹果手表从 2015 年 4 月首次推出以来，它在 2015 年全年的销量已达到了 1200 万块，约占全部智能手表销量的三分之二。但是到了 2016 年苹果手表增速放缓，面临 Fitbit、小米等强烈竞争，出货量一度同比下降近 70%，市场份额占有率更是一度跌至 40% 左右，再加上设备升级改造，导致 2016 公司该产品营收同比大降 23.9%。当年公司营收同比大降 17.6%，扣非净利同比大降 47.2%。

不过到了 2017 年第三季度，苹果 Apple Watch 的出货量达到 390 万台，重回市场第一，2018 年前三季度继续保持优势，出货量 1000 万台，全球占有率 45%。但是公司业绩波动巨大成为硬伤。

11.5 次新半导体：国家技术之核心所在

2018 年 4 月 16 日，中兴通讯被禁事件突发，一石激起千层浪，此次事件也让很多人看到了中国在芯片产业目前虚弱的一面，在此大背景下，可以说有"危"必有"机"。据统计，中兴通讯 20% ~ 30% 的元器件由总部在美国的厂商供应，而中兴通讯需要的高速 ADC/DAC、调制器、高性能锁相环、中频 VGA 等产品，目前暂时没有国产芯片厂商可提供替代品。

放眼整个半导体行业来看，国内半导体自给率仅为 13.5% 左右，中国芯片进口额从 2007 年的 955 亿美元，一路上升至 2015 年的 2307 亿美元，是原油进口总额的 1.7 倍，甚至超过铁矿石、钢、铜和粮食这四大战略物资之和。

半导体产业按照制造技术来看，可以分为分立器件、集成电路、光电子和传感器四大类。集成电路（IC）占到半导体总产值的 80% 以上，是半导体产业最重要的组成部分，通常意义上的半导体即代指集成电路，具体包括逻辑芯片、存储芯片、处理器芯片和模拟芯片四种。

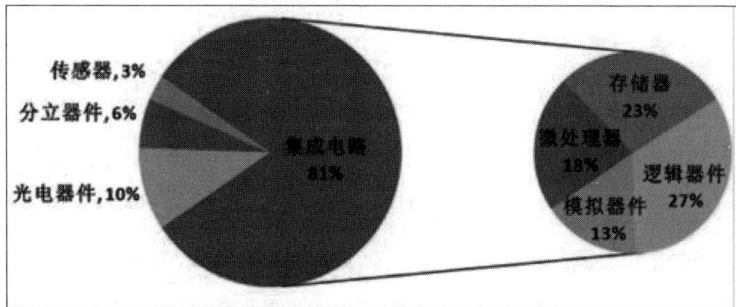

半导体产业链如下图所示，其中封装国产化率最高，难度较低，封装测试产业在我国占比最大，同时，随着我国对芯片设计行业扶持力度的不断加大，芯片设计所占比重呈逐年上升趋势，相比之下，IC 制造属于资本和技术密集型产业，中芯国际作为国产品牌代表，这几年发展较快，但与台积电差距较大，短期内不存在超越的可能。

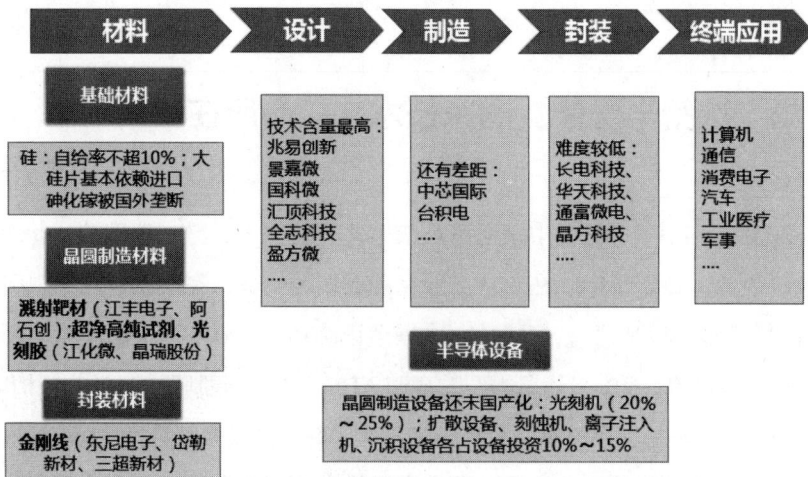

此外，设备和材料又是一大短板。设备方面差距最大的是光刻机。光刻机用于将设计好的电路图曝光在硅片上，蚀刻机则负责微观雕刻，刻出沟槽或接触孔。目前 ASML 最先进的是 EUV 光刻机，即将投入三星、台积电的 7 纳米工艺，而国内上海微电子的光刻机，仍停留在 90 纳米量产的水平。在制造芯片的 19 种主要材料中，日本有 14 种位居全球第一，总份额超过 60%。全球近七成的硅晶圆产自日本。反观中国，硅晶圆几乎是空白，8 英寸国产率不足 10%，12 英寸依赖进口，除了硅晶圆，国内企业还在溅射靶材、研磨液等材料上有所突破，并实现了国产化。前者用于制作金属导线，后者用于芯片研磨抛光。以上均为单点突破，距离整个行业的崛起差距还较大。

但不管怎样，半导体行业是电子信息产业的基础，是国家实力的象征，国产替代化的趋势是不可逆的。在国家政策扶持下，以及大基金和地方资本长期持续投入，中国半导体行业的竞争力也将会逐步提高。

四基	对应半导体产业链		政策目标		政策支持	最终目标
			2020年	2025年	1. 加强监管，严惩市场垄断与不正当竞争 2. 运用PPP模式，引导社会资本参与IC制造重大专项建设 3. 由直接补贴改为入股投资 4. 深化科技专项，包括基金与专项支持 5. 政府采购支持 6. 针对研发费用，推动增值税优惠 7. 加强海外并购	由"中国制造"改为"中国创造"
	核心基础零组件	IC设计	自制率 40%	自制率 70%		
	先进基础工艺	IC制造	支持产能扩充			
	关键基础材料	半导体材料与设备	提高设备与材料供货能力			在终端市场打造国际品牌
	产业基础技术	IP与设计工具	丰富知识产权与设计工具			

11.5.1　金刚线三杰：岱勒新材、东尼电子、三超新材

金刚石是目前所知最硬的物质（莫氏硬度为 10）。金刚石工具是加工硬脆非金属材料及硬质合金的理想工具，广泛用于玻璃、陶瓷、磁性材料、集成电路、宝石、石材、墙地砖、混凝土、耐火材料等的加工。

金刚石工具按类别分为金刚线和金刚砂轮。

金刚砂轮：目前传统石材、墙地砖、耐火材料等传统领域金刚石砂轮基

本为国产，但利润率低。而集成电路硅材料、光伏硅材料、汽车制造等新兴精密加工应用领域使用的金刚石砂轮主要依靠进口，利润空间大。

金刚石线是新型切割工具，其由金刚石颗粒以一定的分布密度均匀地附着在高强度钢线基体上而形成的。相较传统的砂浆切割具有切割速度快（2～3倍）、单片耗材降低（减少切割成本约为 0.10 美元 / 片）、不使用昂贵且难以处理的砂浆、出片率高、环境污染较小、运营成本低等优势。

金刚石线又可分为树脂金刚石切割线和电镀金刚石切割线，相较于树脂金刚石切割线，电镀金刚石切割线破断力更强，造成断线和硅片划伤的可能性更小，是未来主要的发展方向。而电镀金刚线是 2007 年才于日本正式投入生产的新产品。2015 年以前，国内同类产品依赖进口，成本较高，进口日本的 80 μm 金刚线市价高达 0.4 元 / 米。

目前主要用于蓝宝石开方和切片，硅芯切割，硅锭（含多晶硅锭、单晶硅锭）开方和截断、硅切片等领域，其中单晶硅为新增产能，基本均使用金刚线切割工艺，2018 年之后在单晶硅切片市场的渗透率超过 70%。此外在磁性材料切割方面也有少量应用。

光伏用金刚线方面预计每片硅片（约 4W）需耗用电镀金刚线约 1.5 米。单晶硅金刚线切片技术已经成熟，如隆基股份 2016 年对中村超硬的电镀金刚线采购额达 2.68 亿元。

在蓝宝石切割领域，电镀金刚线基本已完全替代传统砂浆线。一般切割一片 2 英寸的蓝宝石片需要耗用电镀金刚线 2 米。目前 80% 的蓝宝石用于 LED 衬底材料（高亮度蓝白光 LED 衬底约 90% 是由蓝宝石材料制成），预计未来 5 年 LED 用蓝宝石晶片的增长率可达到 28%。此外蓝宝石还用于消费电子行业，如大家熟悉的 AppleWatch 屏幕、华为 P7 典藏版手机等。

从市场需求来看，2017 年仅太阳能光伏市场需要消耗的金刚石切割线长度就为 395 亿～632 亿米，另外，蓝宝石 2017 年在 LED 照明渗透率达 52%，高档手表已开始大量使用蓝宝石作为表镜材料，越来越多的智能手机使用蓝宝石作为摄像头保护玻璃、指纹识别器，甚至是整块屏幕保护玻璃。

2009 年之前，我国光伏行业和 LED 行业主要采用砂线切割工艺。且核心技术主要掌握在日本厂商旭金刚石、中村超硬等手中，金刚石线国产化从

2010 年开始，岱勒新材等国内厂商迅速打开国内下游蓝宝石和光伏市场。目前国内参与者有岱勒新材、东尼电子、杨凌美畅、瑞翌新材、三超新材等，此外豫金刚石、易成新能、黄河旋风、恒星科技等上市公司也已纷纷延伸至金刚线领域。其中易成新能、瑞翌新材主要生产树脂金刚线。

主要指标	三超新材	东尼电子	岱勒新材	豫金刚石
电镀金刚线营收（亿元）	1.27	0.85	1.85	1.94（超硬材料制品）
电镀金刚线营收占比	82.48%	34%	100%	15.39%（超硬材料制品）
蓝宝石用金刚线营收占比	26.95%	27.47%	35.72%	–
硅切割用金刚线营收占比	68.85%	72.53%	64.28%	–
磁性材料金刚线营收占比	4.20%	–	–	–
产能（万 km/ 年）	45.82	60	78.04	45
产能利用率	112.12%	75.55%	102.33%	45.95%
销售单价（元）	270.85	219.97	250	–
毛利率	46.07%	47.08%	45.56%	42.12%

（注：表中豫金刚为 2015 年数据，其余公司为 2016 年数据）

11.5.2　溅射靶材稀缺标的：江丰电子 VS 阿石创

1. 什么是溅射靶材

溅射靶材是制备电子薄膜的关键材料，是溅射过程中的轰击目标。而溅射是物理气相沉积技术（PVD）中的一种，是制作电子薄膜材料的主要技术之一，其用高压加速气态离子轰击靶材，将靶材的原子一个个溅击出来，并使被溅击出来的材质（通常为铝、钛或其合金）如雪片般以薄膜的形式沉积到目标基板（硅片）上。制程反应室内部的高温与高真空环境，可使这些金属原子结成晶粒，再透过微影图案化与蚀刻，最终形成一层层金属导线，而芯片的数据传输全靠这些金属导线。

溅射靶材整个产业链主要包括金属提纯、靶材制造、溅射镀膜和终端应用等环节，而这其中靶材制造和溅射镀膜环节是整个溅射靶材产业链中的关键环节。

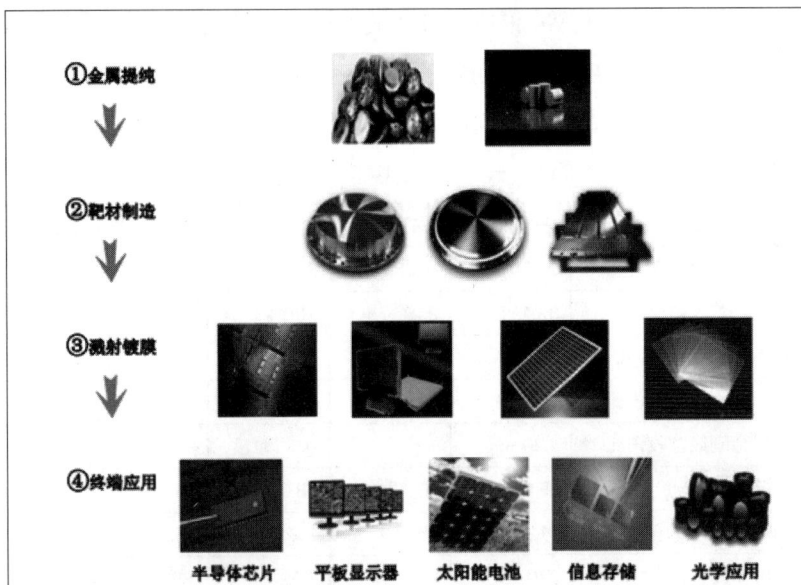

溅射靶材按化学成分可分为：

（1）金属靶材（纯金属铝、钛、铜、钽等）；

（2）合金靶材（镍铬合金、镍钴合金等）；

（3）陶瓷化合物靶材（氧化物、硅化物、碳化物、硫化物等）。

超大规模集成电路芯片制造领域是溅射靶材最高端的应用市场，其对溅射靶材金属纯度的要求最高，通常要求达到 99.9995%（5N5）以上，平板显示器、太阳能电池用铝靶的金属纯度略低，分别要求达到 99.999%（5N）、99.995%（4N5）以上（而一般金属也就是 99.8 的纯度）。

2. 溅射靶材行业护城河宽，成长空间广阔

溅射靶材行业具有技术密集和资本密集双重特性，且行业认证壁垒高（认证过程一般需要 2～3 年）。长期以来，全球溅射靶材研制和生产被日矿金属、霍尼韦尔、东曹、普莱克斯、住友化学、爱发科等美、日少数几家公司垄断。

2011 年日本大地震致使日本溅射靶材生产商陷入全面停产，增加了供应缺口，为国内厂商提供了机会，再叠加国家的政策支持并针对性地把溅射靶材的研发及产业化列为重点项目，极大地促进了个别国内厂商的发展。

2015 年世界高纯溅射靶材市场的年销售额约为 94.8 亿美元。据当时预测，未来 5 年，世界溅射靶材的市场规模将超过 160 亿美元，高纯溅射靶材

市场规模年复合增长率可达到 13%。

目前，高纯溅射靶材主要应用于半导体芯片、液晶显示器、太阳能电池等领域，2015 年全球市场规模占比分别为 12.02%、35.65%、19.51%。

未来随着智能手机、平板电脑、汽车电子等终端消费领域对半导体需求的持续增长，将进一步提升半导体、平板显示器等市场容量。尤其是平板显示方面，中国已成为继日本和韩国之后全球第三大平板显示产业大国，市场占有率超过 17%，随着京东方重庆 8.5 代线、华星光电深圳 8.5 代线二期和中电熊猫南京 8.5 代线的相继建成投产，以及 2014 年投产的诸多产线陆续度过爬坡期，进入量产期。平板显示器件产业整体规模仍有望实现快速增长，而液晶显示用溅射靶材尺寸普遍较大，将为溅射靶材生产厂商提供更加广阔的发展空间。

3. 江丰电子：高纯溅射靶材生产商

江丰电子是我国规模最大、技术最领先、设备最先进的半导体工业用溅射靶材专业研发企业，填补了国内该领域技术空白。公司产品无处不在，智能手机、信用卡、照相机、第二代身份证、车载芯片等。其中 iPhone 7 核心处理器 A10 芯片采用公司产品做部分芯片互连导线，这也是中国产品第一次应用在 16nm FinFET+ 技术大规模集群。

公司主营业务为高纯溅射靶材的研发、生产和销售，主要应用于半导体、平板显示器及太阳能电池等领域。公司主要产品为铝靶、钛靶、钽靶、钨钛靶等高纯溅射靶材，2016 年合计营收占比为 74.64%，其中铝靶、钛靶、钽靶营收占比分别为 23.93%、17.21%、27.04%。主要客户包括中芯国际、台积电、联华电子、格罗方德、意法半导体、东芝、海力士、SunPower 等全球半导体行业及太阳能光伏行业的知名厂商。

在超大规模集成电路用高纯金属靶材领域，公司成功打破美国、日本等跨国公司的垄断格局，填补了国内电子材料行业的空白。在 16 纳米技术节点实现批量供货，同时还满足了国内厂商 28 纳米技术节点的量产需求。

2015 年公司被国家知识产权局评为"国家知识产权优势企业"，并获得"浙江省技术发明一等奖"荣誉。先后承担主持了"863 计划重点项目""863 计划引导项目""02 专项"等多项国家级研究课题。

目前，公司在高纯溅射靶材行业中，国际市场的占有率为 0.44%；国内市场占有率为 1.87%，其中在国内半导体领域的市场占有率高达 6.98%。未来公司争取进入世界前三强。

4. 阿石创：综合型溅射靶材

阿石创也做溅射靶材，但不是高纯的，公司具有代表性的溅射靶材产品：硅靶材（平面靶）、硅靶材（旋转靶）、铌靶材、铝靶材、钼靶材、铜靶材、银靶材、金靶材等。公司仅能生产一些低档的铝靶，无钛靶、钽靶、钨钛靶等产品。产品尚不及江丰电子，因此阿石创业股价走势也不如江丰电子。

产品在平板显示、光学元器件、节能玻璃等领域得到广泛应用，光学元器件、平板显示两个行业合计占了总需求的 86%，尤其是光学元器件行业，毛利率为 43%，营收占比为 62%，一枝独秀。但在半导体、太阳能电池领域尚未有应用。

公司产品光学元器件领域占比最大，平板显示领域几年来仅小幅增长，远不及江丰电子增长迅速。与江丰外销占比达七成左右不同，阿石创 90% 以上内销，主要客户有伯恩光学、蓝思科技、中电科技、北方光电、沈阳航等。

11.6 次新军工股

11.6.1 七一二：天津国资旗下大飞机概念龙头股

七一二为天津老牌国有企业，始建于 1936 年，是我国最早的大型综合性电子工业企业之一，也是中国第一条彩电生产线的所在地，还是第一台铁道电台的诞生地。产品主要包括以军品为主的航空无线通信终端、地面无线通信终端、系统产品以及以民品业务为主的铁路无线通信终端。

2012 年获得国家级企业技术中心认定。2015 年，公司工业设计中心被评定为国家级工业设计中心。

1958 年在国内成为首家推出有着"华夏第一屏"之称的"北京"牌电视机，之后又推出我国第一代铁路无线列调台。

目前已从最初的单一生产电视机、电台的制造企业转型为我国专用无线通信领域的领军企业。2017 年 10 月，由公司参与研发的北斗卫星导航系统，成为中国首个完全自主设计并制造的客机——ARJ21-700 飞机 103 驾机上进行测试飞行更是一个标志性创举。

公司控股股东为中环集团，持股比例为 60.35%。实际控制人为天津市国资委。

二股东为 TCL，继四川长虹看上零八一集团之后（可惜 2016 年折载），TCL 也积极布局军工领域，2015 年 2 月以 2.76 亿元获得 10.84% 的股权，2015 年 7 月又以 2.8 亿元挂牌价获得 11.07% 股权，IPO 发行前持股比例为 21.91%，为公司第二大股东。

公司在军用无线通信领域，拥有完整的军工科研生产资质，我军无线通信装备的核心供应商与主要承制单位，是业内少数可以实现全军种覆盖的企业。产品广泛应用于国内陆、海、空、火箭军及战略支援部队，遍布 5 大战区，500 多个师团级单位。且率先研制成功我军第一代超短波通信设备和第一代航空抗干扰通信设备，在抗干扰、保密性、网络化等方面始终保持国内领先水平。

为我军超短波无线通信设备的主要供应商，尤其在机载超短波通信领域，具有核心研制生产能力，产品广泛应用于歼击机、轰炸机、运输机、直升机、无人机、教练机等各种飞机平台。

2015 年庆祝抗战胜利 70 周年阅兵活动，公司产品装备于参阅的 136 架飞机上，覆盖了 10 个梯队中的 9 个梯队。此外，公司还成功保障了国庆阅兵、奥运安保、神舟返航、亚丁湾护航等重大项目和军事行动，多次受到国务院、中央军委等机关的表彰和嘉奖。

民品方面，公司核心产品广泛应用于铁路通信、城市轨道通信等领域。此外，公司也提供车载终端、电子测试设备、手持终端等非核心产品。2017年上半年中国铁路总公司为第一大客户。

七一二为 2018 年次新股首个纯正军工标的，不仅背景强大、来头不小，还涉足的是无线通信领域。而这为军队"十三五"规划中国防信息化的重点建设领域（军事通信、电子对抗、指挥控制、安全加密、导航定位等）。此外公司还参与过多个重大军事活动，开板后因遇贸易战升级，接力大飞机概念龙头爱乐达成为龙头，走出7天6连板的强势走势。

11.6.2　光威复材：A股纯正碳纤维第一股

世界碳纤维的生产主要集中在日本、美国、德国等。碳纤维生产商日本东丽、日本东邦、日本三菱丽阳的产量合计占全球产量的一半以上。到2010年，国内碳纤维生产能力仅占世界高性能碳纤维总产量的0.4%左右，碳纤维需求严重依赖进口，且主要围绕体育、休闲等低端领域（相当于或者次于T300级的低端碳纤维产品）；近年来随着中简科技的T700级碳纤维和光威复材、恒神股份T300级碳纤维的逐步应用，实现了技术上的突破，但T700级碳纤维尚未规模化量产，而T800、MJ系列碳纤维尚在攻关，稳定性、产品离散度等指标与国外优势企业相比存在一定差距。目前在我国国内碳纤维企业中，威海拓展、中复神鹰、江苏恒神三家公司的产能占全国总产能的80%以上。

碳纤维，既坚如磐石，又韧如发丝。汽车、航天航空、体育休闲、服装用品、风电等，可谓上天入地，大展身手。更重要的是，碳纤维作为尖端武器装备必不可少的战略新兴材料，长期被美、日等发达国家所垄断和禁运（T800等高性能碳纤维产品方面受到日、美企业对华严格的出口限制，并且生产技术的出口也需要出口国政府的特别批准）。

从全球来看，碳纤维主要应用于航天航空（22%）、汽车（12%）、风电叶片（24%）、体育休闲（15%），而在我国则主要用于体育、休闲用品，占比近60%，其次为工业领域占比为35%，航空航天占比仅为3%。

近年来我国碳纤维需求快速增长，从2010年的7562万吨增至2016年的2.13万吨，预计未来五年将保持14%以上复合增长，到2020年需求量将超过4.8万吨。

光威复材成立于1992年，旗下拥有拓展纤维（碳纤维及织物）、光威精机（提供碳纤维生产设备）、光威香港（碳纤维进口）三家子公司。而控股股东光威集团则主要从事渔具系列产品的生产和销售。公司产品主要包括碳纤维及碳纤维织物、碳纤维预浸料、玻璃纤预浸料、碳纤维复合材料制品等。碳纤维及碳纤维织物为光威复材的核心产品，主要量产型号为GQ3522

型（T300 级），且已在航天、航空领域大规模应用十年，2016 年产能 178 吨，产量达 148 吨。GQ4522（T700 级）、QZ5526（T800 级）、QM4035（M40J 级）等其他型号还处于试验状态或小批量试产。其他产品主要分布于渔具、体育休闲等领域。

光威复材公司 2014、2015、2016、2017 年上半年军品收入占比分别为 65.09%、72.09%、74.57%、65.57%。

除了碳纤维、碳纤维织物外，光威复材还有碳纤维预浸料、玻璃纤维预浸料、碳纤维制品、配套设备加工服务等业务。其中碳纤维制品近年来成为公司新的增长点，2015、2016 年分别开发了登机梯和风电碳梁两大新业务，使得其营收从 2014 年的 1909.74 万元激增至 2017 年上半年的 9651.65 万元，其中航空登机梯作为军工类产品，而风电碳梁业务的客户为全球风电巨头维斯塔斯风力技术公司（Vestas），主要用于风电叶片。

光威复材潜心 15 年，在打破美、日、德的技术垄断上不断前行，更重要的是国家大力扶持，因为这不仅关乎商业，更关乎国力。所以可以看到，几乎这 2～3 家重点的碳纤维公司都被"央视"大手笔报道，且都积极奔赴在上市途中。

总体来看，光威复材的投资亮点如下：

（1）产品具有极高的战略物资意义——高到美、日常年技术封锁，进口原丝会被判刑。

（2）是国内该行业里为数不多的有较大盈利规模的企业——不管是康得新、还是在新三板上市的恒神股份、吉林碳谷，在碳纤维业务上的盈利状况都不容乐观，就拿恒神股份为例，从 2007 年开始十年间烧钱近 46 个亿，目前刚刚开始盈利。

（3）国内产能产量居前——公司 GQ3522（T300 级）产能 176 吨，产量达 148.2 吨，产能利用率 84.09%，此外 QZ5526（T800 级）产能已达 105 吨，产能规模居国内前列，远高于中简科技、恒神股份。

（4）进入军方供应体系——取得了军方相关资质证书，来自军方营收占比近七成。

（5）拓展军民融合——与风电巨头维斯塔斯牵手。

（6）先发优势——2005年率先达到T300级水平，成为国内第一家实现碳纤维工业化的企业，打破了国外垄断。2016年年底公司干喷湿纺工艺T700S级碳纤维已小批量试生产。

（7）取得了军工资质四证中的三证：武器装备科研生产许可证、军工产品质量体系认证、武器装备科研生产单位保密资格审查认证。

11.6.3　长城军工：智能弹药股

长城军工产品覆盖迫击炮弹、单兵火箭等陆军重要武器装备，空军反跑道子弹、综合效应子弹等空军用弹药，光电对抗类海、陆、空、火箭军诸军兵种普遍装备的防御类弹药，以及反恐类弹药。

具体产品如下图所示：

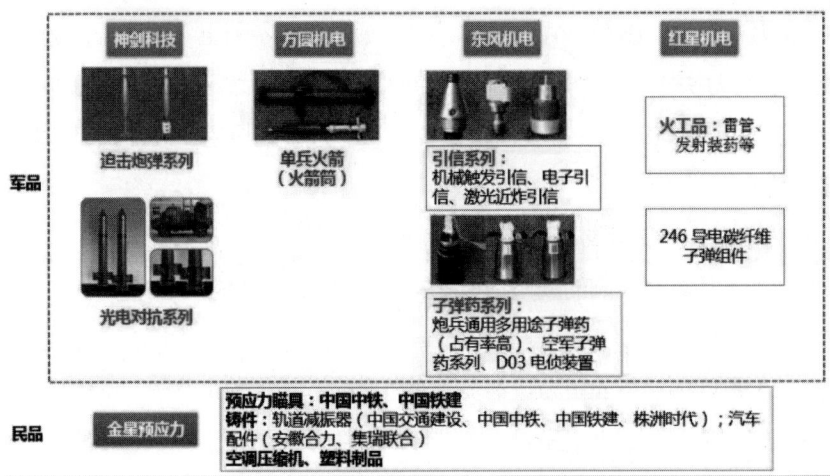

神剑科技　　方圆机电　　东风机电　　红星机电

军品

迫击炮弹系列

单兵火箭（火箭筒）

引信系列：机械触发引信、电子引信、激光近炸引信

火工品：雷管、发射装药等

光电对抗系列

子弹药系列：炮兵通用多用途子弹药（占有率高）、空军子弹药系列、D03电侦装置

246号电碳纤维子弹组件

民品

金星预应力

预应力锚具：中国中铁、中国铁建
铸件：轨道减振器（中国交通建设、中国中铁、中国铁建、株洲时代）；汽车配件（安徽合力、集瑞联合）
空调压缩机、塑料制品

旗下四家军品子公司生产的诸多型号武器装备，已正式列装并批量装备部队，公司在产和在研的迫击炮弹系列、光电对抗弹药系列、单兵火箭系列产品均被国内军方列入"国家高新工程"和我军重点武器装备序列及"十三五"采购规划。

此外，根据我国武器装备采办规划的特点，从开始装备部队到最终淘汰的周期为10年左右。而在国内军工行业弹药领域存进入壁垒就更高，新竞争者加入的可能性较小。

公司的前身皖西厂、江北厂、东风厂、红星厂均为安徽大别山区首批筹建的三线工厂，通过引进、消化、吸收和再创新先后开发出了迫击炮弹、单兵火箭等我军重要武器装备。1986 年，随着国家国防科技工业的战略改变，为贯彻"军转民、军民结合、以民养军"的战略方针，四家三线工厂均整体搬迁至合肥。

1999 年 7 月 14 日安徽经贸委同意以四家军工企业为核心组建军工集团，2000 年 3 月军工集团正式成立，2000 年 11 月，安徽军工集团以四家军工企业资产出资于信达资产、华融资产、长城资产正式组建了公司前身长城有限公司。控股股东为安徽军工集团，实控人为安徽国资委。

目前公司预先研制军工项目 21 项，其中立项研制 8 项。

预先研制	立项研制
D064 末端修正迫击炮弹	D108 反跑道子弹药
D109B 增程迫击炮弹	D301 反航母子弹药
D127 防暴弹药	D993C1 子母弹子弹
X123 末敏干扰弹	D403 导弹战斗部
X103 光电对抗装备	C401 含能毁伤单元
D1016 制导迫击炮弹	D108B 海军反跑道子弹
X156 巡飞弹	441 航空导电纤维子弹
FY1307 空爆弹	556 迫弹增程杀爆弹发射装药
FY1304 破甲弹	
FY1310 制导火箭	
D118 区域封锁子弹	
Y801 激光近炸引信	
741 主动防护产品	

其中公司研制的典型信息类弹药如下：

信息获取型弹药——D03 电侦装置，可适用于多种口径的榴弹、迫击炮弹、火箭弹等开仓式弹种，可以对战场实施侦察，特别适合对孤岛、山地及其他自然条件恶劣地区的侦察、监视和毁伤评估。

小贴士：电视侦察弹也称炮射电视，它由微型电视摄像机和电视播送系统组成，当它被发射至目标区域上空时，通过微型电视摄像机将目标区域的地形和地面活动图像摄制下来，并通过电视播送系统同时传送给指挥基地。

读懂次新股

1. 信息利用型弹药

D064 末端修正迫击炮弹项目，是国内第一个正式立项研制的末端修正迫击炮弹，该炮弹以国内现有的某型号迫击炮武器系统作为发射平台，以弹道末端质心脉冲矢量修正技术为主体技术，进行弹道末端脉冲力修正，可简化导引与控制环节，极大地减小弹丸落点散布，从而使迫击炮战术运用发生质的飞跃。其作为信息化弹药的一种，价格是同口径 D053C 破片弹药的 15 倍左右。

D1016 制导迫击炮弹项目（末端制导炮弹），以我军某型号迫击炮武器系统作为发射平台，通过应用精确制导技术，实现对目标的精确打击，减少弹药消耗，降低后勤保障负担，提高我方战场生存能力。

2. 信息干扰型弹药

D101 有源干扰弹药，采用了首创的全新干扰体制，解决了对抗末敏弹药打击的核心技术，提高了装甲车辆的战场生存能力，其综合技术水平处于国际领先地位。

公司军品业务营收占比在 70% 左右，销售对象以国内军方及军工企业为主。公司子公司神剑科技、方圆机电属于总装企业；子公司东风机电、红星机电属于配套企业，配套企业客户为其他军工配套企业或总装企业，但军方仍是其唯一的最终客户。

目前，军品业务以总装业务为主，而总装企业订单主要集中在第四季度交付，也因此公司军品业务呈现较强的季节性特点，2015—2017 年第四季度军品业务营收占比分别达 60.22%、35.33%、45.48%。2015—2017 年公司军品中外销占比分别为 8.95%、14.16%、14.18%。公司军品外销收入的波动性受国际局势和双边、多边关系变化的影响。

因我国仅有少数几家军贸公司具备军品出口资格，公司的出口产品先销售给军贸公司，再由军贸公司对外出口。公司通过军贸公司出口的主要目标市场是东南亚、非洲、中东和南美洲国家，由于先入优势和军品采办的连续性等特点，客户忠诚度较高。主要竞争对手有美国、俄罗斯和以色列的军工企业。

11.7　汽车零部件

11.7.1　汽车轻量化成趋势，铝压铸件需求增加

发达国家汽车整车上铝材使用已达 180 千克，铝化率达 15%，而我国汽车铝材平均用量仅 60 千克，铝化率不到 5%。此外汽车铝合金压铸件是实现汽车轻量化的首选，新能源汽车的发展将加速汽车铝合金压铸件的渗透。

铝的密度仅约为铁或钢的 1/3，以铝代钢、代铁可以有效减轻车重。铝制汽车可以比钢制汽车减轻重量达 30% ~ 40%，其中铝质发动机可减重 30%，铝散热器比铜轻 20% ~ 40%，全铝车身比钢材减重 40% 以上，汽车铝轮毂可减重 30%。

目前轻量化设计成为新能源汽车降重减耗的主要措施，据统计，电动汽车车重下降 10%，续航里程增加 5.5%，如特斯拉（TESLA）Model S 系列车型中 95% 的结构采用铝合金材料。其他主流新能源车也纷纷采用，具体如下表所示：

主要新能源汽车用铝情况

	车型	轻量化设计
特斯拉	Model S	全铝设计，95% 结构采用铝合金材料
宝马	I 系列	铝制底盘（碳纤维车身）
比亚迪	腾势	铝合金减速机支架、电机壳体、电池组外壳
江淮	iEV5	铝合金动力总成箱体
北京汽车	E150 II	铝合金动力总成箱体、电机壳体
长安汽车	逸动电动版	安全横梁、控制臂

此外，对于燃油车来说汽车轻量化能提高汽车的动力性，减少燃料消耗，降低大气污染。汽油乘用车减重 10% 可以减少 3.3% 的油耗；柴油车减重 10% 则可以减少 3.9% 的油耗。

根据《节能与新能源汽车产业发展规划（2012—2020 年）》，要求到 2020 年我国乘用车平均燃料消耗量降至 5.0 升 / 百公里，超标的企业将面临停止新品公告申报、停止跨类生产、停止扩大产能审批等惩罚措施。

预计未来十年内，汽车的各个主要部件用铝渗透率都将得到明显提高。Ducker Worldwide 的预测，铝制引擎盖的渗透率会从 2015 年的 48% 提升到 2020 年的 85%，铝制车门渗透率会从 2015 年的 6% 提升到 2025 年的 46%。具体反映在平均单车用铝量上，1980 年北美地区每辆车平均用铝量 54kg，到 2010 年增长到 154kg，预计到 2025 年每辆车的平均用铝量将会接近 325kg。

2017 年中国铸造协会评选"中国压铸件生产企业综合实力 50 强"名单的部分节选具体如下表所示：

排名	上市公司名称
2	广东鸿图
4	文灿股份
6	春兴精工
9	鸿特精密
10	爱柯迪
19	旭升股份
25	宜安科技

五大评选标准：经营业绩指标；基础管理和人力资源指标；自主创新；社会责任和行业影响指标；参与行业活动指标。

评选单位：中国铸造协会。

11.7.2 文灿科技：国内第四大压铸件生产商，特斯拉营收占比超 9%

公司成立于 1998 年 9 月，2015 年 3 月在新三板挂牌上市。2018 年 3 月 13 日顺利过会。同时也是首家携带"三类股东"成功闯关 IPO 的新三板公司。

2015 年 9 月和 2016 年 2 月，文灿股份分别通过定向增发和协议转让，共引入了 10 家"三类股东"，包括 6 个资管计划和 4 家契约型私募，合计持股比例为 3.63%。

公司主要从事汽车铝合金精密压铸件的研发、生产和销售，产品主要应用于中高档汽车的发动机系统、变速箱系统、底盘系统、制动系统、车身结构件及其他汽车零部件。

目前已经成为采埃孚天合（ZF TRW）、威伯科（WABCO）、法雷奥（VALEO）、格特拉克（GETRAG）、瀚德（HALDEX）、博世（BOSCH）、马勒（MAHLE）、加特可（JATCO）等一级零部件供应商和通用、奔驰、长城汽车、大众、特斯拉（TESLA）、上海蔚来、 吉利、比亚迪、小鹏汽车等整车厂商的全球供应商。公司超九成收入来自汽车压铸件，非汽车压铸件业务主要承接一些游艇类订单，不过营收占比仅有 5% 左右。

公司汽车压铸件营收占比变化如下图所示：

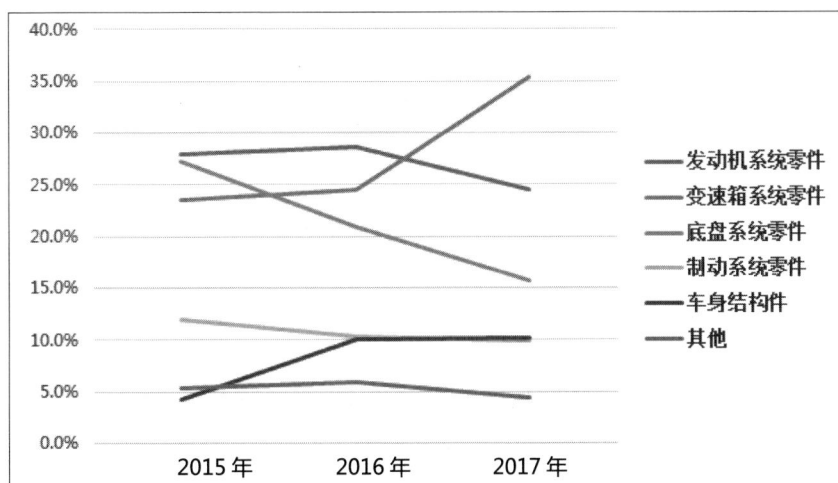

车身结构件进入特斯拉供应链，毛利率超 50%。

公司车身结构件业务近年来发展迅猛，从 2015 年的 4205.5 万元增至 2017 年的 1.45 亿元。2016、2017 年分别同比增长 158.75%、32.97%，主要是因为对特斯拉（TESLA）、奔驰汽车的车身结构件均已进入量产阶段。此外车身结构件的毛利率也几乎两倍于公司其他产品，稳定在 50% 以上。

公司 2014 年下半年与特斯拉（TESLA）建立合作关系，主要为其开发、生产车身结构件产品，并在 2015 年开始大批量生产，2015—2017 年特斯拉营收占比分别为 6.46%、9.28%、7.17%。2018 年前三季度特斯拉营收占比达9.76%。2015—2017 年奔驰营收占比分别为 0.29%、1.82%、3.92%。

此外，2017 年度公司对蔚来汽车的销售收入为 653.88 万元，营收占比为 0.42%。2018 年前三季度对蔚来汽车营收达 6332.91 万元，营收占比大幅提升至 5.33%。

11.7.3 旭升股份：特斯拉概念股

专注于新能源领域，主导产品为新能源汽车变速系统、传动系统、电池系统等核心系统的精密机械加工零部件。2017 年营收为 7.38 亿元，同比增长 39.84%，净利润为 2.22 亿元，同比增长 9.09%。

公司自 2013 年与特斯拉合作以来不断渗透，先后获得电池组外壳、变速箱箱体、变速箱悬挂等配套权，不断深入 Model S、Model X 供应链，并逐步成为特斯拉采购成本占比超 1% 的供应商。在此过程中，公司为特斯拉配套的平均单车价值不断攀升，从 2014 年约 680 元提升至 2016 年约 3700 元。

公司深度绑定特斯拉，过去三年特斯拉一直为公司第一大客户，2015—2017 年营收占比分别高达 50.27%、56.61%、56.46%。

2017 年特斯拉共交付了 10.13 万辆 Model S 和 Model X，同比增长 33%。公司 2017 年对特斯拉营收为 4.14 亿元，同比增长 29.54%。

此外，2017 年公司对麦格纳的营收超 3000 万元，并与北极星、蔚来、采埃孚等客户合作开始批量生产，还与宁德时代、长城汽车、江淮汽车开始合作。

11.7.4 锋龙股份：园林机械零部件 + 汽车精密铝压铸零部件

小盘股叠加名字好，一度成为次新龙头，开板后第一波拉升近 50%，2018 年 9 月底更是在逆势中走出 5 连板。

炒作要点：

（1）外销占比高——贸易战龙头（产品未在征税清单）、人民币贬值受益股。

（2）新能源概念——汽车轻量化大力推进，目前已有部分型号的汽车零部件最终用于广汽传祺的在售新能源汽车之中（GA3SPHEV 和 GSPHEV 两款型号）。

公司主要业务为园林器械零部件（用于割草机、油锯、绿篱机等的点火器、飞轮、气缸等），2016 年、2017 年营收占比均超七成，2018 年上半年降至 61.06%。近年来汽车零部件为公司大力拓展的业务，主要产品为精密铝合金压铸件，包括 ABS 气压调节阀体（汽车制动装置，每辆车的气压 ABS 与车辆数量一一对应）、涨紧轮传动部件（汽车传动装置）等，营收占比从

2015 年的 16.05% 提升至 2017 年的 22.31%，2018 年上半年进一步提升至 29.17%。主要客户有 Dayco、东风汽车零部件，其中 Dayco 为公司前五大客户之一，2015—2017 年营收占比分别为 8.86%、12.49%、11.2%。

此外，整体而言公司以外销为主，过去三年外销占比分别为 75.39%、76.08%、70.53%。而公司外销产品中 75% 以上为点火器。

可比公司：

汽车零部件：广东鸿图（主要用于汽车通信，内销为主）、文灿股份（内外销并重）。

园林机械：沃施股份（园艺用品）、中坚科技（园林机械整机）。

11.8 医药研发服务（CRO/CMO）

这几年在医药产业链上卖"铲子"的公司可谓牛股辈出，凯莱英、博腾、昭衍等医药服务公司个个走势稳健，即使独角兽药明康德也有不少波段性机会。不得不说和其他行业"卖铲子"不同，医药行业还是准入门槛极高，也因此公司并不多，可谓极其稀缺，康龙化成主要以小分子为主，国内排行第二，且在国内仅康龙化成和药明康德具备大规模的实验室化学服务能力，并由药物发现阶段延伸至药物开发阶段。一度曾有南药明，北康龙的说法。

相比之下泰格医药、博济医药专注于临床期药物开发服务，凯莱英、博腾股份则专注于药物开发阶段，以中间体为主。药石则做的是中间体的上游，药石砌块。

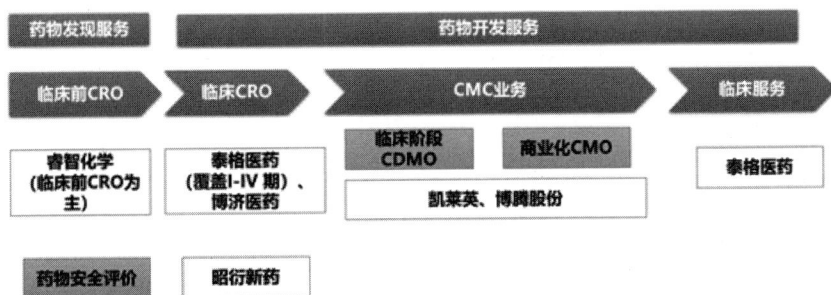

（注：睿智化学被量子高科收购。）

目前，全球 CRO 市场占有非常集中，前十大服务商占据 50% 左右的市场份额。全球排名靠前的主要是美国厂商。20 世纪 80 年代中期到 90 年代，Parexel、PPD、Icon、Covance 等公司相继建立并上市，美国 CRO 市场进入快速发展期，而我国 CRO 行业发展较晚，且同样由外资企业引入。1996 年，MDS Pharma Service 在中国投资兴建了第一家真正意义上的 CRO 企业，主要从事临床研究服务，标志着中国 CRO 行业开始萌芽。2000 年，药明康德成立，之后尚华医药、博济医药、泰格医药等公司成立，国内 CRO 行业才进入了发展期。

两张图看懂 CRO、CMO 到底是什么？

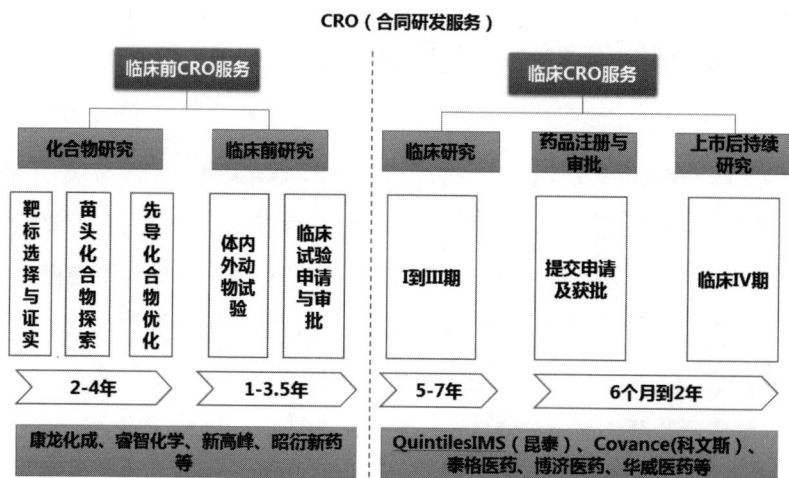

CRO（合同研发服务）

对比项目	CRO（合同研发服务）	CMO/CDMO（合同生产研发服务）
产业链环节	贯穿新药发现、研发、开发全流程	CRO 研发环节的直接下游
交付客户成果	研究结果和数据资料	产成品（原料药或中间体）
特点	小试：为了快，可以不计成本	中试放大：为了成本，工艺优化等
2016 年全球规模（亿美元）	326	563
2012—2016 年复合增长率	8.78%	12.03%
2021 年全球规模（亿美元）	479	1025
2017—2021 年复合增长率	8%	12.73%

对比项目	CRO（合同研发服务）	CMO/CDMO（合同生产研发服务）
2016 年我国规模（亿元）	465	270
2012—2016 年复合增长率	25.41%	15.95%
2021 年我国规模（亿元）	1165	626
2017—2021 年复合增长率	20.32%	18.32%

三大因素推动 CRO、CMO 行业的大爆发：

1. 新药研发费用激增成功率大幅下降

近年来新药研发难度不断加大，单个新药研发费用不断提升，已从 20 世纪 70 年代的 1.79 亿美元增长至如今的 26 亿美元，累积成功率则从 20 世纪 80 年代的 21.5% 下降至如今的 15.5%。中小型生物制药公司的研发效率已开始下降，投资回报率从 2013 年的 17.4% 下降至 2016 的 9.9%，而大型药企的研发效率也从 2010 年的 10.1% 下降至 2016 年的 3.7%。

以强生为例，2002—2012 年间共上市新药 13 个，累计研发投入 676.2 亿美元，平均每个新药的研发成本为 52.0 亿美元。另据德勤 2016 年数据显示，平均每个新药开发成本已经上升至 15.4 亿元、平均耗时 14 年。

CRO 企业有助于降低制药企业的研发成本及缩短平均 30% 的研发时间，加快新药审批及上市速度。

2. 生物科技公司蓬勃发展对 CRO+CMO 依赖度较高

小型生物科技研发公司 IPO 数量和融资额不断上升，其市场占有率将进一步提升，并且在细分领域研发出重磅药物的概率较高，其轻资产运营和人员精而少的特点，在药物研发过程中更依赖于给提供全流程 CRO 和 CMO 服务的企业。

3. 2000 亿美元药物专利密集到期创新药研发需求有增无减

2011—2020 年专利悬崖问题严重，预计这期间将有 2000 亿美元药物专利到期，为平滑专利到期后造成的销售额下降，不少药企对创新药物的研发需求有增无减，全球药物研发管线的药物数量从 2002 年的 5995 种激增至 2017 年的 14872 种。

中国 CRO+CMO 市场增速在 30% 以上，增长潜力巨大。

美国为全球最大的医药市场，2016 年占有率达 38%，预计 2016—2021
年将保持 6% 的增速。中国为全球第三大医药市场，仅次于美国和欧盟五国，
预计 2021 年市场规模将达 1782 亿美元，2016—2021 年复合增长率将达
7.5%，全球占有率将从 2016 年的 10.8% 增至 2021 年的 12.1%。其中中国化
学药 2016—2021 年将保持 5% 的增长，到 2021 年市场份额将达 48.2%。

研发投入方面，2016 年中国投入规模为 107 亿美元，全球占比仅为 7.4%，
预计 2016—2021 年将保持 22.1% 的增速，到 2021 年药物研发投入将达 292
亿美元，全球占比将提升至 18.3%。

从 CRO+CMO 整体服务市场来看，中国目前基数较小，未来增长潜力
巨大，预计 2016—2021 年将保持 30.8% 以上的增速，远高于全球 9.5% 的平
均增速。

项目	地区	2012	2016	2012—2016 年复合增长	2021	2016—2021 年复合增长
CRO+CMO 市场规模	全球	484	743	11.3%	1168	9.5%
	中国	33	74	21.8%	282	30.8%
药物发现 CRO 市场规模	全球	63	94	10.7%	139	8.0%
	中国	0.33	1.1	35.1%	4.1	30.2%
药物开发 CRO 市场规模	全球	421	649	11.4%	1028	9.6%
	中国	33	73	21.6%	278	30.8%
药物发现 CRO 渗透率	全球	19.5%	26.2%	—	33.9%	—
	中国	11.2%	12.8%	—	15.9%	—

（注：单位亿美元。）

11.8.1 药明康德：全球第 11 大 CRO 企业

公司为市场提供小分子化学药的发现、研发及生产的全方位、一体化平
台服务，主营业务涵盖 CRO、CMO/CDMO，截至 2017 年年底公司共有 37
家境内控股子企业，29 家境外控股子企业，2 家分公司，9 家参股企业。一
级子企业 7 家：上海药明、苏州药明、武汉药明、天津药明、WA-HK（药
明康德香港）、WA-INT（药明康德国际）和成都药明。是国内规模最大的
小分子医药研发服务企业，国内 CRO（医药研发合同外包服务机构）巨头，

全球排名第 11 位，市场占有率约为 2%。

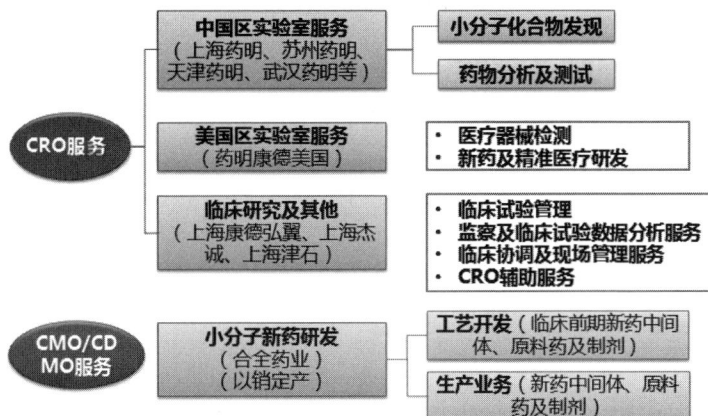

其拆分出来的药明生物：已位居全球第五大生物制剂研发服务商，全球占有率由 2016 年的 1.8% 提升至 2017 年的 2.4%。是我国最大的生物制剂服务商，国内占有率由 2016 年的 48% 大幅提升至 2017 年的 63.5%。

2017 年 6 月 13 日上市报价 25 港元，首日涨幅 37.14%，市值 320.39 亿港元，此后市值及 PE 一路飙升，截至 2018 年 4 月 4 日，PE 超 330 倍，市值破千亿。

11.8.2 康龙化成：全球第三大药物发现 CRO 提供商

全球第三大药物发现 CRO 提供商，国内排名第二，全球占有率为 1.7%（第一为昆泰 8.9%、第二为药明康德 3%）。

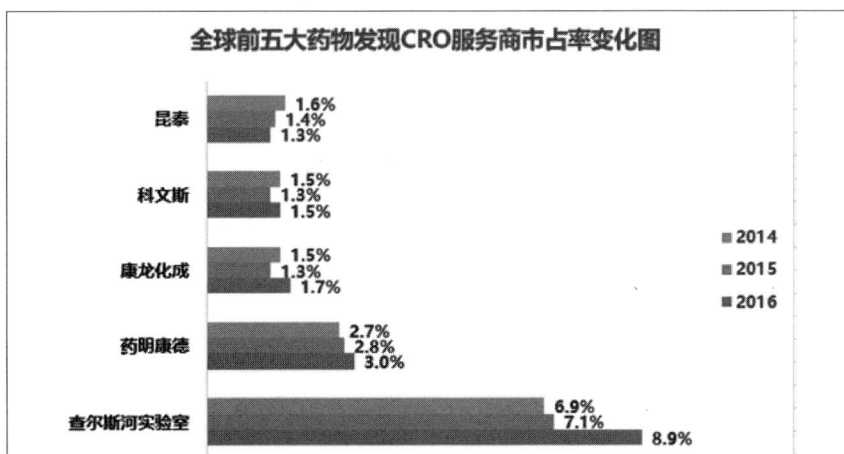

全球前五大药物发现CRO服务商市占率变化图

公司药物研发 CRO 领域位居国内第二，国内占有率 3.35％，不过距离药明康德的 12.4％ 仍有很大差距，且与泰格、凯莱英、博腾营收规模较为接近。

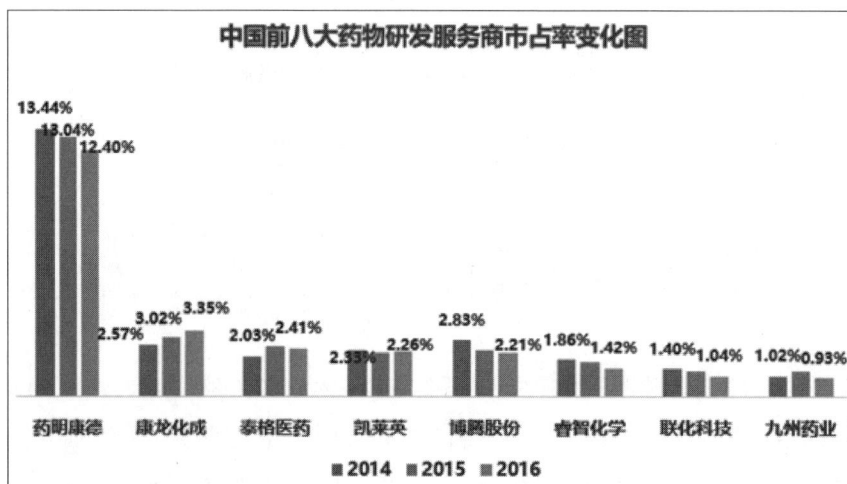

中国前八大药物研发服务商市占率变化图

康龙化成由楼柏良和楼小强兄弟创立于 2004 年，专注于小分子药物研发服务，具备全流程一体化药物研发生产 CRO+CMO 服务能力。全球前 20 大跨国药企全部为其公司的客户，客户覆盖了超过 600 家以上的制药企业、生物科技研发公司和科研院所。目前公司前五大客户分别为阿斯利康、拜耳集团、默沙东、强生、葛兰素史克。

> 小贴士：小分子化药为主流
> 小分子化药因为服用便利、合成工艺稳定、价格优势一直占据着全球大部分医药的市场份额，2016 年占比达 80.85％。从全球在研产品分布来看，虽然生物药的药品研发比例已从 1995 年的 15％ 左右上升至 2017 年的 37.8％，但仍低于非生物药物（主要为小分子化药）认为主导，占比超 60％。

公司业务主要为药物发现和药物开发两大业务，2017 年营收占比分别为 61.25％、38.75％。

公司提供的服务如下图所示：

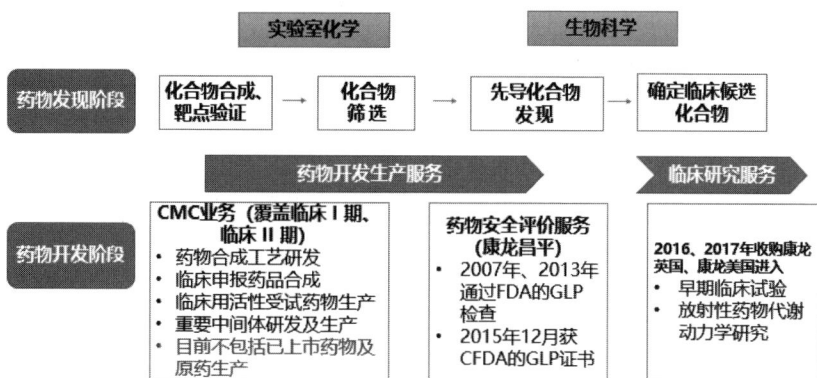

药物发现为公司核心业务，营收占比超六成，2014 年甚至一度超过 78%。

在药物发现领域，药明康德营收规模几乎三倍于康龙化成，康龙化成因规模较小，2016 年、2017 年营收增速保持在 30% 以上增长，高于药明，2018 年上半年与药明增速几乎同步。

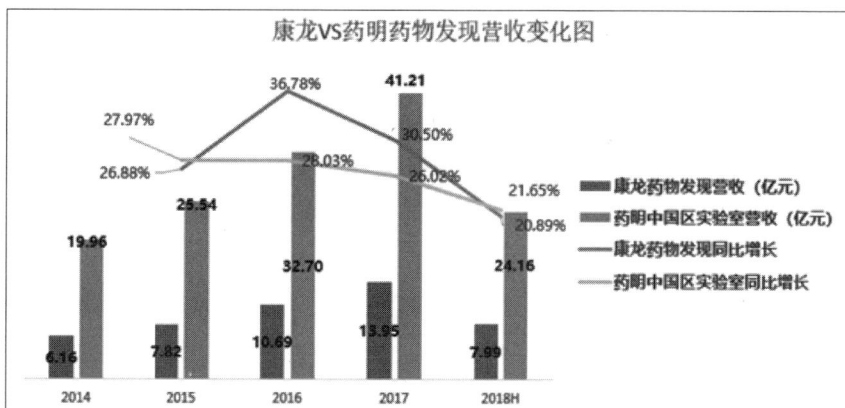

毛利率方面康龙略低于药明，公司认为主要是因为康龙在北京，药明在上海、武汉、苏州，导致人均工资水平高于药明。

CMC 业务产能将逐步释放未来将进入临床三期和商业化 CMO 领域。

随着公司天津一期园区、天津二期园区分别于 2014 年年底、2017 年 9 月开始运营，并在 2017 年以 2000 万英镑收购了默沙东位于英国的 Hoddesdon 资产，产能逐步释放（反应釜容量从 2016 年的 66563L 增至

2017 年的 124263L），2015、2017 年公司 CMC 业务取得爆发式增长，分别同比大增 129.48%、71.75%，使得公司 CMC 业务营收占比从 2014 年的 16.33% 大幅提升至 2017 年的 24.71%。

但公司 CMC 业务起步较晚，目前以临床前和临床 I 期、II 期为主，政策限制 CMC 业务不从事商业化已上市药物及其原料药的生产，产能较低，也尚无临床 III 期之后和商业化生产项目，主要生产小批量或公斤级化合物，规模效应尚未体现，仅相当于合全药业的六分之一。

人均产值只有 70 万元左右，低于合全 86 万元的水平。公司 CMC 业务毛利率从 2015 年的 34.76% 下滑至 2018 年上半年的 13.78%，远低于凯莱英、博腾、合全药业 35% ～ 40% 的毛利率水平。

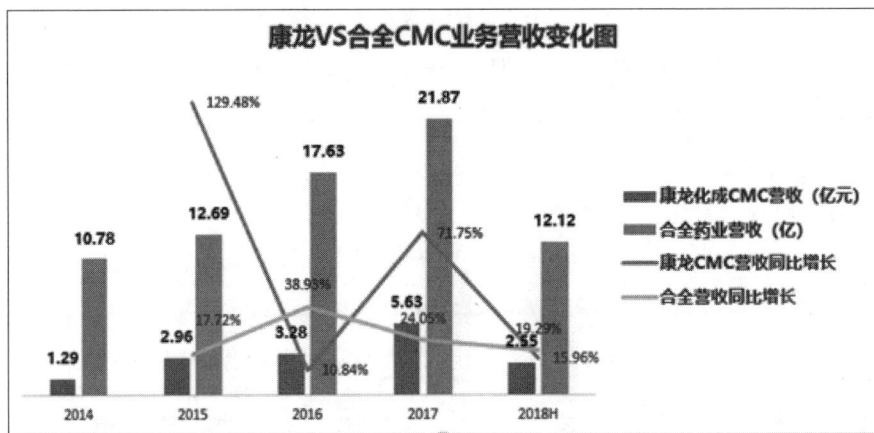

康龙VS合全CMC业务营收变化图

不过子公司宁波康泰博已申请《药品生产许可证》并获批，随着国家药品上市持有人制度的广泛实施，验收通过后即可以为客户提供临床 III 期试验用药品和已上市的商业化药物的 CMO 服务。

未来公司将大力发展商业化药物及原料药的 CMO 业务。随着天津二期、三期建设项目以及募投项目投入运营，产能也将进一步扩张。

从行业空间上看，叠加大量生物研发公司的兴起、国内药物研发受政策影响由仿制药研发向新药研发转变，CMC 国内市场不断增大。

小贴士：上市许可持有制度是什么？

上市许可持有制度自 2015 年 8 月正式提出，2016 年 6 月开始在 10 个省市试点，核心要点就是药品研发机构或科研人员取得药品上市许可及药品批准文号的，可以成为持有人。明确了药品技术的拥有者可以持有批准文号，依法享有药品上市后的市场回报，而之前研发机构只能将科研成果转让给药品生产企业获取短期利益。

此外还允许不具备生产条件的研发机构委托生产，免除了投资建厂成本，统计显示，研发机构的持有人申请中，均倾向于选择合同生产，预计累计节约投资建厂和新建生产线成本约 82.7 亿元，平均节约成本 6776.1 万元。

2018 年 10 月药品管理法修正草案拟取消执行多年的 GMP 认证和 GSP 认证，将全面推行药品上市许可持有人制度。

11.8.3　药石科技：药物研发领域"卖铲子"第一股

药石科技，望文生义，做的是医药研发的石头，那这个石头是什么呢？有个专业术语叫药物分子砌块。生动点解释，药物是由一个个分子组成的，药物若想有效，其每个分子都要有比较强的药理活性、较低的毒性、合理的理化性质等，药物砌块则是构造药物分子的"砖瓦"，药石科技做的事情就是提供一个巨大的工具箱，为药物化学家们提供选择，改善优化他们的分子。可以这么理解，药石就是医药研发产业链上"卖铲子"的角色，不可多得的小而美医药科技公司，其产品具有自主知识产权，其海外营收占比超七成，且客户多为知名跨国药企，公司技术过硬。

药品研发支出有 30% 用于购买药物分子砌块，需求增长稳定。

众所周知，药物的发现、开发是一个漫长复杂并充满风险的过程，从发现新分子实体到创新药上市的整个过程，需要十几年的时间和测试上万个化合物，最终只有万分之一至万分之二的成功率。数据显示，2010 年成功研发一个新分子实体药的成本已经增长到了 20 亿美元，且还将持续增长。

此外，据数据显示，全球医药研发支出中有 30% 用于药物分子砌块的购买和外包。

随着新药研发成本的增加（每研发一个新药的成本已由 12 亿美元快速升至 20 亿美元），而在研新药即便通过 FDA 获批上市，能够成为重磅药物弥补或超越其研发成本的概率也仅为 20%，在此经营压力下，制药企业开始部分研发外包，甚至直接项目购买，催生了大量早期药物研发公司的热潮，并加入了对新颖高质量药物分子的需求。

公司产品主要应用于医药企业的新分子实体药物（NME）研发项目，

2015 年，美国 FDA 批准的 57 个新药中 NME 高达 33 个，占比为 58%。一般而言，NME 的研发成本非常高昂，但是一旦这些 NME 获 FDA 批准，经济效益也非常显著，2015 年单个 NME 平均价值高达 4.86 亿美元，个别 NME 上市后年销售可以高达 100 亿美元以上。新分子实体药物更是构成了跨国制药公司最重要的收入和利润来源。

公司产品覆盖药物研发全产业链。

目前，公司为解决目前药物分子药代、毒理和有效性的问题，构建了一个包含 30000 多种结构新颖、性能高效的药物分子砌块库。公司运用这一药物分子砌块库可以快速地发现化合物的结构与活性关系，大大提高药物研发的效率和成功率。

其中有 10000 多种从毫克级到千克级的常备库存产品，覆盖新药研发（克级）、临床前药物开发（5 ～ 10 千克）、临床试验阶段（百千克级）等各个药物研发生产阶段各个环节。

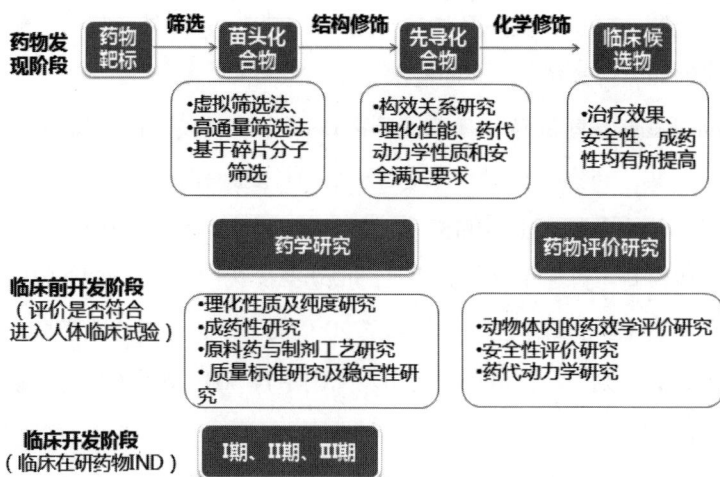

第 12 章

次新股方法论

本章主要内容包括:

➤ 次新股适合什么样的人"玩"
➤ 次新股如何选股择时
➤ 做次新如何进行仓位管理
➤ 做老次新股的感觉
➤ 做次新股该抱有什么样的心态
➤ 如何看待次新特停与闪崩
➤ 如何看待新股上市后业绩变脸

12.1 次新股适合什么样的人"玩"

可能有人觉得做次新股是赌徒、超短派，今天进明天出，适合小资金玩。但其实随着新股上市种类的多样化，既有独角兽也有质优股，既有袖珍盘也有中大盘，既有新兴行业也有传统周期股，不同类型的投资者完全可以按需去选择。

如果你是超短高手，对日内情绪把握得当，盯盘时间充裕，甚至可以做到引领市场，炉火纯青，那么完全可以坚持自己的模式，当然也应清醒认识到成为超级游资概率还是很低的，很多超短游资做到一定规模也都在积极寻求转型。

那么，什么样的次新股适合超短高手玩？次新"妖股派"，次新迷你袖珍盘非常适合做超短，很容易控盘，次新题材派的个股也在某个阶段非常适合，只要有消息面配合股性也是异常活跃。

如果你不是超短高手，没有功夫做日内买卖，但也想做超短，那么可以按周作为持有周期去考虑。这个时候建议多参与次新"妖股派"的博弈，袖珍盘以及纯题材的次新股可以作为重点围猎对象。

如果你这人比较懒，也没有非得翻倍的涨，可能海豚我就是这种类型。那么可以考虑做中短，对于没有业绩支撑的题材票、袖珍盘持有周期按照2～3周标准去持有做波段，对于非常看好的业绩票或者有大风口的题材票可以按照2～3月去持有。

如果你不打算以做次新为生，只是配置一些，那么海豚有两个建议：一是近端次新股选择质优、业绩好的；二是多寻找低估的远端次新股的超跌机会，按照几个月的周期去持有，但不建议再长了，如果按年去持有很容易碰到减持、解禁这样的持续阴跌。

12.2　次新股如何选股择时

新股那么多？每月、每周，甚至每天都有新面孔，如何选股又如何择时？海豚的看法就是你选股的那刻起你就应该明白这只股要持有多久，什么时候会触发你的卖点？

次新股选股尤其是近端次新选股一定需要依靠一定的基本面分析，因为股票走势还没有出来，技术面选股完全失败，什么金叉、死叉几乎没用，因为均线在开板时是彻底分散的。所以这个时候选股只能看基本面。在做基本面选股前最主要还是要分门别类做个初步划分，划分体系可以参照第 5 章讲的次新四大门派——高送转、题材派、实力派、冷门派。

对于次新高送转是有特定时间段的，这个要把握好。题材派就是涨得快，跌得也快，不能指望高估值永远持续下去，不过题材派很容易诞生不少龙头，比如中科信息，作为龙头即使跌下去也不会说一路阴跌没有机会，后续肯定还有龙回头的机会，但是切忌贪婪。

实力派就是靠自身实力说话，主要看业绩，只要业绩持续增长是可以走出独立行情的，比如凯莱英，开板后一直高位运行且不断再创新高。至于冷门派更多就是博弈，类似于押大押小的博弈，想追求刺激尤其是那种日内 20 点的刺激冷门派经常上演，更关键是冷门股好多，但是真正能成"妖"的概率会比较低，随着上市时间的推移，也就是这只新股变得越来越老有可能被遗忘在股市长河中，所以冷门派更适合做超短。

最后，选什么样的股决定了你持股将做什么样的操作，就像找对象，选什么样的人就决定了未来你将过什么样的日子。持股期间的辛酸痛苦以及兴奋激动，就像生活一样冷暖自知。

12.3　做次新如何进行仓位管理

仓位管理可以说是门大学问，在这里不展开说。但就次新大涨、大跌的特点来说一下海豚自己是如何进行仓位配置的，最终是好是坏可谓仁者见仁，智者见智。

次新的特点决定了上市前三个月内一般波动会很大，尤其是刚开板的时候，一天涨停一天跌停，或者直接天地板、地天板，日内 20 个点的波动可以说是十分平常。正是这种高波动赋予了次新高溢价以及取得超额收益的可能性。所以对于稍微稳健的投资者一定要进行仓位管理，经常"一把梭"可能会赚得很多，但也会亏得比较快。

海豚一般会将持仓分为两大部门，留三分之一做近端次新，剩下大仓位做远端次新，甚至上市满一年的老次新。这样一方面可以享受近端次新溢价，控制回撤，另一方面随着时间的推移，做过的近端次新变成远端次新，或老次新后继续回来再做第二波、第三波，相对来说波动会变小，收益率也会更稳健。

除此之外，对持仓也会按行业做大致的平衡配置，尽量不把持仓集中在一两个行业，万一遇到什么行业性的黑天鹅真是想躲也躲不掉。一般会始终配些次新医药股作为防御性品种，次新电子股更适合作为进攻性品种，而次新新能源（光伏、风电）、次新汽车零部件等更多时候当作周期性品种去做。

除了仓位配置，就是如何进行仓位的分布加仓和减仓。对于刚开板的新股，如果不是质地特别好，估值没有特别优势，建议先建立观察仓，小仓位试仓。只有试仓才能后续保持好的跟踪，才能当跌到合理估值后及时被我们发现，这种心态就类似于只有真金白银的投进去了你才会关注，就像之前海豚对房地产户型图死活看不出好赖，但是等真的要买房的时候就会发现，几乎无师自通，一眼就能看出户型是否方正，有什么缺陷。

小仓位试仓的好处就是近端波动巨大也不会心里不安，比如锐科激光开板后那是真贵，超 200 元，但是每天日思夜想觉得公司质地是史无前例得好，最后终于仍不住当跌到 180 左右时试仓，虽然知道估值贵，但还是坚定地做了，毕竟好股不常有，就像买房子一样，好项目、好地段也不常有。

后面的结局大家也都看到了，锐科激光一路阴跌，最低跌到 120，当然也和市场大势不好有很大关系，但是这个阴跌过程也不是特别害怕毕竟是试仓，于是 160、140 价位左右分别从容加仓，但是加仓是个非常痛苦的决策，这个只有经历过才知道，因为明明知道自己在做左侧交易，明明知道估值很便宜，但确实看不到底，唯一聊以安慰的就是前面高位买的仓位不重。再者加仓的过程中一定要分开档位去加，对次新来说至少 20% 的差距，很多人包括我自己有时候也会出现加仓过早，以为等不到更低价位的情况，结果到最后回过头一看，发现刚开始跌的时候加仓会比较积极，但越到底部越开始消极怠工。

最后想说一下现金仓位的管理，不管何时，海豚都会留有一定的现金仓位。此外永不空仓，持仓占比至少 30% 左右，不然没有仓位就会离市场太远，感觉不到市场的脉搏。但是也不用去满仓，最高仓位也要控制在九成以下。剩下点现金做做货币基金，甚至有段时间还申购了可转债，尤其是在熊市里配点可转债的好处就是波动小，心安，亏也不会亏多少。

12.4　做老次新股的感觉

这个我想重点讲讲，可能很多超短派不喜欢看老次新。但是我觉得老次新非常适合普通投资者。首先要想做老次新建议从新次新就开始跟踪了解，你只有足够了解它的过去才能更好地和老次新相处。

我一般会挑什么样的老次新？

前期被炒作过的龙头次新——大家可以回过头去看，当年开板后被炒过的什么信息发展、平治信息、真视通等，当一路阴跌后又是一条"好汉"。

上市连板数创纪录的老次新——为什么这些老次新当年会连板数创纪录，也是有道理的，要不就是题材契合当年风口，要不就是超低价，但不管怎样它给市场留下了深刻的印象，非常深刻的印象，可能中间也套了不少人。比如汉邦高科，但是这种老次新的空间和反弹力度都不会如第一种大，但也会有阶段性反弹。

业绩持续增长或出现业绩拐点的老次新——这种老次新数量真的不多，连续扣非净利增速在 20% 以上是一个非常苛刻的条件，但也不乏这样的好股，比如佩蒂股份、药石科技等，另外也有出现业绩拐点的开始止跌企稳的，比如健帆生物就是这种类型。

以上三类一般第一类的老次新操作成功的概率会比较大。但做第一类就要求您从上市开板之日起就有跟踪，每天坚持复牌。再有就是对每只新股的亮点有深刻理解，这样当看到某条新闻时能迅速建立起关联。

12.5　做次新股该抱有什么样的心态

做投资确实处于不断进阶状态，当某个时刻发现账户数字的变化并不能使你大喜大悲，那么恭喜你，你成功了。下面说说我自己的心路历程。

刚开始拿一二十万在做的时候每天波动超过 5% 就开始心情不安，然后就在想今天亏了快一个月工资，好郁闷，自己水平好烂。

再到后来资金体量逐渐增加，达到数百万以上的时候，波动由原来的几千变成了几万甚是几十万的时候，开始逐步看淡，若天天就想着和工资收入对比，估计连饭也吃不下，觉也睡不着。

总之资金量越大，波动的绝对额越高，配置上也越来越丰富，并开始增加对老次新的配置。一个涨停心情也不会特别好，一个跌停心情也不会特别差，因为心里清楚那只是数字的变化，那只是浮盈浮亏。随着对个股认识越来越深，真正决策起来反而是非常轻松的事情，只是在有步骤地去按照自己的投研体系分门别类去操作，即使亏了我也认了。

再有做次新股从来不担心会真的套死，因为 A 股大环境还是蛮好的，起码比比特币、区块链什么的靠谱得多，也比期货、黄金、石油等让人踏实。只要不配资，它的跌幅是有限度的。更何况我个人认为，做次新的都是股市里最聪明的人。

12.6　如何看待次新特停与闪崩

什么是特停，又被称为"妖股证"？就是因非公司意愿交易所通过窗口指导而停牌，一般停牌期在一两天，特别长的最多一周，主要见于新股连板迟迟未开板、个股短期涨幅过大的情况，其用意就是杜绝过度炒作。当然特停也不是新股专属，不少老股也会出现特停，且特停是否会频繁出现也和政策导向息息相关。

说起次新股特停，大概要追溯至 2016 年 6 月份次新股最疯狂的时候，2016 年 6 月 30 日，中国核建还在连板中就被特停了，创下了一个新股一字板被特停的先例。

除了中国核建，监管层当晚还特停了维宏股份、新易盛、昊志机电、苏奥传感四只涨幅过大的次新股，一晚上特停了五只次新股，也是极为罕见的，也是那次特停潮导致这波次新股行情开始见顶。

再之后次新特停就比较少见了，直到 2017 年 3 月份张家港行的疯狂。

2017 年 4 月到 2017 年 6 月底，对未开板新股的特停越来越频繁，特停标的除三利谱外多为传统行业公司，所能容忍的连板倍数是 2 ~ 3 倍，连板数在 8 ~ 10 板之间。所以对于新开板新股的参与超过三倍的真的要慎重。

2016 年 6 月到 2017 年 7 月被特停次新股

特停时间	股票名称	特停前最大涨幅	特停后涨跌幅
2017.9.13	中环环保	17 连板	
2017.9.11	中大力德	9 连板	
2017.9.8	川恒股份	10 连板	
2017.9.1	中宠股份	9 连板	
2017.8.30	科力尔	9 连板	
2017.8.3	惠威科技	9 连板	
2017.7.8	沃特股份	9 连板	
	京泉华	9 连板	
2017.6.8	三利谱	8 连板	53.19%
2017.5.9	无锡银行	152.75%	−47.83%
2017.5.4			
2017.4.25	星帅尔	8 连板	14.55%
2017.4.19	三晖电气	12 连板	开板，最大跌幅 −25%
2017.4.12	江阴银行	147.03%	−52.43%
	快意电梯	11 连板	−39.23%

特停时间	股票名称	特停前最大涨幅	特停后涨跌幅
2017.4.11	力盛赛车	10 连板	继续 8 连板
2017.4.6	皮阿诺	13 连板	−54.11%
2017.3.30	雪峰科技	52.78%	−47.18%
2017.3.28	超讯通信	108.57%	−72.6%
2017.3.24	张家港行	237.08%	−47.33%
2017.3.3	白银有色	8 连板	7 连板，最大涨幅 114.8%
2016.7.7	三德科技	19 连板	−65.43%
2016.6.30	新易盛	109.56%	−34.2%
	苏奥传感	245.09%	−37.68%
	维宏股份	202.13%	−41.89%
	中国核建	16 连板	−39.13%
	昊志机电	114.29%	−20%

（注：手工统计，不排除有遗漏，敬请谅解）

到了 2018 年，监管层累计特停股票 64 次（涉及个股 58 只），其中次新股特停 24 次（涉及次新股 20 只），特停月份主要集中在 2018 年 1 ~ 5 月份，2018 年 9 月之后特停基本绝迹。

其中未开板情况下特停的只有盈趣科技、锋龙股份两只，较 2016 年、2017 年有大幅下滑；大多情况为涨幅过大的情况，其中"妖股"不少，万兴科技、宏川智慧、盘龙药业先后二进宫，特停后反而涨得更多，贵州燃气更是先后三进宫，创下了历史纪录，真可谓越特停股价越"妖"。

2018 年领过"妖股证"的次新股

股票名称	停牌时间	复牌时间	期间最大涨幅	备注
深南电路	2017.12.30	2018.1.4	13.3%	刚开板特停
贵州燃气	2017.12.28	2018.1.2	17 天 13 板	
	2018.1.17	2018.1.22		
	2018.2.28	2018.3.1		
伊戈尔	2018.1.11	2018.1.15		刚开板特停
华森制药	2018.1.16	2018.2.18	174.38%	特停前 5 连板
恒银金融	2018.1.17	2018.1.18	28.98%	

续表

股票名称	停牌时间	复牌时间	期间最大涨幅	备注
盈趣科技	2018.1.26	2018.1.30		未开板特停
泰永长征	2018.3.9	2018.3.13		
万兴科技	2018.3.9	2018.3.16	16 天 13 板	
	2018.3.28	2018.4.4		
创业黑马	2018.3.20	2018.3.27	96.83%	
盘龙药业	2018.3.29	2018.4.2	10 天 9 板	
	2018.4.10	2018.4.12		
惠威科技	2018.4.4	2018.4.11	73.94%	
七一二	2018.4.3	2018.4.10	112.1%	
阿科力	2018.4.5	2018.4.11	46.85%	
新疆火炬	2018.4.12	2018.4.16	50.89%	
顶点软件	2018.4.13	2018.4.17	54.15%	
锋龙股份	2018.4.17	2018.4.19		未开板停牌
宏川智慧	2018.5.15	2018.5.17	10 天 8 板	
	2018.5.25	2018.6.1		
南京聚隆	2018.5.24	2018.5.29	51.12%	5 连板
科创新源	2018.5.26	2018.6.4	70.43%	

（注：手工统计，不排除有遗漏，敬请谅解）

再来说说"次新股闪崩"，无闪崩不次新，高收益就意味着高风险。2015 年牛市后再震荡市、熊市，次新涨停潮越来越难，但是跌停潮却时不时上演。

次新短期涨幅过大必然会使风险积聚，消息面上任何风吹草动都有可能引来闪崩，比如上面提到的特停，一次特停不觉得什么，但是特停潮来临往往会成为终结一波次新股行情的导火索。除此之外，如对游资的罚单、交易所新规限制 VIP 通道申报金额等事件都曾引起对次新的血洗。次新龙头的倒下更容易引起次新闪崩。

但是面对闪崩也不要过于恐惧，克服心中恐惧，这时候，反倒次新是机会，正所谓物极必反。

12.7 如何看待新股上市后业绩变脸

大多数企业在上市后业绩增长普遍存在"耐克曲线"特征,即上市后一两年业绩增长滞缓,甚至下降,而其后 3～5 年又恢复高速增长的态势。为了在 IPO 大考之时拿出一个好成绩,尤其是达到持续盈利要求,不少企业上市前都会做各种包装。

新股上市后业绩变脸是大趋势,所以不要抱着过高期望。当然除了企业自身因素外,也与行业大环境息息相关,从上市前三年到上市后三年,中间跨度六年以上,很少有哪个细分行业能六年以上保持高速增长不降速的,更何况外部的政策环境几乎是难以预料的。

那么面对这种情况我们做次新投资应该如何应对?

上市一年内业绩增速放缓可以多拿一段时间,但是如果业绩降幅过大,比如同比下降 20% 以上要多加小心,题材方面没有特别亮眼的地方建议果断出局,后面大概率是阴跌再阴跌。

上市 2～3 年的新股要关注业绩反转机会,一般越临近大股东减持,公司越有做强业绩的动力。尤其是很多老次新经过长期阴跌后往往会价值凸显。